Astrología decificada
☉ ☽ ☉ ☽

Sue Merlyn Farebrother

Astrología decodificada

Una guía paso a paso para aprender Astrología

Astrología decodificada. Una guía paso a paso para aprender Astrología
© Sue Merlyn Farebrother, 2014

D. R. © Editorial Lectorum, S. A. de C. V., 2014
Batalla de Casa Blanca Manzana 147 A Lote 1621
Col. Leyes de Reforma, 3a. Sección
C. P. 09310, México, D. F.
Tel. 5581 3202
www.lectorum.com.mx
ventas@lectorum.com.mx

    L. D. Books, Inc.
    Miami, Florida
    ldbooks@ldbooks.com

Primera edición: abril de 2014
ISBN: 978-1500395322

D. R. © Imagen de portada: Shutterstock®
D. R. © Portada: Angélica Irene Carmona Bistráin

Características tipográficas aseguradas conforme a la ley.
Prohibida la reproducción parcial o total sin autorización escrita del editor.

Impreso y encuadernado en México.
Printed and bound in Mexico.

Astrología decodificada. Una guía paso a paso para aprender Astrología,
de Sue Merlyn Farebrother
fue impreso y terminado en abril de 2014
en Encuadernaciones Maguntis, Iztapalapa,
México, D. F. Teléfono: 5640 9062.

Interiores: Víctor Gli

Para Andrew Willie,
con mi amor y aprecio, gracias.
Sin ti, este libro no podría
haber sido escrito.

Si eres nuevo en la Astrología, por favor, no te desmayes por la aparente complejidad de las dos cartas natales en las páginas 7 y 8. Cada característica en ellas está explicada cuidadosamente en los siguientes capítulos, y una vez que hayas leído hasta el final de este libro verás cómo puedes interpretarlas tú mismo. Celeste

Celeste

Carta Natal
10 Julio 1988, Sol
06:00 CEDT
(Central Europea Hora de Verano)-2:00
Roma, Italia
41° 0 N54′ 012 0 E29′
Geocéntrico
Tropical
Igual
Nodo Media

Robin

Carta Natal
27 Septiembre 1983, martes
02:05 BST (Horario de Verano Británico)-1:00
Londres, Inglaterra
51° N30' 000 o W10'
Geocéntrico
Tropical
Igual
Media Nodo

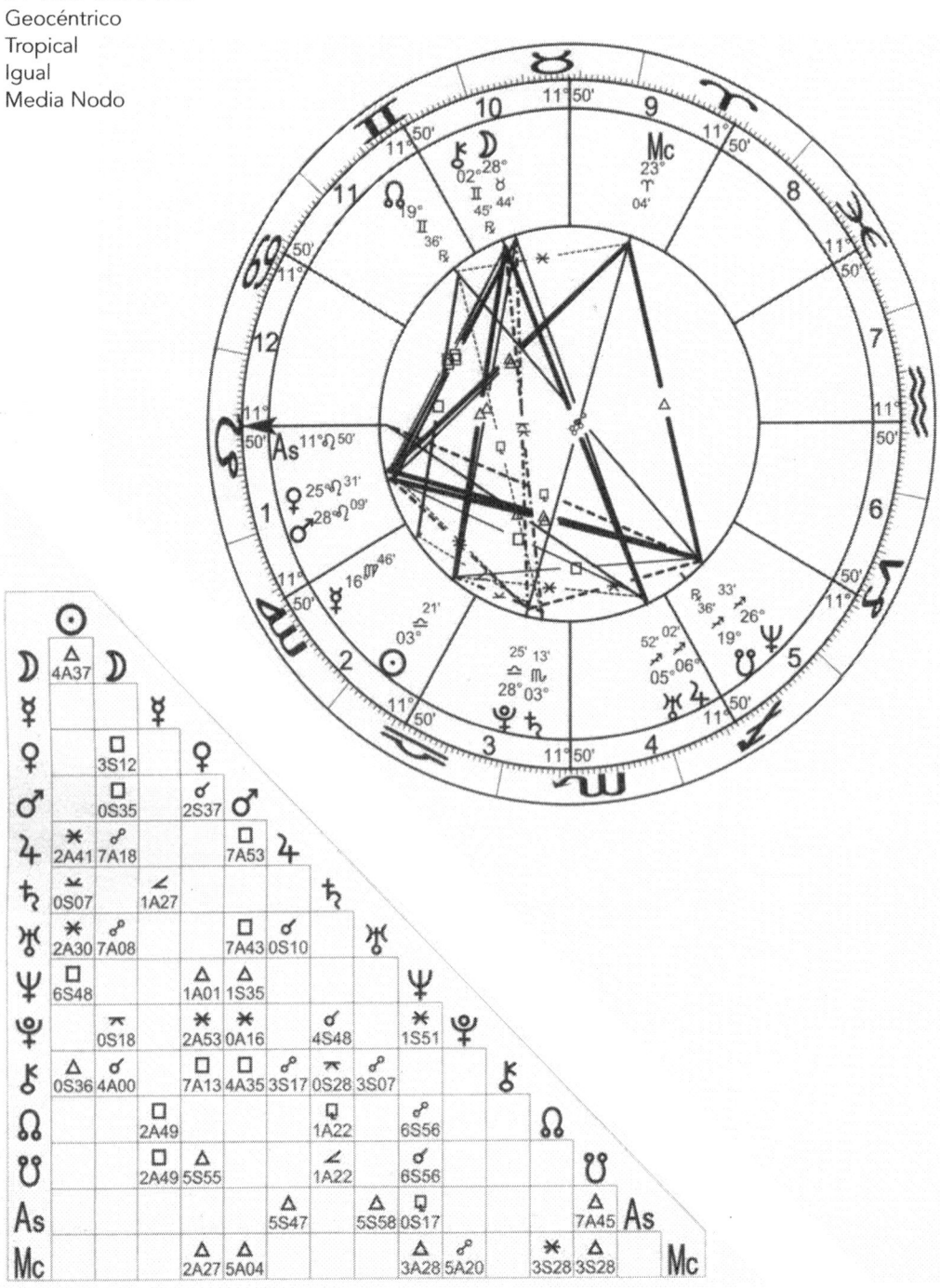

PREFACIO

A pesar de que no sabía nada de Astrología durante mi época de adolescente, he disfrutado viendo el cielo nocturno desde tan lejos como puedo recordar. Todavía me emociono cuando mi constelación favorita regresa a los cielos del hemisferio norte al inicio del invierno cada año, después de su ausencia en el verano. Esta constelación es fácil de identificar debido a su cinturón distintivo de tres estrellas que se alinean unas con otras: es Orión. Aquí hay una ironía: Orión no es una constelación astrológica.

Yo tenía un poco de filósofa y era una psicóloga novata en mi juventud. Había rechazado la religión formal a la edad de 14 años. Recuerdo que caminaba a casa todos los días desde la escuela secundaria, cosa que tomaba 20 minutos subiendo por una colina empinada. A menudo me pasé ese tiempo teniendo pensamientos nobles de adolescente, reflexionando sobre la vida (por lo menos eso estaba en mi mente mientras caminaba por la colina); siempre estaba pensando en por qué la gente que yo conocía se comportaba de la manera que a veces lo hacía. Todavía tengo ese tipo de mente. La Astrología parecía ofrecer una brillante manera de entender más. De eso me di cuenta algunos años después.

En el momento en que descubrí la Astrología estaba aprendiendo a leer el Tarot, cosa que había empezado a hacer unos meses antes. Entonces me di cuenta de que si quería estudiar Astrología de manera apropiada debería hacerlo en una escuela. Había encontrado algo en qué mantenerme ocupada por los siguientes 30 años —al mismo tiempo que el Tarot— y afortunadamente lo continuaría hasta ahora que ya soy mayor. Los cursos sobre Astrología no eran tan conocidos en aquel tiempo. Incluso era antes de que prácticamente todas las casas tuvieran computadora e internet.

Cuando empecé mis estudios sobre Astrología aún era necesario hacer el cálculo de tablas a mano, ya que el software que ahora usamos aún no estaba disponible en ese tiempo.

La primera vez estudié a distancia, lo cual significa que te enviaban paquetes con material de lectura y ejercicios. Una vez resueltos, los regresabas y te los mandaban con las correcciones pertinentes realizadas por el tutor o maestro; todo esto por correo, es decir, estudiaba por correspondencia. De hecho, tengo algo de satisfacción por la forma en que aprendí a calcular y redactar una carta natal a mano; pero si aprenderlo no te llama la atención no te preocupes, eso no está incluido en este libro.

Una de las cosas que yo creo que son extraordinarias alrededor de la Astrología es que una vez que conoces cómo se hace puedes ver a profundidad la forma de ser de una persona y es posible que llegues a sus más profundos secretos en un tiempo más corto que un consejero. Yo lo hice; sin embargo, para eso hay que estudiar Psicología Espiritual, conocida como Psicosíntesis también. Al mismo tiempo, en el mismo periodo, tomé cursos avanzados en la Fundación y en la Facultad de

Estudios Astrológicos. Combiné la Psicología cuando empecé a dar consultas y trabajar con la gente. La Astrología tiene un poder extraordinario, sobre todo en la simbología, ya que ayuda a entenderse a sí mismo y a las personas, y tiene una base astronómica y matemática establecida. Siento pena por aquellos que la rechazan de plano, aunque siempre tendrán mi respeto y deben ser tratados con todo el respeto que se merecen también, tal como espero dejarlo claro en las páginas que estás a punto de comenzar a leer.

Algunas veces reflexiono que si los padres tuvieran acceso a las cartas natales de sus hijos, o si tuvieran un poco más de conocimiento astrológico, o si consultaran a algún astrólogo durante la infancia de sus hijos, eso debería ser una ayuda para entender mejor a su descendencia.

Es por eso que decidí plasmar mis conocimientos de Astrología en este libro. Sobre todo habiendo enseñado Astrología a cientos de estudiantes, porque verdaderamente pienso que cada uno debería tener la oportunidad de aprender acerca de Astrología para sí mismo. Eso es lo que había en este espíritu y que aproveché para escribir este libro.

Sue Merlyn Farebrother
Londres

INTRODUCCIÓN

Tú eres la más fascinante persona que conoces
Todo lo que debes saber de ti está en tu carta astral

¿Alguna vez te has preguntado qué es la Astrología, o si hay algo en la Astrología que va más allá de los signos zodiacales que ves en la prensa? ¿Has estado fascinado con la idea de ser capaz de entender por ti mismo los horóscopos de otras personas? ¿Tal vez has pensado en llegar a interesarte lo suficiente en Astrología como para pedir por internet alguna interpretación de tu carta astral? ¿O tal vez una tía o abuela te la escribió con su propia mano? ¿O estás pasando por un periodo de cambio y esperas que la Astrología pueda darte alguna respuesta? Cualquiera que sea la circunstancia que te haya traído a leer *Astrología Decodificada*, puedes estar seguro de que este libro es para ti.

La Astrología tiene mucho más que ofrecer que simples declaraciones como "Capricornio cambiará de trabajo y tendrá un salario más alto este mes", o "Libra conocerá a alguien sexy la semana entrante". Frases como esta son a veces precisas para algunos individuos, pero también son muy amplias para el mercado o completamente erróneas. Probablemente tú sabes algo de esto. Por otra parte, aunque casi todos saben bajo cuál signo nacieron, aquellos que nacieron entre el día 19 y el 23 de cada mes deben saber que los horóscopos que aparecen en los medios les son poco útiles. Esto se debe a que los signos del sol cambian mes con mes y las fechas varían un poco año con año. Ya verás que este tema será resuelto fácilmente.

En efecto, hay mucho más en la personalidad de cada individuo que va mucho más allá de ser Leo, Piscis o el signo que seas. Tú eres una persona única, y aunque podrías compartir algunas características comunes con quienes tienen el mismo signo o tienen signos zodiacales compatibles —también llamado signo del sol— tú tienes tu propia y compleja personalidad. Aunque tu signo del sol es una parte importante de tu carácter y potencial, es sólo el inicio. Hay muchos otros factores astrológicos en tu carta astral.

Estudiar Astrología puede ser una experiencia muy enriquecedora si estás buscando un conocimiento más profundo de ti mismo, de otras personas o de la vida misma. En este libro encontrarás un curso completo y lógicamente diseñado, que te llevará desde las primeras etapas hasta ser capaz de interpretar una carta astral para ti, tu familia, amigos o cualquier otra persona. La información que se incluye en cada capítulo te enseñará lo que quieras saber al ritmo que lo deseas y que más te convenga, ya que no existe un plazo para aprender y tampoco hay examen.

Para empezar, todo lo que necesitas es tener interés por aprender Astrología. Este libro es para aquellos que son muy nuevos o para quienes tienen algún conocimiento pero les gustaría clarificar y expandir todo lo que ya saben.

Si te asumes sin conocimiento previo y sólo tienes pasión por aprender, entonces *Astrología Decodificada* es para ti, ya que es ideal para principiantes.

Sin embargo, si has obtenido algún conocimiento sobre Astrología aquí encontrarás mucho material que puede ayudarte. Dependiendo del conocimiento previo que se tenga, encontrarás siempre algunas lagunas para el entendimiento, las cuales serán abordadas en este libro.

Las primeras dos partes de *Astrología Decodificada* pueden ser vistas como un capítulo completo en sí mismas —esto es: si, por ejemplo, tienes un gran conocimiento de los doce signos zodiacales, puedes saltarte ese capítulo (aunque podrías encontrar ahí alguna información valiosa de la que no estabas consciente)—. A la vez, puedes disfrutar leyendo cómo combinar los diferentes componentes en los capítulos posteriores. De hecho, podrías sumergirte en la introducción de cualquiera de los capítulos para tener una mejor comprensión, o seguir el libro como si fuera uno de texto, esto es, de acuerdo a tu gusto y preferencia. El libro está escrito para que quien se sienta atraído por un tema obtenga una clara explicación del mismo, algo que no sea muy complejo o bien que no lo llene de detalles innecesarios.

¿Qué es la Astrología y qué puedes hacer con ella?

La pregunta acerca de qué es la Astrología tiene una respuesta bastante sencilla: Astrología es el estudio de los planetas en sus órbitas alrededor de los signos del Zodiaco, cómo se ven desde la Tierra y las correlaciones observadas con los acontecimientos terrenales. Como un nacimiento es un evento terrenal, la Astrología describe la correspondencia entre las posiciones planetarias o cualquier fecha de nacimiento, y el carácter de las personas. Sin embargo, definir la Astrología puede ser difícil, ya que nadie sabe a ciencia cierta cómo funciona, a pesar de que diferentes teorías han intentado explicarlo.

Hoy día la Astrología no es usada prioritariamente para hacer predicciones sobre el futuro, como ha sido presentado popularmente en los medios, sino para la interpretación del carácter de las personas. Existen técnicas de predicción usadas en la astrología también, por supuesto, pero sin que exista un conocimiento del significado de los signos astrológicos o de los movimientos planetarios o los ciclos, es decir, que ese trabajo de predicción no tiene una base sólida. La posibilidad de un mayor autoconocimiento se escribe en el poderoso simbolismo del horóscopo.

Para ser capaz de practicar la Astrología esencialmente necesitas aprender a reconocer y a leer los símbolos astrológicos y cómo interpretar su significado, pero un paso a la vez. Para trabajar productivamente con la Astrología es necesario que abras tu mente a las profundidades del simbolismo astrológico y adquirir una forma de pensamiento donde reconozcas las conexiones entre temas sin relación aparente. A esto lo llamo "pensamiento mágico"; ya veremos más sobre ello en el capítulo dos.

La mejor forma de empezar a aprender Astrología es entendiendo a ambas partes, es decir, a sí mismo y a los otros. Lo que prevalece en el estudio de la Astrología hoy día es el estudio del horóscopo natal —también conocido como carta astral o individual—. Esto es conocido como Astrología natal.

Hay otras ramas de la Astrología, como el estudio de los países (Astrología mundana), y el estudio de las relaciones (compatibilidad), entre otros, de la misma forma que hay diferentes ramas en todas las profesiones, pero todo el conocimiento astrológico inicia con la descripción básica que está en estas páginas.

Es en las cartas astrales individuales en lo que se enfoca este libro. Los pasos que se te invitará a dar tienen elementos esenciales de la Astrología. Los principios sobre cómo unir todas las piezas en un todo coherente para llegar a la primera interpretación de una carta, serán explicados. Esto será suficiente para ti y de esa forma podrás moverte hacia otras experiencias en tu vida, pues ya estarás armado con este conocimiento.

Aquellos de ustedes que deseen seguir aprendiendo sobre Astrología se darán cuenta de que es un tema que constantemente debe ser ampliado, profundizado y enriquecido. El astrólogo más experimentado sigue siendo un estudiante de la Astrología, y muchos astrólogos dirían que a pesar de la cantidad de años que han pasado desde que comenzaron a estudiar nunca han dejado de apreciar lo extraordinario y profundo de este tema. Para la Astrología esa es una de las maneras de mirar la mente del Universo. Si estudias Astrología por un tiempo, te darás cuenta de que funciona. La verdad es que la Astrología es uno de los misterios más profundos de la vida.

Cómo está estructurado este libro

El propósito de este libro es ofrecer una guía fácil de seguir y una explicación en profundidad del entendimiento y uso de la astrología. Está desarrollado en una secuencia lógica, paso a paso. Verás que hay tres partes fundamentales: (I) Contexto, (II) Fundamentos de interpretación, y (III) Sobre la base de los fundamentos.

El fascinante —y muy breve— pasado controversial de la Astrología, más una explicación subyacente de las cartas astrales con base en la Astronomía, están ubicados en la primera parte. Algunos de ustedes preferirán saltársela y continuar hasta la sección de interpretación que está en las secciones II y III; sin embargo, esta primera parte también contiene una introducción a la interpretación que servirá de base a los capítulos posteriores.

Interpretación de una carta astral

Una de las mejores formas de aprender Astrología es haciendo la interpretación de la propia carta astral. Después de todo, tú eres quien se conoce a sí mismo mejor —aunque a medida que avanzas puedes encontrar talentos inesperados o desafíos que estaban ocultos—. Un "estudio de caso de carta astral" de una persona real puede ser usado para ilustrar lo que vas aprendiendo, más otros ejemplos; pero tu propia carta será una guía excelente.

La parte II contiene todos los factores básicos que necesitas conocer para empezar a desarrollar tu entendimiento de las cartas astrales. Cada capítulo está dedicado a un factor e incluye los planetas, los signos zodiacales, las casas, signos ascendentes y aspectos principales.

La parte III está creada añadiendo detalles y refinamientos alrededor de tu aprendizaje. Termina con una explicación de cómo interpretar el caso de una carta astral.

Encontrando tu carta astral online

Si usas internet como fuente para conocer tu carta astral deberás escoger una opción entre diferentes sitios que ya hay en la red. Algunos de ellos te ofrecen una interpretación —gratis o con un costo— de tu carta astral. Es posible que desees tomar alguna oferta y comparar lo que hayas encontrado con lo que aprendas en este curso acerca de la interpretación astrológica. Eso no es necesario, pero ya será decisión tuya. Mi sugerencia es que adquieras una copia de tu carta astral, y preferiblemente que esté impresa. Esto es para que seas capaz de seguir todas las etapas al mirar tu propia carta y un estudio de caso de carta astral. La manera más fácil de hacerlo es visitando mi sitio, www.suemerlyn.com, y seguir los links. Serás capaz de introducir los detalles de tu nacimiento y la carta aparecerá en la pantalla. Podrás imprimir tu carta preferiblemente a color, si tienes acceso a una impresora de color.

No importa que seas un principiante en el estudio de la Astrología o hayas avanzado algunos pasos por ti mismo, el estudio de tu propia carta es un proceso intrigante, ya que siempre hay cosas por descubrir.

PRIMERA PARTE

1. DE BABILONIA A LA MODERNIDAD

Una visión general del desarrollo de los orígenes de la Astrología occidental. Desde la era antigua hasta la práctica moderna[1].

La Astrología ha existido de una forma u otra desde hace millones de años y ha ido creciendo y cayendo en popularidad a través de esta larga historia. Aparentemente ha desaparecido por completo en más de un periodo, sólo para resurgir en otro. Mucha gente educada, tanto en los siglos pasados como en el nuestro (algunos de los cuales serán nombrados aquí), se ha convencido de su sabiduría y por cientos de años fue una parte de estudio requerida en el ámbito universitario.

A lo largo de su existencia el valor de la Astrología ha sido elevado, debatido, atacado, ridiculizado e incluso ha respondido violentamente a las reacciones de enojo. Sin embargo, tú estás leyendo este libro porque la Astrología aún existe. Es uno de los más viejos sistemas para conocer a la humanidad. Y porque esto es así, hacer un viaje relámpago por el pasado de la Astrología nos da un contexto para ver cómo y por qué la Astrología aún existe y por qué está creciendo en popularidad nuevamente.

De la Prehistoria a la Edad Media (AEC 1100 EC)
Orígenes

Imagina, si puedes, la primavera temprana de la existencia humana, cuando la vida era dura, peligrosa e incierta, pero llena de maravillas esperando por ser descubiertas. El paso de la noche y el día, el cambio constante del Sol y la Luna, el cambio de las estaciones y cómo sobrevivir a los constantes saltos de la vida diaria, mensual y anual.

Hay evidencia de que en la Prehistoria la gente miraba al cielo para encontrarle sentido al paso del tiempo. Se han encontrado pinturas rupestres en donde se aprecian cortes de animales que se relacionaban con las fases de la Luna y el ciclo femenino de la fertilidad. Las fases de la Luna han sido relacionadas con ambos ciclos de la fertilidad y para determinar los periodos de siembra o de cosecha. Estructuras megalíticas antiguas, como Stonehenge en Inglaterra o Newgrange en Irlanda, fueron alineadas con los movimientos de los cielos en ciertos momentos clave del año, como los solsticios.[2]

La astrología primitiva nació a través de la simple observación de los cambios del cielo y la grabación en pinturas de los eventos terrenales. Las personas de esta época establecieron y construyeron comunidades, lo que significa que las mediciones

---

[1] He utilizado el sistema moderno de datos AEC (Antes de la Era Común) en lugar de aC (antes de Cristo) y EC (Era Común) en lugar de AD (Anno Domini), este se introdujo en las escuelas del Reino Unido en 2002. En otros países su uso es cada vez mayor, aunque no todos lo han adoptado.

[2] Los dos solsticios anuales de mediados de verano y pleno invierno ocurren en, o cerca de, el 21 de junio y el 21 de diciembre, respectivamente.

del cielo empezaron a desarrollarse dando mayor precisión a las observaciones y a las interpretaciones. Esta fascinación por el cielo, que nos ha envuelto por millones de años, es la base de la Astrología y es la que se continúa practicando hoy en día.

Babilonia

Entre el siglo XV y XVI AEC una Astrología reconocida por los astrólogos de hoy fue realizada entre los caldeos por los astrólogos-sacerdotes de la legendaria ciudad de Babilonia en Mesopotamia. Su mundo estaba lleno de presagios celestes: posiciones planetarias, variaciones climatológicas, formaciones de nubes, y los relativamente raros cometas y eclipses. De acuerdo con los babilonios, todo en el mundo era una entidad viviente, todas las cosas en la existencia poseían vida. Esta creencia es conocida en nuestros días como animismo. Esta forma de percibir la vida ha sido propia de algunas poblaciones tribales, probablemente desde antes de la civilización Babilónica, y sigue vigente en algunas zonas aisladas del mundo de hoy, entre ellas, por ejemplo, la Zanadroandrena, familia extendida entre las comunidades de Madagascar que practican una especie de astrología animista.[3]

Los antiguos egipcios nos dieron las bases de nuestro calendario solar de doce meses, basado en una observación paciente del cielo por muchos años. La Astrología de Babilonia ha evolucionado hasta convertirse en un sistema interpretativo. Los planetas han adquirido nombres divinos y características concretas. Los archivos de las observaciones del cielo y eventos asociados se mantuvieron en tablillas de arcilla que luego podrían ser consultadas como precedentes. Fragmentos de estos archivos, conocidos como tablillas de presagios celestiales, aún existen y han sido mostrados alrededor del mundo, en países como Estados Unidos, China, algunos del Medio Oriente y de Europa, así como en el Museo Británico en Londres. En el Universo de los antiguos babilonios los seres humanos podían negociar con los dioses e incluso ofertar asuetos. Los dioses planetarios, impredecibles, enviaban mensajes desde el cielo para ser leídos a través de la adivinación astrológica, por lo que los momentos más propicios podían ser seleccionados cuando las personas necesitaban tomar medidas. La Astrología proveía de significados para darle sentido a la existencia. Esta era la ciencia de esos días y ese fue el desarrollo de la Astronomía matemática que formó la base técnica de la Astrología que usamos actualmente. Religión, ciencia, magia o adivinación astrológica no estaban separadas, simplemente tenían diferentes maneras de entender cómo funcionaba el mundo.

Antes del concepto de la carta astral, la propuesta de la Astrología era interpretar los signos celestiales y dar una asesoría o consejo, o bien emitir advertencias, especialmente al monarca de ese tiempo, que actuaría mayormente en nombre de su país. El concepto actual de los doce signos zodiacales también tiene su origen en la antigua Babilonia.

---
[3] Referencia citada en la página 303.

Griegos y romanos

De los filósofos griegos que vivieron en el periodo del año 500 AEC probablemente los más conocidos son Platón y Aristóteles. Extraordinariamente, algunas de sus ideas siguen influyendo nuestro pensamiento hoy en día, en pleno siglo XXI.

Platón y su estudiante Aristóteles han tenido un efecto particularmente importante en el desarrollo de la religión occidental, especialmente en el cristianismo, en las filosofías medievales y renacentistas, y en la Astrología psicológica moderna. Platón creía en la reencarnación y también en que los números tenían una base esotérica. Los números son una parte importante de las bases de la Astrología.

Para Platón, cada persona tiene un alma inmortal hecha con material de las estrellas, la cual regresa a las estrellas después de la muerte. El modelo del cosmos de Platón era una sola entidad viviente inteligente con un alma -un modelo que se dio a conocer a las generaciones posteriores como Anima Mundi, el alma del mundo. De acuerdo con la filosofía platónica los planetas son naturalmente bellos en su movimiento regular, moviéndose en círculos matemáticamente perfectos alrededor del inmóvil centro de la Tierra.

Varios años después de la muerte de Platón, el filósofo Aristarco argumentó que el Sol era el centro y no la Tierra. Para este tiempo, sin embargo, las consideraciones de Platón y Aristóteles estaban firmemente establecidas y la voz de Aristarco fue ahogada. Tuvieron que pasar otros mil 800 años para que se demostrara que Aristarco había estado en lo correcto.

Los antiguos griegos desarrollaron el concepto de los cuatro elementos: fuego, tierra, aire y agua, como el fundamento de toda la materia física de la existencia. Este sistema fue adoptado por la mayoría de los médicos, que lo ocuparon al analizar los cuerpos enfermos, lo cual se mantuvo vigente hasta el siglo XVII. Los cuatro elementos llegaron a ser parte de la evaluación del horóscopo por los astrólogos hacia la primera o segunda parte de aquel siglo y siguen teniendo importancia a la hora de hacer un balance en la carta astral de hoy en día. Encontrarás una descripción del uso moderno de estas ideas antiguas en los próximos capítulos.

La Astrología ganó más terreno técnico durante este periodo, con el refinamiento griego de las matemáticas babilónicas. La esencia de la Astrología que es practicada en nuestro tiempo fue establecida fundamentalmente en el tiempo de los griegos clásicos.

En el año 331 AEC, Alejandro Magno conquistó Babilonia. Hay una historia legendaria sobre su nacimiento que ha ido creciendo en cada narración. Se dice que la mamá de Alejandro, Olimpia, fue alentada por su astrólogo para resistir el parto hasta que las estrellas estuvieran en el punto correcto, por lo que el niño tendría la mejor oportunidad posible para la grandeza. ¡Cada uno puede especular sobre cómo pudo ser posible esta hazaña! De cualquier modo es una buena historia y la fama de Alejandro Magno ha perdurado durante siglos por su destreza marcial y logros como conquistador, aunque la fecha de su nacimiento aún es incierta. El filósofo Aristóteles fue su tutor durante la infancia y no hay duda de su influencia en el pensamiento de Alejandro Magno.

Alejandro respetaba las creencias de aquellos a quienes conquistaba y en consecuencia mezclaba religiones, cultura y filosofías, incluida la Astrología, lo que daba como resultado un intercambio de conocimientos y pensamientos que ha perdurado más allá de su tiempo.

Durante los siglos I y II AEC se recabaron textos que contenían conocimiento contemporáneo que provenía de las ciencias antiguas. Entre ellos estaban las creencias en el cielo de los egipcios y griegos, así como la filosofía de los babilonios. Esta colección de textos llegó a conocerse como *Corpus Hermeticus* (frecuentemente conocido en las generaciones posteriores como *Textos Herméticos*). Aquellos textos fueron consultados por los sacerdotes-astrólogos de aquella época debido a la sabiduría que contenían y más de 1400 años después *Corpus Hermeticum* ha resurgido en Occidente con gran éxito. Esta colección de trabajos se caracteriza por la frase "como es arriba, es abajo", refiriéndose al hecho de que las condiciones en el paraíso están reflejadas en los asuntos terrenales. Esta frase todavía es utilizada por algunos para justificar la Astrología, tal y como se hacía en los textos originales.

En el momento del nacimiento de Cristo el Imperio Romano estaba muy extendido. Su nacimiento fue atendido por los Reyes Magos, los sabios de aquel entonces: tradicionalmente, tres astrólogos prominentes de la tierra oriental. Las personas de todos los niveles sociales consultaban regularmente a los adivinos o a los astrólogos. Los romanos renombraron a los dioses griegos en latín: Zeus se convirtió en Júpiter, Hermes en Mercurio y así sucesivamente.

Los romanos nombraron a los planetas y a los días de la semana, siendo esto al menos parcialmente usado en muchas lenguas europeas, como francés, italiano e inglés. El día de Saturno, por ejemplo, es saturday en inglés (sábado). El día de Mercurio es miércoles (wednesday en inglés y en francés mercredi). El día de Marte es martes (tuesday en inglés; se dice martedi en italiano), etcétera.

Varios críticos griegos y romanos de la Astrología eran ateos, quienes no creían en sus propios dioses y lanzaban ataques verbales contra los astrólogos. Una crítica común de los que condenaban la Astrología era afirmar que se trataba de una práctica fraudulenta utilizada para atacar a los débiles y vulnerables. Los clientes de los astrólogos frecuentemente son mujeres, a quienes se percibe como demasiado dependientes de los adivinos e incapaces de tomar sus propias decisiones sin la Astrología. Seremos testigos de que esto ocurrirá de nuevo en los siglos posteriores y, de hecho, estas críticas todavía se siguen haciendo a los astrólogos de la actualidad. ¡Algunas cosas no cambian!

En el siglo II EC un astrólogo griego llamado Claudio Ptolomeo publicó el libro *Tetrabiblos*, que resume en detalle la mayor parte del conocimiento astrológico de su tiempo. Este libro iba a ser muy influyente en los siglos venideros.

Cristianismo, Islam y el rechazo occidental a la Astrología

Los cristianos resistieron a los intentos de los romanos para reprimir su religión en los primeros 100 años de este nuevo milenio. El emperador Constantino legalizó el cristianismo en la primera parte del siglo IV EC; sin embargo, paradójicamente, eligió la fecha de la fundación de su ciudad, Constantinopla (Estambul moderna), con base en la Astrología. Fue Constantino quien también fijó como fecha del nacimiento de Jesús el 25 de diciembre.

Había muchas personas que se habían convertido en cristianos que rechazaban la Astrología, incluida la autoridad de san Agustín, obispo de Hipona (354-430 EC). Estos clérigos atacaron en sus escritos a la Astrología, y los escritos de la Iglesia influirían en la sociedad por muchos años.

Agustín dijo que las predicciones astrológicas que se hacían realidad eran o bien el resultado de la casualidad o de la intervención de los demonios, y no producto de cualquier habilidad astrológica. Algunos astrólogos trataron de cristianizar la Astrología en lugar de rechazarla. Sin embargo, las actitudes estaban cambiando en la sociedad occidental y la sentencia de muerte estaba latente para todas las religiones no cristianas, y para la Astrología. La nueva religión, el cristianismo, no toleraba rivales.

Una de las principales razones para el rápido rechazo cristiano es que fue utilizada por muchos astrólogos para predecir el futuro, cosa que fue vista como una afrenta a Dios. No hubo negociación con Dios, como no la había habido con los babilonios. Algunas voces se alzaron en defensa de la Astrología, pero tuvieron poco efecto. Con la ruptura del imperio romano en el siglo V la Astrología cayó en desuso en Europa occidental, así como la capacidad de comprender la lengua griega clásica, cuestión que se limitó en gran medida a las clases privilegiadas y el clero (y muy pocas mujeres), aunque el latín sobrevivió.

La Astrología resultó ser demasiado tenaz para morir, sin embargo: gran parte de los conocimientos adquiridos se conservaron en Medio Oriente, India y China. Sin la conservación de los documentos y el material de los eruditos islámicos y judíos, que no estaban bajo la mano restrictiva de los primeros cristianos, ese conocimiento no hubiera sobrevivido en Occidente. En los países orientales la Astrología se nutrió en silencio y se expandió durante los próximos 600 años, hasta aproximadamente el año 1100 EC.

Durante este largo período, antiguamente conocido como Oscurantismo y hoy denominado como Temprana Edad Media, la alfabetización cayó a un punto bajo entre las poblaciones occidentales, había una sociedad fragmentada y sin una gran civilización romana que pudiera sostenerse.

El resurgimiento de la Astrología (1000-1650 EC)

No fue sino hasta los siglos XI y XII que el espíritu de aprender regresó a Occidente. En este período, y en el siglo siguiente, llegó lo que más tarde se conoció como la Alta Edad Media. Durante ese tiempo los trabajos traducidos de Aristóteles se perdieron, tanto los que estaban en griego clásico como los que estaban en latín, los cuales ya eran conocidos y comentados por la gente alfabetizada en Europa. El interés por la Astrología y la Astronomía había despertado nuevamente.

La filosofía de Aristóteles tenía un enfoque más naturalista que la filosofía de Platón. Sin embargo, la voz de Platón, argumentando que la verdadera realidad y el Único Creador estaba más allá de las estrellas, todavía tuvo eco en siglos siguientes. La visión abstracta que tenía Platón del cielo había sido usada convenientemente por los cristianos durante la desaparición de la Astrología en Occidente. La religión era intrínseca para todos en la Edad Media. El resurgimiento de las ideas de Aristóteles acerca de la influencia natural de los planetas sobre las personas era como un soplo de aire fresco para muchos y llevaba a una perspectiva adicional a la fe pura en la paz.

Con estos conceptos y la afluencia de materiales que provenían de la cultura islámica se fueron encontrando herramientas para ayudar a los astrólogos; por ejemplo: conjuntos de tablas astronómicas, el astrolabio (instrumento matemático para medir la posición de las estrellas, entre ellas el Sol) y la traducción posterior del antiguo libro griego conocido como *Tetrabiblos* de Ptolomeo.

Tales escritos provocaron un nuevo respeto por el aprendizaje a través del uso de la mente. Una vez que se volvieron a abrir las puertas de los centros de enseñanza, el entusiasmo por el conocimiento a través de la educación creció rápidamente. La Astrología se convirtió en un tema aceptable una vez más y fue incluida en un plan de estudios de humanidades en las universidades de nueva creación, cosa que llegó a ser considerada esencial para una formación integral.

En el siglo XIV, Geoffrey Chaucer de Inglaterra produjo muchos escritos no académicos en inglés, al momento en que gran parte de la literatura todavía estaba escrita en latín. Su conocida obra *Los cuentos de Canterbury* estaba llena de referencias astrológicas obscenas; tales referencias volvían a ser del dominio y entendimiento popular.

Argumentos teológicos a favor y en contra de la Astrología causaron estragos en la Iglesia. Naturalmente, hubo alarma entre los clérigos prominentes acerca del resurgimiento de la Astrología, que ya alguna vez había sido percibida como una superstición o algo demoníaco.

La objeción principal, como lo había sido 600 años antes falsamente, era que el significado de las estrellas y los planetas debía ser falso, porque nadie puede conocer las intenciones misteriosas de Dios para la humanidad. En el siglo XIII se alzaron voces de nuevo para defender a la Astrología en contra de sus críticos, esta vez con efecto tangible. Uno de los defensores cristianos notables de este período fue Tomás de Aquino.

De Aquino presentó un argumento que proporcionaba una solución a ese tiempo. Dijo que el cuerpo se ve afectado por las estrellas y los planetas, pero el alma humana está sujeta a la voluntad de Dios. Argumentaba que es responsabilidad de cada persona elegir la justicia, resistiendo cualquier efecto negativo de las estrellas. Este concepto resultó aceptable para ser la postura oficial de la Iglesia, con el efecto involuntario de aumentar la reputación de la Astrología en los próximos siglos. Hubo, sin embargo, como todavía hay ahora, cristianos conservadores para quienes la Astrología nunca podría ser aceptable. La Astrología siempre ha atraído la censura de ciertos sectores de la comunidad religiosa.

El Renacimiento

Con la llegada de la imprenta, varias obras clásicas traducidas estuvieron disponibles. En el siglo XV, el italiano Marsilio Ficino tradujo todas las obras de Platón y los textos herméticos del primer siglo AEC. Estos textos crearon un gran impacto, especialmente aquellos que se considera que fueron creados antes del siglo I AEC en el Egipto antiguo, ya que era una cultura particularmente respetada en ese tiempo. Eran textos que estaban considerados con un significado oculto.

Almanaques astrológicos impresos estuvieron ampliamente disponibles para los miembros alfabetizados de la opinión pública, siempre que tuvieran la información astronómica y pronóstico del tiempo, además de algunas predicciones astrológicas dramáticas de epidemias o desastres. Había escritores de los almanaques que eran pícaros y algunas de sus predicciones resultaban incorrectas. Sin embargo, había otros astrólogos que tomaban en serio su trabajo y tenían un flujo constante de clientes.

El siglo XV marcó el inicio del Renacimiento en Europa, lo cual duró hasta mediados del siglo XVII y trajo una nueva apertura y la voluntad de experimentar. La Astrología fue practicada en conjunto con las doctrinas de la Kabbalah (Judaísmo sagrado), alquimia e incluso las ideas de los babilonios sobre correspondencias mágicas y conexiones entrelazadas. Las culturas precristianas fueron veneradas porque contenían una sabiduría perdida que podría ser obtenida a través de muchas de las traducciones. El conocimiento y uso de la Astrología estaba en el punto más alto de todos los tiempos de la sociedad europea.

La hija del rey Enrique VIII, Elizabeth I de Inglaterra (1533-1603), tuvo los servicios del mago y astrólogo John Dee. Fue John Dee quien eligió la fecha astrológicamente adecuada para la coronación del largo reinado de Isabel, cuestión que tuvo lugar en enero de 1559. En las obras de William Shakespeare hay muchas referencias a fenómenos celestiales o a las creencias astrológicas. Por ejemplo: "Debes nacer bajo el signo de Marte", de *A buen fin no hay mal principio*, o "Sean contrarios todos los planetas de la buena suerte a mi procedimiento", de *Ricardo III*. Hay mucho más, lo que sugiere que el conocimiento de la Astrología estaba muy extendido, aunque la propia postura de Shakespeare en cuanto a la Astrología no ha sido probada. Imágenes astrológicas impregnan gran parte del arte y la literatura producida en el Renacimiento, así como gobernantes europeos que trabajaban con un astrólogo en la corte.

Entre las clases dominantes estaba de moda tener un horóscopo realizado por un astrólogo prominente. La gente menos acomodada era la que visitaba a los adivinos de la calle. Había un espíritu de pensamiento independiente en el aire. Sin embargo, esto no indicaba que la Astrología fuera aceptada por todos. De hecho, en el siglo XVI los miembros de la Inquisición seguían condenando a algunos astrólogos. También hubo una serie de tratados de amplia circulación que estaban escritos con un "bajo nivel" de Astrología, que de hecho era practicada por muchos, lo que originó que se llegara a pensar que era demasiado fatalista en su naturaleza.

Mientras el Renacimiento estaba revolucionando a Europa Occidental, un acontecimiento trascendental se estaba produciendo en silencio en otros lugares. El investigador y matemático astronómico polaco Nicolás Copérnico estaba llevando a cabo su teoría en la que señalaba que el Sol, y no la Tierra, era el centro del sistema solar.

El Sol está en el centro de este sistema heliocéntrico, en contraposición a la geocéntrica o centrado en la Tierra, cosa que había sido creída desde los tiempos de Platón. El libro de Copérnico fue publicada sólo dos meses antes de su muerte en 1543. Este descubrimiento tardío y polémico no fue plenamente aceptado durante otro siglo.

El astrólogo y astrónomo Galileo, famoso por el uso del telescopio —que redefinió, en lugar de inventar—, después tomó el trabajo de Copérnico y fue más allá de sus observaciones, pero su trabajo trajo algunas críticas negativas por parte de la Iglesia. El golpe final al sistema geocéntrico perfecto, con órbitas planetarias circulares alrededor de la Tierra, llegó a principios del siglo XVII, cuando Johannes Kepler demostró matemáticamente que los planetas no giran alrededor del Sol en círculos perfectos, sino en órbitas elípticas.

El trabajo de esos hombres ayudó a formar las bases de la temprana Física moderna. Esos descubrimientos tuvieron una influencia crucial y poco a poco las opiniones comenzaron a alejarse del "pensamiento mágico" (véase el capítulo 2, página 43) para un enfoque científico, lo que trajo como consecuencia la disminución de la Astrología en las décadas siguientes.

Sin embargo, uno de los astrólogos más exitosos del siglo XVII fue William Lilly (1602-81), quien es conocido por el seudónimo de Merlinus Anglicus. Su libro Christian Astrology (1647) sigue siendo usado en la actualidad por muchos astrólogos y tiene incluidos numerosos ejemplos de "sus casos". En 1652, Lilly aparentemente predijo el llamado Gran Incendio de Londres que ocurrió en 1666, lo cual, naturalmente, elevó su reputación e incidentalmente sus ingresos.

La segunda caída astrológica y el Renacimiento (1650 a final del siglo XIX)

La nueva luz de la razón y la lógica que surgió a finales del siglo XVII anunció una nueva forma de pensar. Este fue un giro reaccionario lejos de la religión institucionalizada de los siglos anteriores. Uno de los pensadores clave en este período de innovación científica y cultural fue el físico y matemático Isaac Newton (1643-1727). Sus conocimientos estuvieron presentes en los siglos XVII y XVIII, tiempo en que el mundo occidental se encontraba en pleno proceso de este cambio importante en el pensamiento. Newton había demostrado que la fuerza de gravedad podía mantener a los planetas en sus órbitas. Tal fue el impacto de Newton y su avance de la teoría científica, que ha sido considerado el padre de la ciencia. Newton era un hombre devoto, así como un científico, que rechazó la Astrología como una superstición superficial en lugar de verla como una fuente vibrante de conocimiento cosmológico.

A medida que la edad de la razón —conocida más tarde como la Ilustración— avanzaba, la gente comenzó a mirar a la ciencia en busca de respuestas en lugar de mirar hacia Dios o a la Astrología.

En la última parte del siglo XVII la Astrología estaba en declive, una vez más se convirtió en blanco de burla o desprecio. Las razones de esta segunda recesión importante son complejas, pero básicamente se puede decir que la Astrología había perdido en gran medida el contacto con sus raíces clásicas y su verdadera profundidad de visión. Se encontró con las prácticas arcanas y las supersticiones persistentes de edades más tempranas, con intentos de hablar con los ángeles —como John Dee y compañía, entre otros, habían hecho en el siglo XVI—, o con el uso de algunos de los principios de la Astrología para la experimentación alquímica. Muchos de los astrólogos de la época estaban trabajando en el nivel de base de los adivinos, vendiendo predicciones sensacionales.

Este aumento del materialismo y el rechazo de la Astrología comenzó principalmente en las clases alfabetizadas. Pero la Astrología se negó a rendirse, a pesar de que muchos de los nuevos científicos y filósofos la desestimaron. Para todos los efectos, simplemente pasó a la clandestinidad de nuevo. Sin embargo, los calendarios astrológicos aún seguían en circulación en los siglos XVIII y XIX, y fueron leídos regularmente por los menos prominentes de la sociedad. La Astrología fue absorbida por sociedades secretas, como los Masones y la Orden de la Rosa-Cruz (o Rosacruz), que proporcionaron un refugio seguro para los rebeldes astrológicos. Pero ese ruido por debajo de la superficie racional de la sociedad en el siglo XVIII fue el inicio de una reacción en contra de aquellos que no aceptaron el punto de vista científico como el único enfoque de la cultura dominante.

Inventos y descubrimientos científicos abundaron en los siglos XVIII y XIX. Los astrónomos se veían ahora como científicos por derecho propio, que ya no practicaban la Astrología. De particular interés para ellos fue el descubrimiento de dos nuevos planetas más allá de Saturno. Saturno es el último planeta del Sistema Solar que se conocía antes de la invención del telescopio. En 1781, Urano, el primer planeta más allá de Saturno, fue descubierto. Esto fue seguido por el descubrimiento de Neptuno en 1846. El último cuerpo en ser descubierto está tan lejos, que tarda casi 250 años en completar su ciclo en la órbita del Sol; este planeta es Plutón y se descubre en 1930. Muchos cuerpos que orbitan han sido descubiertos desde entonces, pero el distante Plutón ha tenido un significado muy importante para los astrólogos modernos.

En el siglo XIX surgió una reactivación oculta como respuesta al despido de la magia, la Astrología y la espiritualidad. Movimientos nuevos empezaron a surgir, notablemente la Sociedad Teosófica, fundada en América por una rusa mística llamada madame Helena Blavatsky en 1875. Esta fue una organización dedicada a enseñar el crecimiento personal a través de la meditación y el estudio, mezclado con ideas orientales como la reencarnación y el destino de creación propia: karma. A pesar de que no se refieren específicamente a la Astrología, este grupo sentó las bases para el renacimiento de la Astrología a través de uno de sus miembros

Astrología en el siglo XX

Inspirado por la Astrología, el joven Alan Leo (1860-1917) se unió a la Sociedad Teosófica en 1890. Leo estaba fervientemente entusiasmado con la Astrología a finales del siglo XIX y principios del siglo XX, y fue el responsable de que se llevara a cabo su renacimiento moderno. Fue un apasionado sin fin del tema, que produjo e hizo la interpretación de cientos de cartas astrales manuscritas para el público y es autor de un gran número de libros que explican la Astrología para el público laico. Leo no tenía ninguna duda de que la reencarnación y el karma son reales y de que el propósito para el alma individual fuera aprender lecciones de vida. Estas ideas impregnan todos sus libros sobre Astrología. Un nuevo concepto en la Astrología —el Sol es el planeta más Importante en las tablas de Astrología, al igual que el Sol lo es en el sistema solar— fue adaptado por Leo en su método para explicar el significado de las cartas astrales. Leo se convirtió en el precursor involuntario de las columnas astrológicas de los periódicos, que aparecieron en el siglo XX y que siguen presentes en la actualidad. Leo fundó una rama astrológica de la Sociedad Teosófica, la Logia Astrológica, en 1915 en Londres, Inglaterra.

Una vez que emergió de nuevo la Astrología creció lenta pero constantemente en la conciencia popular del siglo XX. En Estados Unidos el teósofo y astrólogo Dane Rudhyar escribió muchos libros esotéricos acerca de la Astrología desde la perspectiva de la reencarnación del alma. El doctor Carl Jung, el psicoanalista suizo, exploró la Astrología y aprendió a calcular las cartas natales, aunque con esto se ganó que sus colegas de mentalidad científica lo vieran con vergüenza, como Sigmund Freud, quien consideró que la Astrología no sólo era mala, sino peligrosa. Jung fue uno de los primeros psicólogos en intentar investigar a la Astrología de una manera científica. Para Jung la Astrología merecía su respeto por esta larga historia de echar luz sobre la condición humana, y él continuó usándola de forma intermitente en el trabajo con sus pacientes toda su vida. Jung hizo mucho para inspirar a la apertura posterior de las escuelas de la Astrología psicológica en Inglaterra y Estados Unidos.

Escuelas y organizaciones astrológicas se fundaron en ambos lados del Atlántico y en todo el mundo. Una de las primeras es la Facultad de Estudios Astrológicos que se estableció en Inglaterra en 1948. En sus primeros años todas estas escuelas eran pequeñas y carecían de significado social más amplio; sin embargo, el mero hecho de su existencia ya era suficiente para atraer feroces críticas por parte de diversos sectores de la sociedad. Académicos, científicos y cristianos evangélicos atacaron a la Astrología en la primera parte del siglo XX, cada uno desde sus distintos puntos de vista.

En la década de 1960 el foco en la Astrología se expandió y fue adoptado por el movimiento de la contracultura hippie. Se puso de moda entre los hippies leer libros de Astrología e incluso la carta astral que era hecha por un astrólogo profesional o un amigo y entusiasta. Esta tendencia se mantuvo en las siguientes décadas.

Tan alarmante fue su desarrollo, que en 1975 un grupo de 186 científicos firmaron una declaración pública en donde escribieron sus objeciones a la Astrología. Esto incluye su convicción de que la Astrología no es una tontería inofensiva, sino que es algo muy peligroso para los débiles y vulnerables, ya que de acuerdo con este argumento ellos son presa de astrólogos egoístas. ¿Le suena familiar? Es similar al argumento en contra de la Astrología que se utilizó en la época de los antiguos romanos. La declaración también incluye la creencia de los científicos de que la Astrología debe ser fraudulenta, ya que no tiene base científica comprobable.

Como a principios del siglo XX el sociólogo Max Weber observó: El destino de nuestra época se caracteriza por la racionalización y la intelectualización y, sobre todo, por el desencantamiento del mundo[4].

Lo que Weber entiende por "desencanto" es que no hay lugar para cualquier cosa no racional o mágica en la visión del mundo occidental actual. Todo debe estar sujeto a los resultados visibles o pruebas tangibles. En general, esto no ha cambiado en el pensamiento dominante desde los tiempos de Weber, hace más de cien años.

La Astrología en el siglo XXI

Hacia el final del siglo XX la Astrología se quedó atrapada en el *New Age*, el sucesor del movimiento hippie. Lejos de desaparecer, o quedar por debajo de la superficie como tal vez los 186 científicos habían esperado que sería, la Astrología ha crecido en popularidad y es apreciada por aquellos que la estudian seriamente como una fuente de profunda sabiduría, en una integración contemporánea de la psicología con varias formas de pensamiento, que van desde tan lejos como la época de los babilonios astrólogos-videntes, hasta la Astrología moderna, que ha recorrido un largo camino. Hay astrólogos calificados con años de experiencia que hoy día siguen practicando la escritura y la docencia de la Astrología en muchos países.

---

[4] H.H. Gerth y C. Wright Mills, de Max Weber: *Essays in Sociology* (Londres, 1970).

Estamos viviendo un periodo emocionante para la Astrología, ya que continúa ampliando su reputación y es un momento excelente para aprender los entresijos para que pueda "hacerlo usted mismo". El objetivo principal de la Astrología individual es permitir una comprensión perspicaz de sí mismo y los demás a través del estudio de la carta astral. La lectura astrológica moderna de gráficos es muy diferente de la visión fatalista de los siglos pasados, donde había declaraciones definitivas acerca de eventos específicos —con ninguna provisión por libre albedrío— y rara vez hecha por un astrólogo profesional. El astrólogo contemporáneo entrenado es bien consciente de que los ciclos planetarios están afectando a una persona en un determinado período de tiempo, incluyendo los períodos futuros, y puede explicar esto en términos del desarrollo de la vida de la persona.

A pesar de haber sido maltratada por los prejuicios y la incomprensión a lo largo de muchos siglos, la Astrología ha demostrado, por su longevidad y tenacidad, que "¡debe haber algo en ella!" La Astrología es una disciplina que impone respeto y recompensa a aquellos que se toman el tiempo que se requiere para estudiar su visión adecuadamente.

2. PIEDRAS ANGULARES Y CÍRCULOS GIRATORIOS

Una introducción a los cuatro "elementos básicos" de la tabla y algunos elementos simples de Astronomía.

Después de haber viajado con rapidez a través de miles de años de historia, desde la época de los astrólogos y videntes babilónicos hasta los consultores astrológicos del siglo XXI, ahora vamos a interpretar la Astrología estudiándola. En el inicio de este viaje astrológico podríamos optar por evitar cualquier cosa "técnica" y simplemente concentrarnos en lo que significa un gráfico. Sin embargo, creo que es importante explicar, tanto en el diagrama como en palabras, parte de la Astrología fundamental detrás de los diversos componentes de la gráfica. Ampliar tus conocimientos de esta manera se sumará a tu comprensión y tu interpretación será más fuerte.

Muchos astrólogos modernos no son astrónomos. No obstante, tienen un conocimiento básico de lo que hay detrás del arte que practican. Por consiguiente, lo más relevante de la Astronomía con respecto a la carta natal se explica en este capítulo. Como la Astronomía del Sistema Solar es compleja, lo he simplificado para facilitar la comprensión.

Para los astrólogos de todas las épocas era necesario estudiar Astronomía y Matemáticas a fin de calcular sus tablas de la carta natal, que se hacía a mano hasta finales del siglo XX, y los puristas de hoy siguen prefiriendo los cálculos a mano, o usarlos como una copia de seguridad. Ahora, por supuesto, tenemos la suerte de contar con programas de software astrológico que hacen los cálculos para nosotros, así que como dije antes no voy a estar cubriendo cualquier cálculo matemático aquí.

Hay cuatro "elementos constitutivos" o piedras angulares de la Astrología y el conocimiento de éstos se puede aplicar a casi todas las áreas del pensamiento astrológico, incluyendo el trabajo de previsión, una vez que esté familiarizado con ellos. Con el fin de ver cómo encajan en la interpretación de la carta astral, es necesario llegar a conocer a cada uno de ellos por separado primero. La introducción a cada bloque de construcción se describe a continuación y se ampliará en un capítulo más adelante.

1. Los planetas.
2. Los signos del Zodiaco.
3. Las casas y los ángulos.
4. Los aspectos.

La carta astral

Una carta astral es una foto de un momento de germinación, un momento fijo en el tiempo y el espacio. Cada bebé tiene una carta astral que será de él o de ella para toda la vida aunque, como este nuevo individuo cambia a lo largo de toda su vida, el significado de la carta va a cambiar y a desarrollarse también. En la Astrología, la respiración de un bebé generalmente se toma como el momento del nacimiento y el diagrama de la persona se calcula desde ese momento. Un gráfico se puede calcular no sólo para una persona nueva, sino también para la puesta en marcha de un negocio, el nacimiento de un país, e incluso para el momento de plantear una pregunta. Pero, por supuesto, se trata aquí de la carta de un individuo. Toda la carta tiene un significado en la Astrología, aunque algunas partes de la carta de cada uno tendrán más importancia que otras.

Lo que en realidad estamos viendo cuando miramos una carta astral es el gráfico de un diagrama circular de las posiciones aparentes de los planetas, como podemos verlos de frente a la Tierra. Esta carta se dibuja desde el punto de vista geocéntrico: se trata de colocarnos en el centro del sistema solar en lugar del Sol. Somos, después de todo, nacidos en este planeta y miramos este Universo. La Astrología es más un sistema simbólico que uno científico.

La carta astral es extraída del interior mirando hacia afuera: metafóricamente hablando, se pone de pie con la espalda a la mitad de la carta (en la Tierra) mirando hacia el Universo. El ascendente es el signo que se eleva sobre el horizonte, pero el horizonte se dibuja en el oeste de la tabla, como se mire en un papel o en una pantalla. Si das un paso simbólicamente dentro del gráfico y volteas en todas las direcciones, éstas se convierten en los familiares que todos conocemos.

Presentación de las tablas de estudio. Celeste y Robin

De vez en cuando, dentro de este libro, me referiré a la carta astral de una mujer joven que llamaré Celeste. Su carta de nacimiento se dio al inicio de este libro, en la página 7. Su carta va a ser usada, con su permiso, como una ayuda para ilustrar varios puntos conforme vayamos conociendo los diferentes elementos que componen una carta astral. Nos referiremos a ella cada vez que sea necesario aclarar las diferentes secciones que van más allá de las interpretaciones. Sin embargo, al final del libro un ejemplo de interpretación de una carta será descrito para poner la interpretación en práctica. Esta carta nos mostrará una síntesis de los factores que nos servirán como guía para futuras interpretaciones.

También podrás ir haciendo tu propia carta astral conforme avanza el libro, si así lo deseas. La dirección web para obtener esta primera introducción al respecto está en la página 5 (www.suemerlyn.com). Será emocionante ver las formas en que la Astrología ilustra las diferentes facetas de tu personalidad. El significado de ambos, de tu carta y la de Celeste, se desarrollará gradualmente a medida que se descubren las capas de entendimiento.

Toma un momento para contemplar este estudio en la página 7, aunque tal vez por ahora no le encuentres mucho sentido. Sólo echa un vistazo a cuántos astrólogos comienzan a formar sus ideas acerca de una carta astral desconocida.

En el inicio es muy probable que haya cosas que estén fuera de tu entendimiento. Si es así, valdría la pena anotar estas primeras impresiones para que puedas regresar a ellas cuantas veces sea necesario. Por ejemplo, dónde está el círculo de los símbolos de la caída, ya sea en la parte superior, en la parte inferior, a la derecha, hacia la izquierda: en su momento se verá que incluso estas posiciones son importantes. ¡Podría ser también el caso de que acabes de ver un revoltijo confuso de símbolos y líneas, para empezar! Sean cuales sean tus impresiones inmediatas, habrás dado un primer paso para llegar a conocer la carta.

Los detalles del nacimiento de Celeste son: 10 de julio de 1988, 06:00 horas, Roma, Italia. Astrólogos experimentados no necesitan más información que esta, aunque la posición de la persona en su familia de origen es útil. Celeste tiene una hermana mayor. Estos detalles del nacimiento son suficientes para una interpretación de carácter y potenciales de una persona, como lo demuestra una carta natal. Por cierto, estoy usando el reloj de 24 horas para fijar la hora de su alumbramiento, por lo que no puede haber ningún error si un momento dado es am o pm.

Es importante tener en cuenta todas las características de la carta de ejemplo de Celeste. De vez en cuando, he utilizado otros ejemplos para ilustrar significados astrológicos en el texto. Hay otra carta, en particular, que he usado para ilustrar otras secciones, aunque de esta no hay interpretaciones de tabla; también se encuentra en la parte delantera del libro en la página 5.

Aquí están los detalles de Robin: 27 de septiembre de 1983, 02:05 horas, Londres, Reino Unido. Además, hay una amplia variedad de ejemplos dados en los capítulos que tratan de interpretación, para ilustrar diferentes combinaciones astrológicas.

1. Los Planetas

Los astrólogos están, por supuesto, conscientes de que todos los planetas del Sistema Solar en realidad orbitan alrededor del Sol, con la Luna girando alrededor de la Tierra (además, junto con la Tierra, la Luna orbita alrededor del Sol). Saben, también, que el propio Sol y la Luna no son planetas: por supuesto, el Sol es una estrella y la Luna es un satélite de la Tierra. Para mayor facilidad de expresión, sin embargo, el Sol y la Luna son conocidos como planetas por los astrólogos. Hay un diagrama que aparece al final de este capítulo, que muestra tanto la visión geocéntrica como la heliocéntrica (vea la página 7).

En la Astrología los planetas del Sistema Solar representan energías o controladores universales básicos, a veces llamados arquetipos. Así que puedes empezar a familiarizarte con los diferentes símbolos astrológicos. Cada bloque de construcción se muestra paso a paso en las ilustraciones de media tabla de abajo y poco a poco vas a empezar a construir el panorama. Te sugiero que complementes estas partes de las ilustraciones con el estudio completo de la carta de Celeste e identifiques las partes en las que vas progresando.

A continuación se muestran los símbolos de los planetas, se dibujan en los lugares correctos, ya que están en la tabla de estudio completo, junto con las posiciones del signo expresadas en grados y minutos (los grados se discutirán en el próximo capítulo). Verás que las posiciones de los símbolos de los planetas sólo se correla-

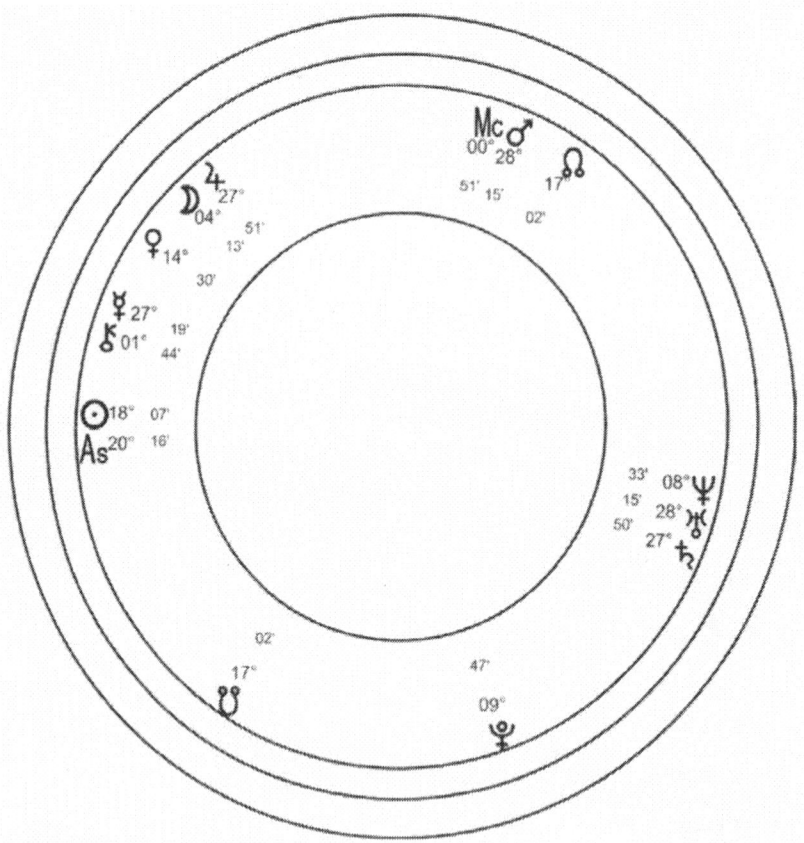

cionan con los mismos símbolos en toda la carta.

Celeste: sólo los símbolos de los planetas

Hay diez planetas normalmente usados en la Astrología moderna. Ellos son el Sol y la Luna, así como —en el orden en que están en la órbita hacia el exterior del Sol— Mercurio, Venus, Marte, Júpiter, Saturno, Urano, Neptuno y Plutón[5]. Cada planeta tiene un significado esencial, común a cada persona. Hay un órgano adicional que se utiliza por muchos astrólogos que no es exactamente un planeta, sino un cruce entre un planeta y un asteroide: Quirón. Las frases clave que figuran a continuación se ampliarán en el capítulo 3: Los planetas.

---
[5] El distante Plutón fue degradado de "planeta" a "planeta enano" por los astrónomos en 2006, aunque no todos los científicos están de acuerdo. Los astrólogos más modernos, sin embargo, continúan utilizando a Plutón como un poderoso símbolo astrológico en el trabajo gráfico. Sea cual sea su estatus oficial astronómico, los astrólogos saben que su influencia es muy importante.

Símbolos de los planetas

Planeta	Símbolo	Significado clave
Sol	☉	Sentido de identidad
Luna	☽	Sentido de pertenencia
Mercurio	☿	Procesos de pensamiento
Venus	♀	Forma de amar
Marte	♂	Instinto de supervivencia
Júpiter	♃	Instinto de crecer y aprender
Saturno	♄	Conciencia de las limitaciones
Urano	♅	Manejo de independencia
Neptuno	♆	Instinto para encontrar unidad
Plutón	♇	Capacidad de transformación
Quirón	⚷	Instinto de curación

Estos conocimientos fueron establecidos desde hace mucho tiempo en el Occidente, y se consideran desde la observación del movimiento del cuerpo físico hasta del planeta mismo. Neptuno y Plutón fueron, relativamente, recientemente descubiertos y no se pueden ver a simple vista, así que, naturalmente, no se han incluido como planetas conocidos por las generaciones pre-telescopio.

Desde el Sol hasta Saturno —los siete planetas visibles— a menudo son conocidos como los "planetas tradicionales", mientras que Urano, Neptuno y Plutón siguen siendo "los planetas modernos", o simplemente los "planetas exteriores".

Mediante las observaciones de los planetas a través del tiempo se determinaron eventos terrenales correspondientes. Por ejemplo, el tenue rojo del aspecto de Marte estaba asociado con la guerra en la antigüedad y sus posiciones en el cielo eran importantes para decidir cuándo atacar a un enemigo, mientras que Venus llegó a ser asociado con la belleza y el romance que percibe un aumento en la madrugada o en la noche (Venus se eleva en diferentes momentos, dependiendo de dónde se encuentra en su ciclo, y a menudo es coloquialmente conocido como la "estrella de la mañana" o la "estrella de la tarde"). A través de la creación de historias, mitos y leyendas, y las asociaciones con los múltiples dioses y deidades que se desarrollaron en diferentes civilizaciones, estos significados se han ampliado en gran medida a través de los siglos. Y sin embargo la interpretación de núcleo para cada planeta permanece.

La apariencia de un planeta y los patrones orbitales, reforzada por el conocimiento astronómico moderno del Sistema Solar, sigue siendo un punto de partida válido para la comprensión de su significado astrológico. En nuestros días estos significados se han ampliado con el uso de la psicología y por las filosofías y creencias procedentes de un mundo más amplio. En el caso de los planetas exteriores sus significados se desarrollaron inicialmente a través de observar los acontecimientos mundiales en torno a las fechas en que fueron descubiertos los planetas y poco a poco se han expandido a través de las observaciones de los astrólogos en períodos posteriores. Aunque los astrólogos de hoy no piensan de la misma manera —hay una serie de enfoques diferentes, como en otras profesiones— existe un acuerdo común sobre el significado fundamental de cada planeta.

Comprender el significado básico de cada planeta es crucial para entender el resto de la carta, aunque hay muchas maneras en que la unidad de cada planeta se puede expresar. Un ejemplo sencillo es considerar cómo el planeta Venus se manifiesta en una carta. Por ejemplo, en la carta de una persona Venus puede representar una forma de amar que es abiertamente protectora y afectuosa, mientras que Venus en la carta de otra persona puede indicar una forma de amar que busca hacer cosas por los demás y trata de ser de ayuda práctica. Ambos son una manifestación de Venus, pero expresan algo diferente en función de la ubicación del planeta en la carta.

2. Los signos zodiacales

Los planetas de nuestro Sistema Solar, por supuesto, están mucho más cerca de la Tierra que las estrellas, ya que éstas son distantes. Las estrellas forman un fondo para la posición de cada planeta a medida que viajan alrededor del Sol en su órbita. El término "signo zodiacal" es de uso popular porque el Sol se nos presenta, desde la perspectiva en la Tierra, ubicado en la misma parte del espacio como uno de los signos del Zodiaco en una fecha determinada. Como recordarás, los astrólogos generalmente usan más la expresión "signo solar". Todos los otros planetas también están orbitando a través de todos los signos zodiacales, cada uno a su propia velocidad. Las órbitas de los planetas son elipses que están a diferentes distancias del Sol.

Hay doce signos zodiacales que se usan en casi todos los tipos de Astrología. Estos "tipos de Astrología" vienen brevemente explicados en el capítulo 15, ya que no son una parte del enfoque de este libro. Los signos no coinciden exactamente con las constelaciones de estrellas reales, que varían considerablemente de tamaño. La sección del Zodiaco del espacio se identificó y dividió por los astrólogos de la antigüedad en doce partes iguales llamadas signos del Zodiaco (del griego antiguo *zodiakos kuklos*, que significa "círculo de animales"). Se podría decir que esta división fue el inicio de una separación entre la realización de observaciones de las constelaciones —la realidad física— y una forma más simbólica de pensar en el cielo, dividido en doce partes iguales. La Astrología es una mezcla sutil de la realidad y el símbolo.

Como hay 360 grados en un círculo, se sigue que cada una de las doce muestras de igual tamaño ocupa 30 grados de espacio. La razón por la que usamos sólo doce

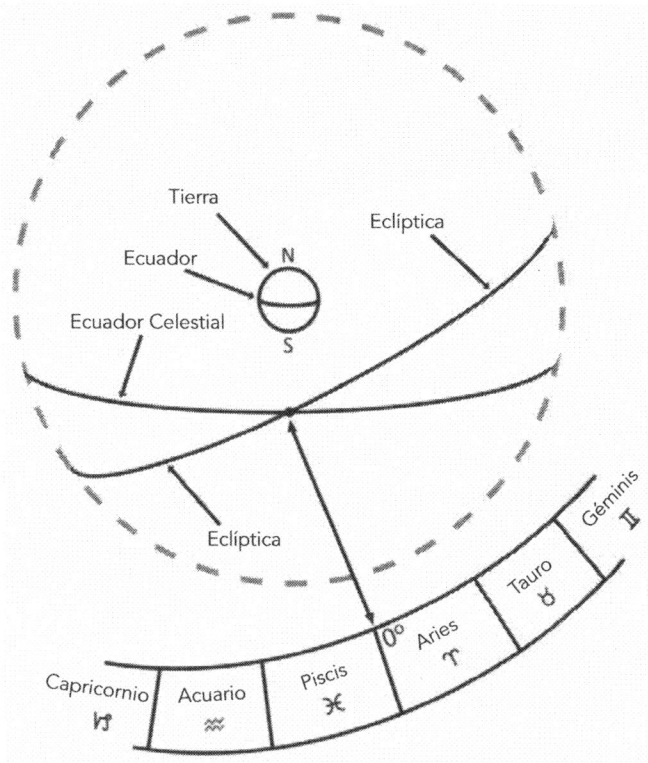

Los signos del Zodiaco en la eclíptica (este es un esquema simplificado:
la Tierra no es realmente vertical, pero está inclinada a 23. 5°)

signos de la Astrología es que estos signos se basan en las constelaciones lejanas a las estrellas que se encuentran en o muy cerca de la eclíptica. Todos los demás planetas del Sistema Solar están en o cerca de la eclíptica. Las otras constelaciones en el cielo nocturno no son signos del Zodiaco, ya que no están en la misma parte del espacio como las órbitas de todos los planetas. En otras palabras: los otros no son constelaciones en la eclíptica. Por ejemplo, es posible que tal vez reconozcas a Orión o la Osa Mayor (conocida como Osa Mayor en América, y en Europa como El Arado o El Carro) en el cielo de la noche, pero nadie nace bajo un Orión o bajo una Osa Mayor, porque éstos no son signos del Zodiaco. El signo de cada planeta se encuentra en el momento del nacimiento y va a modificar la forma en que ese planeta se expresa en la carta de una persona.

El orden natural del Zodiaco

Los signos están dibujados en el círculo exterior de la carta natal

Siempre siguen su orden natural, que comienza con Aries como la primera señal y termina con Piscis, el duodécimo signo. Esto, por supuesto, es un ciclo regular y el movimiento del Sol a través de los signos, como se ve desde la Tierra, define nuestro año de doce meses.

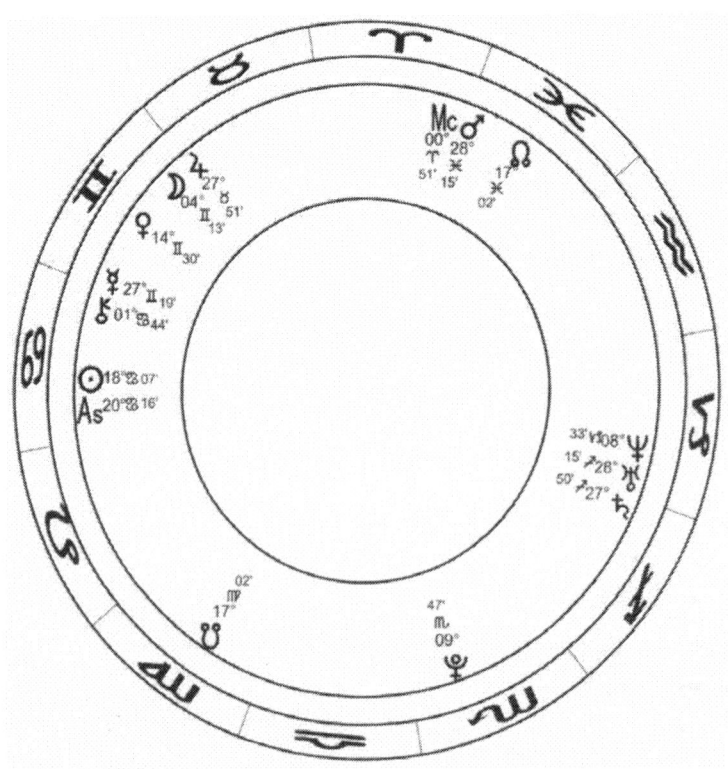

El signo del Zodiaco en el círculo exterior

Número	Signo	Símbolo	Fechas promedio de la posición del Sol	Significados clave
1	Aries	♈	21 marzo-19 abril	Inicio, acción, impetuosidad
2	Tauro	♉	20 abril-19 mayo	Sentido práctico, estabilidad
3	Géminis	♊	20 mayo-20 junio	Comunicación, flexibilidad, curiosidad
4	Cáncer	♋	21 junio-22 julio	Sensibilidad, cuidado
5	Leo	♌	23 julio-22 agosto	Creatividad, orgullo, construcción de confianza

Número	Signo	Símbolo	Fechas promedio de la posición del Sol	Significados clave
6	Virgo	♍	23 agosto-20 septiembre	Discriminación, perfeccionismo
7	Libra	♎	21 septiembre-20 octubre	Justicia, relaciones
8	Escorpión	♏	21 octubre-20 noviembre	Intensidad, pasión
9	Sagitario	♐	21 noviembre-20 diciembre	Exploración, creencias
10	Capricornio	♑	21 diciembre-19 enero	Ambición, responsabilidad
11	Acuario	♒	20 enero-19 febrero	Independencia, conciencia social
12	Piscis	♓	20 febrero-20 marzo	Compasión, idealismo

La tabla de arriba muestra las fechas aproximadas para la posición del Sol respecto de un signo cada año. Los significados clave se describen para cada signo brevemente. Al considerar además el signo de cada planeta empezamos a formar una primera impresión del significado de cualquier carta natal individual.

En el transcurso de un año las fechas de cada signo cambian dependiendo de la posición del Sol; cada mes puede variar hasta en tres e incluso cuatro ocasiones; los días, en sí, dependerán del año de su nacimiento. El límite entre los signos se llama cambio de signo en Astrología. El término "cúspide" simplemente significa que hay una línea divisoria y se utiliza también en otras áreas de la Astrología. Si naciste entre el 19 y el 23 de cada mes se dice que estás "en la cúspide", por lo que no puedes estar muy seguro de qué signo eres, y esto se puede resolver con sólo mirar tu carta astral, asumiendo que has adquirido tu carta y puedes identificar tu signo del Sol, puedes hacer uso de los símbolos en las dos tablas anteriores. También puedes buscar tu cumpleaños y el año de nacimiento en un calendario astrológico, conocido como *ephemeris*. Se trata de un libro de las posiciones planetarias para cualquier fecha en el siglo XXI, que es fácil de obtener. El Sol de todos cae en un signo o en otro. Aunque el signo del Sol en realidad es probable que sea el más fuerte, algunos de los significados de la señal adyacente probablemente estarán presentes en la interpretación si el Sol está en la cúspide.

Puedes comparar dos ejemplos de un planeta en un signo distinto: Luna en Aries es probable que tenga un sentido de pertenencia en un momento en que la vida se mueve rápido y no hay mucho que hacer, mientras que Luna en Cáncer tiene el sentido de pertenencia en el cuidado de los demás.

3. Las casas y los ángulos

Las casas de la carta astral muestran las áreas de la vida donde la energía de un planeta se manifestará. Las casas son el tercer "pilar" de la interpretación.
- Los planetas muestran los controladores básicos
- Los signos del Zodiaco muestran cómo se expresan los conductores
- Las casas muestran que en su vida se expresarán las unidades

Las casas

Cada planeta cae en una de las doce casas, así como en uno de los signos. Las doce casas se encuentran en la carta de todos. Cada casa representa un área diferente de la experiencia de la vida, como su visión personal de la vida, los valores, las posibles asociaciones y así sucesivamente.

Las casas que contienen planetas en una carta astral harán hincapié, particularmente, en la experiencia del individuo, y las zonas de vida serán la clave para la tabla en su conjunto. Las casas donde los planetas no caen son de menor importancia; sin embargo, como parte de la carta también están presentes en la interpretación. Con diez planetas y doce casas habrá algunas desocupadas en la carta de todos, así que tener viviendas vacías es "normal".

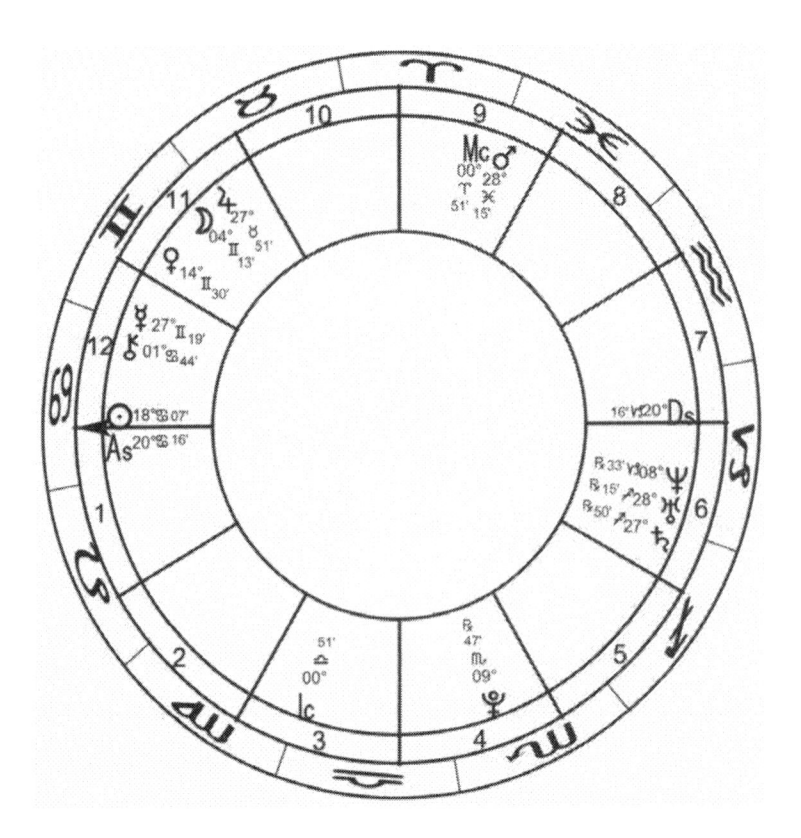

Los ángulos

La cúspide de la primera casa, en el lado izquierdo del gráfico, se llama "ascendente" (marcado como As en la tabla anterior) y las casas están numeradas del 1 al 12, contando hacia la izquierda desde este punto. Las líneas divisorias entre una casa y la siguiente están en su lugar también. El ascendente es uno de los cuatro ángulos de la carta, que son cuatro puntos en el espacio que están todos determinados por la rotación de la Tierra sobre la fecha, hora y lugar de nacimiento. Los cuatro ángulos son: *el ascendente* y su punto opuesto, *el descendente* (marcado como Ds) y el MC que está en la parte superior de la carta (marcado como MC, abreviación para *medium coeli*, palabras en latin que significan *En medio del cielo*) y su punto opuesto, el IC (marcado como IC, las siglas para *imum coeli*, parte inferior del cielo; esta no es una traducción oficial del latín, pero sí puedo decirles que significa *La base del cielo*). El ascendente es también conocido en Astrología como signo ascendente, el cual es simplemente otro nombre para el mismo punto en la carta.

El ascendente es el grado del signo zodiacal que se eleva sobre el horizonte del este de la ciudad natal, donde se proyecta su horizonte hacia el espacio (llamado horizonte celeste) y cruza la eclíptica en el momento del nacimiento. El MC es el punto de intersección entre el punto más alto de la eclíptica y la longitud del lugar de nacimiento.

En pocas palabras, el ascendente muestra las diferentes maneras en que usted se encuentra en nuevas circunstancias en la vida, empezando con su nacimiento; el descendente muestra los tipos de personas que es probable que se señalen y la forma de interactuar con los demás; el MC muestra la dirección en la vida, y el IC muestra la experiencia de su entorno familiar. Los ángulos son puntos muy sensibles en un gráfico, como se puede ver.

Hay un par de puntos que debemos señalar aquí: la carta en la página 36 incluye los cuatro ángulos con el fin de mostrar sus posiciones en la tabla de estudio. Aunque el eje ascendente-descendente siempre se encuentra en la misma posición en cualquier gráfico, en la cúspide de las primera y séptima casas, respectivamente, la posición del eje MC-CI puede variar de una carta a otra. Puede que no caiga en las mismas dos casas en su propia carta. Esto es normal y tiene que ver con el momento en particular y lugar de nacimiento. Además, se suele mostrar sólo uno de los extremos de cada eje en un gráfico, por el supuesto de que se conoce el otro extremo y también está presente. Por lo tanto en la carta de Celeste, cuando se muestra en su totalidad, se aprecian sólo el ascendente y el MC. Además, en el gráfico que ilustra este dorso (página 36), he seguido esta convención.

Por cierto, el signo ascendente, incluso más que el signo solar, a menudo da pistas sobre la apariencia física de una persona, aunque esto es sólo una idea y no algo absoluto. Esto puede hacer que sea difícil adivinar el signo solar de otra persona como a varias personas que estudian Astrología a menudo se les pide que lo hagan.

Muchas personas no conocen su signo ascendente, ya que para eso se requiere de un cálculo especial.

Por ejemplo, alguien con Mercurio en la tercera casa es muy probable que disfrute aprender nueva información desde temprana edad, mientras que quienes lo tienen en la décima casa pueden ser atraídos por una carrera en la que la comunicación es importante, como la venta o la negociación.

Número de casa	Significados clave
1	Inicios, enfoque personal de la vida
2	Recursos-posesiones, dinero, sus valores
3	Mente, discursos, educación temprana, medio ambiente, los viajes cortos
4	Origen familiar, el hogar, la experiencia del padre
5	Placeres, autoexpresión, niño
6	Rutinas, deberes, servicio, forma de trabajo, compañeros de trabajo
7	Socios comerciales, relaciones
8	Sexualidad, muerte, legados, finanzas conjuntas
9	Filosofía, religión, viajes largos, educación superior
10	Carrera, vida, logros, la experiencia de la madre
11	Grupos, amigos, objetivos, metas a largo plazo
12	Instituciones, creencias, retiradas, servicio, imaginación

4. Los aspectos

Este es el último bloque de construcción —junto con los planetas, signos y casas— de los cuatro pilares de la Astrología interpretativa. Un aspecto es el nombre dado a una relación angular entre los planetas o, en otras palabras, las conexiones y las distancias entre ellos. Los aspectos ocurren entre los planetas y los ángulos también. Sin embargo, de cualquier planeta podría decirse que un aspecto es como cualquier otro, sólo con ciertas distancias separadas que han sido definidas para tener aspectos reconocibles. Son fáciles de detectar con un poco de práctica: las distancias de separación se miden con precisión en grados, lo cual se explicará en el Capítulo 6: Los aspectos.

Los aspectos importantes añaden profundidad a la interpretación, enriquecen y expanden el significado de los planetas en relación con los signos y la casa. El significado de varios aspectos se ha intentado y se ha probado a través de los siglos;

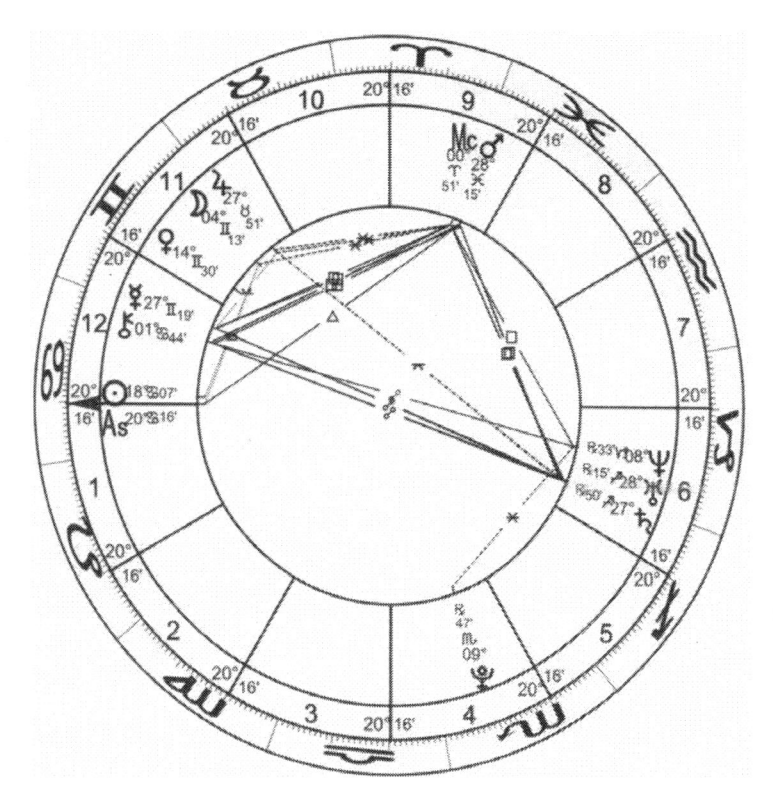

Líneas de aspecto
(en el centro)

aparecen en la carta en dos lugares diferentes. Se muestran como las líneas que atraviesan el centro de la carta, que unen planetas o ángulos entre sí, como se muestra arriba. Se repiten en la casilla que se muestra y se dibujan en símbolos, como se ilustra a continuación. En ambos lugares los aspectos que se muestran son los mismos.

La manera de leer esta casilla es similar a la forma en que se podría leer una tabla de distancias en un mapa de una carretera, mediante la búsqueda de respuesta en la pequeña caja que forma la unión de los dos lugares, mirando tanto hacia abajo y a través, o en este caso la unión de dos planetas. Los números que acompañan el símbolo en cada cuadro muestran la exactitud del aspecto, que también se explicará en el Capítulo 6.

Los astrólogos usan cinco aspectos principales (véase más adelante), los cuales son: conjunción, oposición, trígono, cuadratura y sextil. Hay otro tipo de aspectos, los aspectos menores, pero nosotros empezaremos con los más importantes. Los principales aspectos se forman dividiendo el círculo de la tabla de números enteros de la siguiente manera.

Conjunción: división del círculo por uno (planetas se aproximan entre si)
Oposición: división del círculo por dos (planetas opuestos entre sí, los seis signos separados)

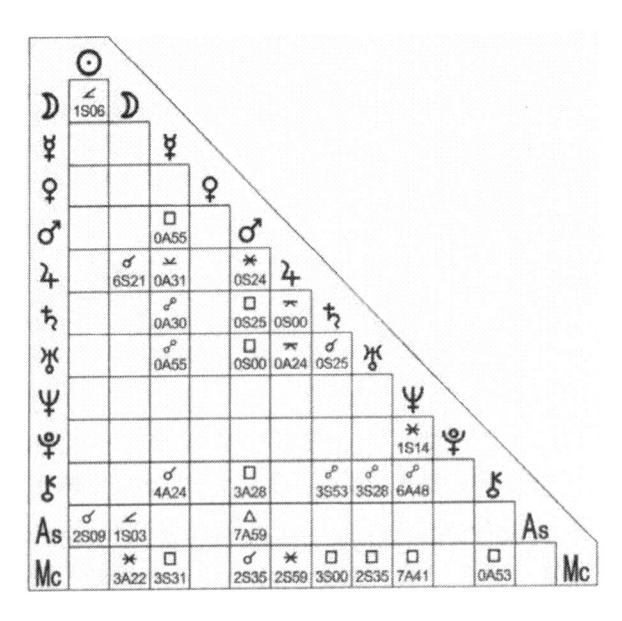

Aspectos de la casilla

Trígono: división del círculo por tres (cuatro señales de planetas separadas)
Cuadratura: división del círculo por cuatro (tres señales de planetas separadas)
Sextil: división del círculo por seis (dos señales de planetas separadas)

Los aspectos formados por la división del círculo por dos (oposición) o cuatro (cuadratura) son conocidos como "aspectos duros", con las líneas de aspecto del gráfico en sí generalmente dibujado en rojo. Estos son aspectos dinámicos que nos traen retos en la vida y nos empujan a tratar con ellos. Los formados por la división del círculos en tres (trígono) o en seis (sextil) son conocidos como "aspectos suaves" y usualmente se dibujan en azul. Estos indican las áreas más sencillas de nuestra vida, o para las que tenemos habilidades innatas. La división del círculo por uno es la conjunción, que es neutral en sus efectos; es decir, que no es ni difícil ni fácil. La siguiente tabla muestra el significado básico de cada aspecto.

Aspecto	Símbolo	Significado clave	Número de grados de separación
Conjunción	☌	Fusión de energías	0°
Oposición	☍	Separación, oposición, proyecciones	180°
Trígono	△	Habilidades naturales, talentos inherentes	120°

Aspecto	Símbolo	Significado clave	Número de grados de separación
Cuadratura	□	Ansiedad, tensión, incertidumbre	90°
Sextil	✶	Oportunidades dinámicas	60°

Para darte un ejemplo de cómo puede funcionar un aspecto: si el Sol está en conjunción (cerca de) Marte (☉☌♂) en el gráfico, a continuación la forma en que se expresa el Sol suele ser bastante fiera y el contundente (Marte), incluso si el Sol está en Virgo, tranquilo. ¡Otras experiencias podrían ser las de un Virgo típico! Esta es sólo una prueba de cómo los aspectos pueden cambiar impresiones iniciales que un astrólogo interpreta en una carta astral. La combinación de los signos, planetas, casas y aspectos crea una imagen global de una persona.

Hay otro punto a mencionar en esta introducción, el cual está relacionado con los aspectos, que se explicará con más detalle en el Capítulo 6. A veces un cierto número de aspectos se unen en un gráfico para formar ciertas formas, conocidas como "patrones aspectos". Si el gráfico tiene cualquier patrón, muestra una parte importante del carácter de la persona, ya que seguramente tendrá la participación de al menos tres planetas y a menudo más.

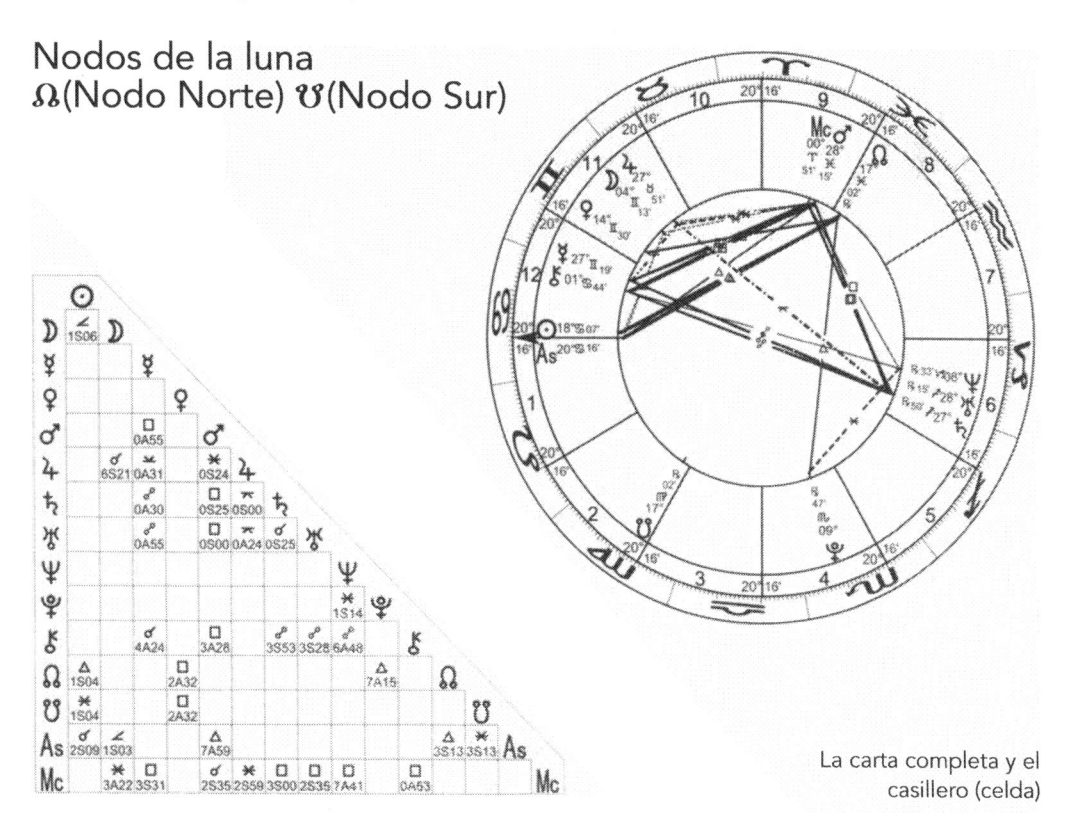

Nodos de la luna
☊(Nodo Norte) ☋(Nodo Sur)

La carta completa y el casillero (celda)

43

En esta versión de toda la tabla los símbolos de los nodos de la Luna han sido reintegrados en la carta acompañada por el aspecto del casillero, completando los factores utilizados en esta carta natal. Estos dos puntos opuestos, que forman un eje, se encuentran en todas las cartas. Los verás en la tabla de estudio en las casas 8(☊Nodo norte) y 2(☋Nodo sur), y en su propia carta, muy posiblemente en diferentes posiciones, ya que pueden caer en cualquier par de casas de oposición. La razón por la que se han dejado fuera de la parte gráfica hasta ahora es que no son planetas, pero son dos puntos en el espacio que caen directamente uno frente al otro. Marcan los dos puntos de cruce en órbita aparente del Sol con la ruta de la Luna a medida que viaja alrededor de la Tierra —uno al norte y otro al sur. Son de un eje y no pueden ser separados el uno del otro, como el ascendente-descendente o el MC-IC. Los nodos de la Luna están involucrados en eclipses lunares y solares, cuando éstos se producen. El significado de los nodos se discutirá en el Capítulo 12. Son puntos especiales en la carta.

Combinando todo

Después de leer esta introducción a los fundamentos básicos de la tabla tal vez te sientas un poco abrumado por la información. Si ese es tu caso, no estás solo: es una reacción común para todos los que empiezan a estudiar Astrología de manera seria. Es verdad que la Astrología es un tema complejo, pero también es cierto que hay que aprenderlo poco a poco, paso a paso, y te revelará una extraordinaria profundidad en la percepción del carácter de una persona. Y ese es un gran entendimiento que la Astrología puede proporcionarte. Tal vez ningún tema digno de estudio se puede aprender sin esfuerzo y tiempo. La satisfacción ganada de este descubrimiento traerá su propia recompensa.

Las imágenes empezarán a ser más claras a medida que vayas leyendo y no tendrás que memorizar todo a la primera. Eventualmente recordarás qué hay en la tercera casa, o qué significa Luna en cuadratura con Marte o cualquier otro término, conforme avance tu entendimiento. Con el fin de hacer que la Astrología sea parte de ti, con el tiempo puedes añadir tus propios puntos de vista con base en el conocimiento. Ninguna parte de la carta puede darte una impresión general de todo el gráfico en su conjunto: cada parte está influida por otra parte. Los planetas están influidos por signos, casas, aspectos y otros factores. Por ello, una gran parte de la segunda mitad de este libro está dedicada a mostrar cómo usar todo en conjunto. No es de extrañar que un signo solar por sí solo no puede revelar la verdadera personalidad de cada uno, aunque es un buen punto de partida.

Tu carta es realmente tuya para toda la vida. Esto, sin embargo, no se contradice con tu libertad y habilidad para hacer tus propias elecciones. Las formas en que te desarrollas tú mismo como individuo todavía reflejan los diferentes niveles de tu carta natal, pero hay una infinita variedad de maneras en que esto pasa. El significado de la carta astral crece y madura conforme tú lo haces. Nadie puede predecir tu desarrollo de una manera precisa, ya que tú eres quien siempre está a cargo.

Me gustaría además explicar un punto importante acerca de los beneficios de conocer tu propia carta, así como los gráficos de los que está compuesta: hay muchas supersticiones alrededor de la Astrología —seguramente has escuchado que no puedes o no debes hacer el estudio de tu propia carta. Y al contrario, eso es precisamente lo que debes hacer, y de hecho hacer tu propia carta es fascinante. Lo que hay que tener en cuenta, sin embargo, es que sea cual sea la combinación de factores que tiene en tu carta, éstos deben ser vistos objetivamente en la medida de lo posible. Trata de descubrir el significado de tu carta como una forma de hacerte una idea de ti mismo; y lo más importante, no hacer juicios acerca de lo que encuentres. Es importante recordar que tu carta, como la de cualquier otra persona, muestra las zonas fáciles y difíciles, ya que todos tenemos altibajos. La Astrología es uno de los sistemas más potentes que existen para ganar autoentendimiento y mejor comprensión de otras personas. En el proceso una mayor capacidad de ser tolerante o indulgente se puede ganar y la tendencia a ser crítico o autocrítico puede reducirse.

Pensamiento mágico

Para ayudarte a progresar a un nivel más profundo, al estudiar el contenido de este libro puede que te resulte beneficioso experimentar con conceptos astrológicos y percibirlos de la forma "mágica" que muchos de los astrólogos babilonios, griegos, medievales y renacentistas hicieron.

La mejor manera de empezar a absorber las ideas en la Astrología es pensar "de lado", reconocer que los arquetipos tienen muchas formas. La Astrología no está sujeta al razonamiento de causa y efecto en la forma en que el pensamiento científico o humanitario lo está. Por ejemplo, el pensamiento mágico reconoce que con las estrellas y los planetas el razonamiento no contribuye a nuestro mejor conocimiento; de hecho, reconoce que existe un efecto, literal, en la Tierra en virtud de los rayos magnéticos, la atracción gravitacional o cualquier otra teoría que se ha sugerido, excepto en el caso del satélite de la Tierra, la Luna.

Está documentado que la Luna está relativamente cerca de nosotros, tiene notables efectos físicos sobre las mareas de los océanos y en ciertas criaturas o plantas acuáticas. Esto no significa, en el pensamiento de la mayoría de los científicos, clero o racionalistas, que la Luna también tiene efectos de alguna forma en los seres humanos. Los astrólogos modernos, por supuesto, tienen una diferente perspectiva, la cual no está basada en la causa-efecto en el pensamiento literal. Los astrólogos usualmente piensan en términos de correspondencia, en lugar de las fuerzas físicas medibles. Esto es un ejemplo del "pensamiento mágico". La Luna astrológica, por ejemplo, representa emociones, el inconsciente de la mente, memoria, mariscos, flores que florecen de noche, mujer, tu casa, el color de la plata... Todo esto y más se vincula a través del simbolismo inherente a la Luna astrológica.

La Astrología no es una ciencia pura, no es una religión, ni siquiera un sistema de creencias. La Astrología es única: elementos de ciencia, de filosofía, arte creativo y magia entrelazados dentro de su amplio mandato. Con frecuencia los intentos de sujetar a la Astrología a pruebas científicamente demostrables la han llevado a malos entendidos y el rechazo posterior de la misma. Estas pruebas se han diseñado e intentado varias veces por diferentes investigadores sin resultados concluyentes, ya que la Astrología no se presta fácilmente a este tipo de pruebas o enfoques. No todos los temas pueden ser científicamente demostrados. La Astrología trabaja en muchos niveles: una toma de conciencia, por ejemplo, resulta de que el Sol astrológico se asocia con su ser creativo, girasoles y palacios, o que Júpiter se corresponde con el crecimiento y la expansión, caballos y estudio superior. Son pequeñas ilustraciones del pensamiento mágico en el trabajo. Me gustaría añadir una última observación aquí: decir que la Astrología no se presta bien a las pruebas de control no significa que no requiere de un pensamiento crítico. Dentro de su ámbito propio, la precisión de la interpretación astronómica y exactitud matemática son de gran importancia. Para seguir creciendo como sistema de vida de pensamiento, para la Astrología sigue siendo importante evitar declaraciones vagas y mantener la claridad de expresión.

Dos rotaciones diferentes

Sólo hay tres piezas importantes de información necesaria para el cálculo de una carta:
La fecha, el tiempo (u hora) y el lugar de nacimiento

El tiempo —como el lugar de nacimiento (incluyendo el año)— es significativo en la Astrología. También es útil para saber si es un hombre o una mujer quien está pidiendo cada carta natal.

1. **La fecha de nacimiento** nos da las posiciones diarias de cada planeta en uno de los doce signos (con la excepción de la posición precisa de la Luna), y los aspectos entre los planetas.
2. **El tiempo y el lugar de nacimiento** nos dan todas las casas y los ángulos, incluyendo el ascendente, la posición precisa de la Luna en uno de los signos y los aspectos de la Luna.

¿Cómo funciona esto en la práctica? Esta información se basa en el entendimiento de dos movimientos principales en el espacio. Aquí seguimos una simple explicación, de manera que puedes comprender lo que crea la "rotación" como parte de una carta natal.

La fecha de nacimiento: encontrando el signo en cada planeta

El movimiento de cada planeta en su órbita en sentido contrario a las manecillas del reloj, a lo largo de la eclíptica (alrededor del Sol) y por el fondo de las estrellas del Zodiaco, nos muestra que el planeta se encuentra como se ve desde la Tierra.

Todas las órbitas son elípticas, por supuesto, y siguen mostrando una especie de círculo, pero "aplanado".

Si consultas un *Efemeris* de cualquier fecha y año verás una lista de todos los planetas, cada uno de los signos por fecha. La carta natal se elabora por la fecha, o un programa de computadora puede hacerlo por ti.

Ejemplo: el 3 de enero de 1980 el Sol estaba en Capricornio, lo cual siempre ocurre en esa fecha cada año. Una persona que nace en ese día es Capricornio. Sin embargo, todas las otras posiciones de los signos pueden cambiar año con año. Sólo el Sol regresa casi a la misma posición todos los años en, o muy cerca de, el cumpleaños de cada persona. En el ejemplo anterior, Venus estaba en Acuario, Marte en Virgo, etcétera. Los signos de los planetas, excepto el de la Luna, están determinados sólo por la fecha de nacimiento. Para el 3 de enero de 1981, cuando el bebé tiene un año de nacimiento, Venus se ha movido alrededor de todo el Zodiaco de Sagitario a Marte y se ha movido a Acuario, mientras el Sol ha regresado a Capricornio de nuevo.

El tiempo y el lugar de nacimiento: encontrando el ascendente, los otros ángulos, las casas y las posiciones de la Luna

La rotación de la Tierra dura en su propio eje 24 horas (técnicamente es llamada el círculo diurno) y nos da la carta de ascendentes, los otros ángulos y las casas. Cualquier signo zodiacal se levanta sobre el horizonte del lugar de nacimiento o en el momento del nacimiento o se convierte en el ascendente de la carta y constituye la cúspide de la casa 1, a la cual siguen todas las otras casas numeradas.

El descendente siempre es exactamente el opuesto al ascendente, ya que es el signo del Zodiaco que desciende por debajo del horizonte de nacimiento. El signo del MC es el signo que culmina (en el punto más alto) la eclíptica.

El IC es exactamente opuesto. En el estudio de la carta verás que el ascendente está en Cáncer y el descendente será opuesto, en Capricornio; el MC está en Aries y el IC está opuesto al MC, en Libra.

La posición de la Luna también está determinada por el tiempo (u hora) y el lugar del nacimiento, medida que se mueve demasiado rápido en 24 horas para ser conocida con precisión por su posición sin una fecha de nacimiento.

La rotación de la Tierra se produce en sentido contrario a las manecillas del reloj, tal como se mencionó antes, y al parecer cada signo del Zodiaco, y cualquier otra estrella en la galaxia, se mueve en un círculo alrededor de la Tierra a medida que gira.

El signo zodiacal que se levanta sobre el horizonte de cualquier lugar en la Tierra en cualquier momento cambia en promedio cada dos horas y los doce signos se levantarán (aunque no todos a la misma velocidad) en el horizonte de cada lugar de la Tierra en un período de 24 horas.

Puedes ver la rotación de la Tierra, si te vas al aire libre —preferiblemente descansando horizontalmente en una cálida y clara noche— por una hora y observas el cielo. Vas a observar, de manera gradual, el cambio de la posición de las estrellas en el cielo, la cual por supuesto continúa durante el día, aun cuando no podemos verlo debido a la abrumadora luz del Sol. Esto es lo que la gente pensaba que ocurría durante muchos milenios en la historia: que estamos en el centro del Universo, con el cielo, las estrellas y los planetas moviéndose alrededor de la Tierra. De hecho, en contraste con los planetas, de las estrellas con frecuencia se dice que están fijas[6], que no se mueven, y esto es, por supuesto, porque la que se mueve es la Tierra.

El lugar de nacimiento, para la mayoría de la gente, es conocido. El tiempo de nacimiento (tan preciso como sea posible) no siempre es fácil de obtener. Si un bebé nace en un país que registra la hora de nacimiento en el certificado de nacimiento, entonces no hay ningún problema, siempre y cuando el tiempo se ha observado cuidadosamente. Ejemplos de países que llevan a cabo esta rutina son Francia, Escocia y algunos otros. Sin embargo, muchos no requieren la hora de nacimiento para emitir un certificado, desafortunadamente; por eso muchas personas no conocen su tiempo de nacimiento.

Puedes ver que si no hay hora de nacimiento, o es muy imprecisa, el ascendente o las casas pueden ser calculados de cualquier manera. Aunque hay muchas formas de encontrar tu tiempo de nacimiento si no lo sabes, la más obvia es preguntarle a tu madre o a algún otro miembro de tu familia que podría saberlo. Muchos hospitales mantienen registros de las horas de nacimiento, de manera que podrías preguntar si tienen el tuyo en el hospital donde naciste. Los astrólogos experimentados con frecuencia reconocen el signo de una persona tan sólo por su apariencia física y otras características, como ya se ha mencionado, pero no siempre es el caso. Hay una técnica que los astrólogos usan. Es conocida como "rectificación", un método por el cual los astrólogos intentan determinar una hora de nacimiento considerando la sincronización de los eventos significativos en la vida de una persona.

Pero aún hay una gran cantidad de información que se puede encontrar en una carta, aun cuando no se cuente con el tiempo de nacimiento. Las posiciones de los planetas no cambian mucho en 24 horas. La Luna, sin embargo, se mueve un poco menos que la mitad de un signo en 24 horas, llevando cerca de dos días y medio para cambiar de signo, por lo que se necesita averiguar la posición exacta al momento del nacimiento. En la fecha del ejemplo anterior, 3 de enero de 1980, la Luna cambia de signo durante ese día desde Cáncer a Leo, así que sin una hora de nacimiento un astrólogo no podría saber si la Luna estaba en Cáncer o Leo. Sin embargo, las posiciones de signo del resto de los planetas y sus aspectos todavía se pueden interpretar con exactitud.

Hay un último punto en que debemos enfocarnos: usando la carta de Celeste,

---
[6] Al igual que todos los demás objetos celestes en el Universo, las estrellas se mueven realmente, pero muy lentamente, tal como se ve desde la Tierra; tan lentamente que tomaría mucho más que una vida humana para ver esto. Por esta razón, en relación a nuestro Sistema Solar, las estrellas aparentemente no se mueven.

el diagrama muestra la realidad de la posición de los planetas orbitando alrededor del Sol, la vista heliocéntrica y los mismos planetas como se ven desde la Tierra. La carta de nacimiento o la vista geocéntrica es importante, pero se debe ser consciente de que esto es simplemente un diagrama y no representa órbitas planetarias exactas. Después de todo, sabemos que las órbitas de los planetas son elípticas, no circulares. Las órbitas reales de los planetas del sistema solar también están muy lejos de ser equidistantes, como en la ilustración. Este diagrama se otorga con el fin de demostrar los diferentes puntos de vista con la Tierra en el centro (geocéntrica) y la realidad con el Sol en el centro (heliocentrismo) del Sistema Solar[7]. Los planetas están en la misma posición en ambas representaciones, sólo que se están viendo de manera diferente.

Armados con esta información introductoria, estamos muy bien equipados para empezar a investigar los pilares que conforman las bases de la carta astral a mayor detalle. Tu aventura en este descubrimiento ha empezado.

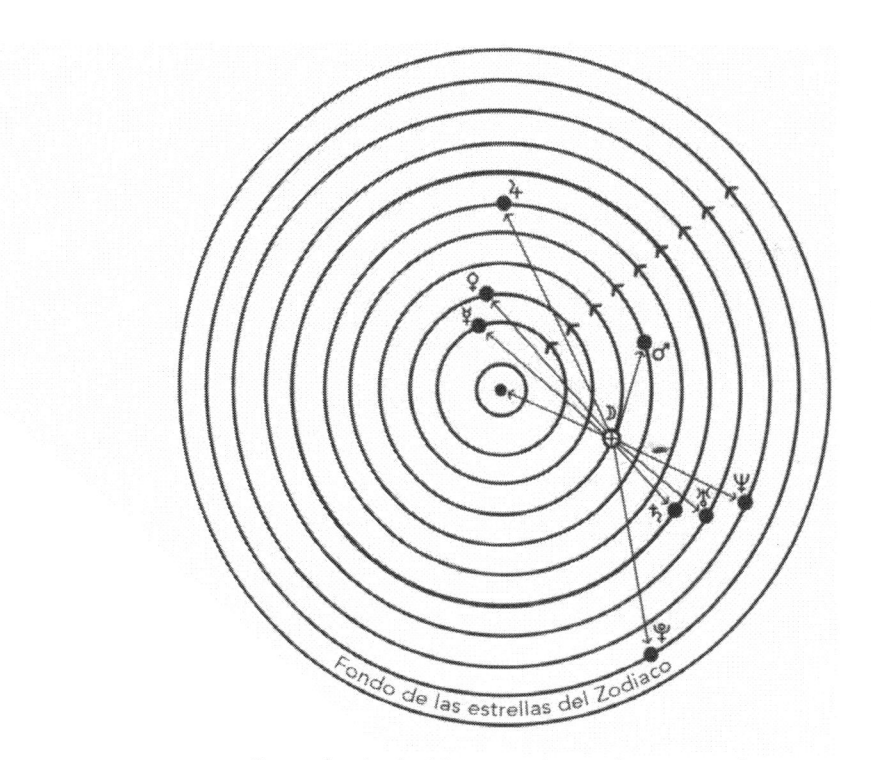

Segundo círculo. Vista geocéntrica (la carta natal)

---

[7] El diagrama fue inspirado en una imagen similar de *Los principios de la Astrología* por los astrólogos Charles y Suzi Harvey, publicado por Thorsons, Londres, 1999. Se utiliza, con permiso, como base para el diagrama dado aquí.

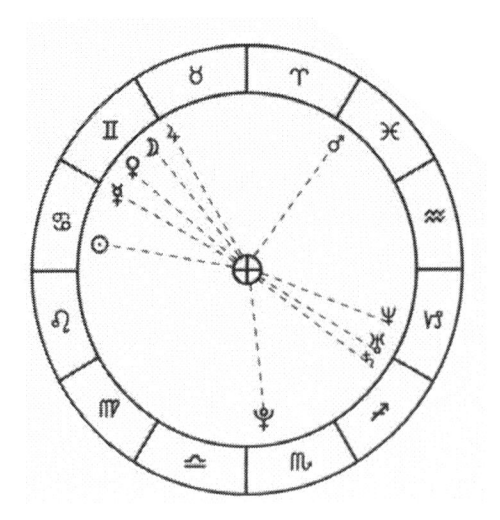

Vista heliocéntrica

SEGUNDA PARTE

FUNDAMENTOS DE INTERPRETACIÓN

3. LOS PLANETAS DEL SISTEMA SOLAR

Las energías esenciales; como es arriba, es abajo

Empezaremos explorando los significados de los diez planetas que los astrólogos comúnmente usan en el estudio de una carta natal. Los planetas son:

Sol	
Luna	
Mercurio	conocidos como **planetas personales**
Venus	
Marte	
Júpiter	conocidos como **sociales** o **planetas pares**
Saturno	
Quirón	un cruce entre un **bien social** y un **planeta exterior**
Urano	
Neptuno	conocidos como los **planetas exteriores** o **generacionales**
Plutón	

Quirón es un caso especial y se describirá al final de este capítulo, en las páginas 72 y 73.

Una carta natal individual es como una imagen instantánea del paraíso de ese momento, una foto del cielo por cada uno de nosotros en el momento de nuestro nacimiento. Esta imagen cambia rápidamente en el caso de los *planetas personales* los cuales intercambian posiciones en el cielo creando una combinación única de las posiciones planetarías por cada individuo: el Sol, la Luna, Mercurio, Venus y Marte. Éstos son conocidos como los planetas personales por su relativa cercanía con la Tierra, y la velocidad con que se mueven en sus órbitas tal como se ve desde la Tierra. En el caso del Sol, no es cercano a la Tierra —lo cual se tiene en cuenta—, pero es la estrella más importante en nuestro Sistema Solar.

Los *sociales* o *planetas pareja* son Júpiter y Saturno. Si sabes cómo buscar en el cielo de la noche a menudo se puede ver a uno o ambos de estos planetas a simple vista, a pesar de las grandes distancias. Se toman más tiempo para cambiar de posición, ya que están más lejos del Sol y tienen órbitas mucho más grandes. A lo largo de un año no se mueven, en la medida en que no se mueven los planetas personales. Cada uno de estos dos planetas se mueve por separado a través de una sección relativamente similar del cielo para los nacidos dentro de, aproximadamente, doce meses en el caso de Júpiter, y en un par de años más o menos en el caso de Saturno.

No son personales ni planetas generacionales, pero literalmente ocupan el espacio entre ellos y simbolizan con su grupo de pares a quienes aprenden las habilidades de socialización. Esto significa que compartes algunas experiencias con aquellos que están en tu escuela o colegio y que nacieron el mismo año, o con aquellos cursan el mismo año académico y nacieron en el mismo par de años. Ellos podrían tener esos dos planetas en su carta, en la misma posición que en la tuya. Para mucha gente joven el deseo de sentirse aceptado por su grupo es muy importante y modifican su comportamiento, en cierta medida, con el fin de experimentar esa aceptación. Saturno y Júpiter representan algunas actitudes comparables o enfoques de la vida que pueden resonar entre las personas de una edad similar. Los tres planetas generacionales o exteriores son Urano, Neptuno y Plutón: planetas que son invisibles a simple vista, ya que están muy lejos, y toman mucho más tiempo para hacer una órbita completa del Sol. Estos planetas describen tu generación y los cambios sociales que toman lugar entre el periodo de tu nacimiento e infancia. Esto es porque Urano, Neptuno y Plutón se mueven muy lentamente y mucha gente —generaciones completas o parte de una generación— tiene a estos planetas en posición similar en sus cartas. Los planetas exteriores, sin embargo, tienen un significado personal también, el cual se encuentra al hacer la descripción de cada planeta.

La órbita de Quirón es muy excéntrica e irregular. Viaja alrededor del Sol, balanceándose entre las órbitas de Saturno y Urano, algunas veces cerca de uno, algunas veces cerca de otro. Por eso este cuerpo es designado entre planeta exterior o social, aunque no es un planeta como tal, pero se conoce como planetoide. El significado de Quirón se describe al final de este capítulo.

Periodos orbitales

Las longitudes medias de las órbitas de los planetas, con base en nuestro marco de tiempo en la Tierra —lo que se mide en años de la Tierra— es el siguiente:

Órbitas planetarias		
Mercurio	☿	88 días
Venus	♀	225 días
Sol	☉	Un año
Marte	♂	Casi dos años
Júpiter	♃	Doce años
Saturno	♄	29 años
Quirón	⚷	50 años
Urano	♅	84 años
Neptuno	♆	165 años
Plutón	♇	247 años

La "órbita del Sol" es, por supuesto, como se ve para nosotros en la Tierra. En realidad, es la órbita anual de la Tierra alrededor del Sol. La Luna gira alrededor de la Tierra en un periodo de 28 días, pasando por cada signo zodiacal durante ese periodo. Al mismo tiempo, la Luna se mueve a lo largo de la órbita de la Tierra por un periodo de un año. Las muy diversas longitudes de las órbitas del planeta determinan por qué están divididos con fines de interpretación en los personales, grupo de pares y planetas generacionales. Durante su órbita completa cada planeta viaja a través de los doce signos. Dado que el espacio suele ser medido en grados y minutos, esto significa que cada planeta pasa a través de 30 grados de espacio a medida que atraviesa cada signo.

Te darás cuenta en la tabla anterior que el periodo orbital de Mercurio y Venus es más pequeño que el de la Tierra. Esto es porque ellos están más cerca del Sol que nosotros y sus órbitas completas toman menos tiempo que el nuestro. Ellos están dentro de nuestra órbita y son técnicamente conocidos como *planetas inferiores*, no en un sentido peyorativo, simplemente para darles un significado dentro de nuestra órbita. Siguiendo el mismo principio, los otros planetas en el Sistema Solar son conocidos como *planetas superiores*, es decir, fuera de nuestra órbita, y toman más tiempo en girar alrededor del Sol.

Desde la perspectiva de la Tierra, Mercurio y Venus nunca parecen alejarse mucho del Sol. Esto aplica sólo a aquellos dos planetas inferiores y en la carta se dibuja desde el punto de vista de la Tierra. El planeta que está más lejos del Sol que Mercurio puede estar visualmente a 28 grados (poco menos de un signo de distancia) y el que está más lejos del Sol que Venus puede estar visualmente a 48 grados (poco más de un signo y medio de distancia). Mira a Mercurio y a Venus en el estudio de la carta y en tu propia carta, y verás que los dos planetas están muy cerca del Sol.

Medición del Espacio

Cada planeta está en algún lugar dentro de los 30 grados del signo en el momento del nacimiento. Para entender en qué parte del signo se coloca cada planeta ¡tenemos que pasar un rato en el mundo de grados y minutos! Para recapitular, podemos usar la siguiente manera de medir, en caso de no estar seguros:

El círculo de los signos zodiacales = la carta natal = 360 grados (360º).
Cada uno de los doce signos zodiacales = 30 grados de espacio (30º).
Cada grado de espacio = 60 minutos (60').

Si regresas a ver el estudio completo de la carta de Celeste en la página 5 verás que el Sol (☉), es justo después de la media del signo de cáncer (♋). Su posición fue de 17 grados 7 minutos Cáncer en el día y en el tiempo en que Celeste nació. Celeste es claramente Cáncer, con el Sol más o menos a la mitad del signo. Puedes apreciar estos datos en su carta: el símbolo del Sol está dibujado justo después de la media del símbolo de Cáncer (no confundir el estudio del Sol en la carta con el ascendente, que está en 20 grados con 16 minutos; los dos están muy cerca uno del otro).

El movimiento aparente del Sol es de aproximadamente 1 grado de un día en el transcurso de un año. El Sol pasa mensualmente a través de todos los signos, teniendo un poco más de 365 días para terminar el año. El hecho de que esta cifra sea de un poco más de 365 días, explica por qué tenemos años bisiestos cada cuatro años, para compensar esta pequeña irregularidad. En realidad esto es, por supuesto, que la Tierra se mueve a lo largo de la eclíptica en un promedio de velocidad variable de aproximadamente 1 grado por día.

El Sol, o cualquier otro planeta, puede estar a 0° (grados) 0' (minutos) del signo —en otras palabras, justo al inicio del signo— o en cualquier lugar en medio, arriba o al final del signo a 29° 59', y a continuación entra el siguiente signo, de nuevo a 0° 0'.

Los planetas como energías

Una pregunta que puede surgir en este punto es: ¿por qué empezar con el estudio de los planetas en el primer capítulo de esta sección, que trata sobre la interpretación?, o ¿por qué no vemos primero a los signos familiares, como Aries, Tauro, etcétera? Para responder a esto primero tenemos que ver de nuevo el significado astrológico de los planetas: los planetas representan arquetipos de energía o experiencia, nuestros impulsos básicos y universales; las diferentes partes que componen la personalidad humana y que son comunes a todos nosotros. Una vez llamados en la antigüedad "los vagabundos", los planetas describen las partes principales de nuestra imagen. Todos nosotros, de alguna u otra forma, y expresada de diferentes maneras, tenemos necesidad de un sentido de identidad personal, una vida emocional y mental, una capacidad de crecimiento y aprendizaje, y una conciencia de nuestras limitaciones naturales. También tenemos un cuerpo físico que debemos alimentar, y la necesidad de interactuar con otros.

Obtener este conocimiento de cada planeta es fundamental en la Astrología. Entre mayor conocimiento puedas obtener de cada planeta, será mejor la comprensión que tengas para tu crecimiento; el tiempo te dará la práctica necesaria para ello. Ningún planeta o signo por sí solo puede describir la complejidad del ser humano; cada persona experimentará las energías de los planetas a su propia manera. Esto es porque ningún planeta está solo, pero se expresa a través del lugar que ocupa en combinación con el signo zodiacal, la casa y diferentes aspectos de otros planetas que deben incluirse en la carta. No importa cómo un planeta haya sido experimentado por alguien, ya que el simbolismo de cada uno continúa presente. Mercurio sigue siendo Mercurio y Marte sigue siendo Marte.

En el intento por describir cómo trabaja la Astrología de una forma simple, la frase "como es arriba, es abajo" (mencionada en el Capítulo 1), también parece significar "como es en el interior, es en el exterior". Una carta natal es una representación simbólica de las características básicas de una persona, simbolizada por las estrellas y los planetas. De manera similar, el ser interior aparece misteriosamente para reflejar la experiencia de un individuo, de lo que ocurre en torno a él o ella, aunque a menudo no se da cuenta. La gente importante o los eventos de nuestra vida son reflejados de diferentes maneras por los arquetipos de los planetas.

Regencias

Hay una conexión adicional entre los planetas y los signos. Cada planeta tiene asignado un signo, en algunos casos dos, y esos se dan al final de la descripción de cada planeta. Esto es lo que se conoce como los planetas regentes e indica que el planeta y el (o los) signo(s) que gobierna concuerdan entre sí.

Verás que algunos planetas regentes tienen más de un signo. Cada uno de los planetas exteriores rigen a un signo (conocido como el moderno regente), previamente asignado para uno de los "viejos planetas" (conocido como el tradicional regente). De esta manera, algunos signos tienen dos planetas como regentes, uno tradicional y uno moderno.

Las regencias proveen de una información importante en la interpretación de la carta y se describen con más detalle en el Capítulo 11. Empezaremos por pensar en que cada grupo de planetas, junto con sus signos y sus regencias, empiezan a combinar factores astrológicos y construyen nexos de interpretación.

Los símbolos planetarios

Todos los símbolos planetarios usados por cada planeta del Sistema Solar están hechos de una combinación de tres formas: el círculo o, el semicírculo) y la cruz de brazos iguales + en diferentes posiciones.

El círculo representa el espíritu, la totalidad; el semicírculo representa el alma, la aventura individual; la cruz representa la materia, el mundo material y la realidad concreta. El símbolo para nuestra Tierra es ⊕ la manifestación del espíritu. Para algunos planetas las formas han cambiado en los últimos años. Por ejemplo Marte, donde la cruz se ha convertido en material de flecha del guerrero, aunque en esencia el significado sigue siendo el mismo. Esos símbolos se han usado por siglos. Surgieron en la larga historia de la Astrología y crearon un puente entre el mundo divino y el mundo material. Los símbolos encarnan un breve significado de los principios de cada planeta y son usados por los astrólogos. Puede ser de mucha ayuda aprenderse los símbolos.

Los planetas personales

El Sol y la Luna se pueden separar, por motivos de estudio, de los otros tres planetas personales, ya que constituyen la base de la personalidad, lo que representa nuestro ser esencial. Juntos hacen referencia a las luminarias. El Sol y la Luna encarnan el lado de la personalidad masculina y femenina, respectivamente. También simbolizan nuestra experiencia con nuestros padres —o a quienes nos trajeron—, así como las personas más íntimamente ligadas a nuestros primeros años de vida y la formación de carácter.

Sol ☉

• Sentido de identidad, ego, autoconsciencia, centro creativo, padre.

Al centro del Sistema Solar, el Sol tiene a todos en su control gravitacional. Todos los planetas están situados en una órbita eterna a su alrededor, siguiendo un camino que no varía, a excepción de algunas fluctuaciones intermitentes. La luz del Sol es muy brillante, incluso de noche; los rayos del Sol son más evidentes a través del brillo de luz de la luna reflejada, lo que ocurre cada mes.

La Luna, por supuesto, es iluminada por los rayos del Sol, incluso cuando el Sol está en otro lado de la Tierra a medida que gira.

El significado astrológico del Sol ha evolucionado en el rol central en la vida de todos. Su símbolo, un punto en el centro de un círculo, nos muestra la posición central del Sol. En la carta natal el Sol representa el sentido de ti mismo, quién eres, tu identidad personal, el centro de tu ser. Llega a representar tu sentido de propósito, tu autoexpresión personal y tu núcleo creativo. También es, por supuesto, el planeta que usan los que escriben sobre los signos en revistas, periódicos e internet.

Casi todas las culturas antiguas tienen mitos sobre el poderoso dios Sol. Para los griegos este dios era Helios, renombrado Apolo por los romanos, quien condujo su carro de fuego por el cielo durante todo un día. Este y otros mitos similares no son de extrañar debido al inmenso poder ardiente y vivificante del calor del Sol físico, del que la Tierra depende.

Astrológicamente el Sol representa la fuerza energética que te anima a seguir adelante y te mantiene con vida en todo tu cuerpo: es esa fuerza misteriosa que llamamos vida. Esta vida contiene energía ilimitada a nuestro servicio, que funciona como una fuente de inspiración para cualquier pensamiento creativo o acción, tal y como puedes ver en toda la generosidad de un espíritu abierto.

El Sol es la fuerza masculina, exterior y conciente de energía. El Sol muestra las cualidades masculinas en ti, quienquiera que seas —mujer u hombre—, la manera en que eres capaz de expresar conscientemente tu inspiración creativa, tu habilidad para brillar y la confianza en ti. En el otro extremo, en ocasiones llega a mostrar el egocentrismo y arrogancia y la falta de sensibilidad hacia otros. El poder en el Sol necesita constantemente estar contenido, ya que de otra manera, tanta brillantez puede llegar a deslumbrarnos, o bien tanto calor puede llegar a quemarnos.

El Sol también representa el hombre en tu vida. Desde tu padre hasta una amistad masculina. El Sol representa la versión ideal de tu padre, sea como fuere tu experiencia con tu padre. Incluso un padre ausente es una experiencia del hombre que te engendró. El Sol comparte esta experiencia con Saturno, abajo. Astrológicamente, el Sol también representa una voz interna que te obliga a perseguir la aventura de tu descubrimiento personal, así como a continuar tu experiencia de vida. No hay un periodo de vida asociado con el Sol: el Sol es la vida.

Tu lugar frente al Sol te muestra como una persona única, especial, distinta a otras personas. Cuando estás en sintonía con el Sol en tu carta, eres capaz de ser tú mismo, de ser la persona para la que naciste ser. Como tal, este flujo de la esencia de la vida trae a manantiales naturales de alegría. Esto, por supuesto, no es un estado de la mente, sino una experiencia de todo el tiempo. O incluso, tal vez, sucede con frecuencia; pero el potencial siempre está ahí. El Sistema Solar no podría existir sin el Sol y tu carta no podría existir sin el Sol en ella.

Luna ☽

- Instintos, necesidades, emociones, respuestas, crianza, memorias, pasado, familia, madre.

Como el Sol ilumina el día, la Luna ilumina la noche. Las dos luminarias son pares opuesto de iguales: mientras el Sol es "masculino" y muestra el carácter abierto y hacia el exterior (Yang) la Luna es (Yin) femenina, inconsciente —o subconsciente—, y muestra la actitud hacia dentro, encerrada en sí misma. La Luna es tu lado femenino, no importa si eres hombre o mujer.

La Luna tiene su ciclo mensual regular, que todos conocemos, y en el mito tiene muchas fases, desde la soltera a la madre vieja y arrugada que refleja las etapas de la vida. Los movimientos de la Luna reflejan directamente a la Tierra en formas medibles, como las mareas, el comportamiento de las criaturas del mar y así sucesivamente.

Se dice que la Luna representa el periodo de gestación, infancia y la primera infancia. Durante estas etapas cierto patrón inconsciente de comportamiento se ha formado debido a la orientación personal de la vida y las influencias familiares. Tu instinto de supervivencia se establece en la primera infancia de acuerdo con las circunstancias que se te presenten, esto con el fin de satisfacer tus necesidades. Es muy importante el significado de la Luna en tus reacciones instintivas y en tu capacidad de adaptación a las situaciones. También lo es para el tipo de necesidades emocionales que tienes; cómo se expresan esas emociones y cómo buscas que esas necesidades sean cubiertas de acuerdo con la posición de la Luna en tu nacimiento. Cómo la Luna refleja los rayos del Sol y cómo ese reflejo influye en tu pasado.

Se puede decir que la aventura de tu vida está centrada en encontrar tu esencia de acuerdo con la colocación del Sol el día de tu nacimiento, lo que significa también tomar conciencia de que esa primera experiencia demuestra cómo la Luna ha creado tu mundo interior y, de hecho, este puede ser el viaje de tu vida.

La experiencia del pasado de una persona está ilustrada por la Luna. Ahí encontramos los afectos de la infancia y la forma en que expresa sus sentimientos y emociones. Tu seguridad interior tenderá a materializarse de acuerdo con la posición de la Luna con respecto a la fecha de tu nacimiento. Las memorias también pertenecen al reino gobernado por la Luna, así como el conocimiento de tu pasado en un sentido más amplio: por ejemplo, si estuvieras interesado en la historia o en la antigüedad, o no.

Las formas en las que das y recibes nutrición, alimento y protección se muestran aquí. Una persona que pudo haber sido alimentada por muchos abrazos y amor puede darlos de una manera muy sencilla a otras. Otra persona pudo haber sido alimentada con profundos sentimientos de entendimiento, y otra con gran sentido de independencia. Hay muchas maneras de disfrutar este sentido de crianza. Tu actitud para la crianza física, al igual que tus patrones de alimentación y tu tipo de sensualidad, tu sentido de pertenencia, incluyendo el tipo de casa que prefieres, la forma en que "te sientes en casa" y el sentido de relajación; lo material o la comodidad de tu cuerpo y la manera en que lo tomas.... hay muchas formas de mostrar la Luna en tu carta. Un patrón de inseguridad, dependencia o a la defensiva puede indicar una necesidad de buscar dentro para entender las experiencias emocionales de la edad temprana y llegar con ello a la sanación.

Las cualidades femeninas materializadas en la Luna están reflejadas en todas las personas, como lo están en ti. Tu experiencia con la mujer en general, y con los miembros femeninos de tu familia, especialmente tu madre, está representada por la Luna. Al igual que el Sol representa la imagen ideal de tu padre, la Luna simboliza el ideal de tu madre, no importa la influencia que tenga tu madre actual sobre ti.

Cuando tu sentido de pertenencia está completo, así como la seguridad en ti mismo, tu sensibilidad hacia los otros y hacia ti mismo brilla en todo su esplendor. Cada uno tiene una vida emocional y necesidades del mismo tipo y la mayoría de las personas experimenta necesidades. Es natural asumir que los otros tienen necesidades, al igual que nosotros, pero la Astrología nos muestra que esto no es verdad: todos tenemos necesidades, pero debemos completarlas de diferentes maneras.

La Luna gobierna Cáncer

El significado de los siguientes tres planetas personales son la esencia de la energía del Sol y la Luna. Mercurio, Venus y Marte representan las cualidades de la humanidad y a continuación daremos más detalles de ellos.

Mercurio ☿

• Estilo de comunicación, pensamiento, aprendizaje, mentalidad, conexiones.

"Voy a poner un cinturón alrededor de la tierra en cuarenta minutos".
Puck en *Sueño de una noche de verano*

Como el planeta más rápido del Sistema Solar, con una órbita justo a los 88 días de la Tierra, es tal vez el lógico Mercurio el que mejor representa la actividad de la mente y la habilidad para pensar. Desde el proceso de pensamiento hasta el estilo de comunicación. En la carta, Mercurio nos muestra el intelecto, la forma de expresión en palabras y la capacidad para aprender.

Uno de los roles del dios Mercurio en la mitología fue actuar como un puente entre los dioses y la humanidad, de manera que se comunicaba rápidamente entre los dos. En los tiempos modernos este planeta representa a la razón, la búsqueda de soluciones y la llegada de ideas. Nadie sabe realmente cómo es que las ideas llegan a nosotros, pero creemos que vienen "de los dioses", lo cual era una suposición creíble en la antigüedad. Como el reino de Mercurio es la comunicación y la conexión de todo tipo, el significado del planeta se extiende desde las interacciones individuales hasta las que ocurren a lo largo del mundo: educación y sistema de transporte, el servicio postal, la telefonía, el internet y cualquier otra área mercuriana que puede afectar los intereses individuales, dependiendo del lugar en que se coloque a Mercurio en la carta astral. Así es su capacidad o inclinación para redes o tipos de ideas o temas que pueden ser de tu interés.

Los tiempos de escuela son en los que Mercurio se mantiene activo, y el desarrollo de la mente ocurre en la infancia, en el nivel de la primaria o la secundaria. La experiencia de la educación con frecuencia aparece en la carta. Las formas en que las personas piensan varían mucho y eso lo demostrará su posición en Mercurio. Una persona puede pensar lógica y racionalmente, mientras que otra pensará visualmente, en fotos; algunas personas hablarán fácilmente y podrán articular mejor, mientras que otras serán más lentas y más deliberadas en su pensamiento y habla.

La curiosidad y la habilidad de ser flexibles son otros rasgos de Mercurio y algunas personas los tendrán más materializados que otras. Si Mercurio está bien colocado en uno de los signos que gobierna, la comunicación muy probablemente será de gran importancia para esta persona. Algunas personas mercurianas podrán cambiar su mente demasiado o serán naturalmente inquisitivas. Algunos incluso dirán que los tipos de Mercurio son curiosos o muy chismosos.

Apelando a la juventud de Mercurio, algunas personas pueden permanecer jóvenes toda la vida. Es relativamente fácil para la gente joven y los niños que de alguna forma puedan mantenerse jóvenes aún siendo adultos, entre otras posibilidades.

Mercurio puede ser tan embaucador como comunicador. De manos ágiles, así como rápido y preciso, puede mostrar muchas caras de los otros mientras esconde la propia. El ingenio puede convertirse en astucia y un intelecto agudo puede realizar un análisis a distancia. Pero algunas veces la habilidad para analizar y tener perspectiva de una situación puede desactivarse. Las emociones fuertes pueden beneficiarse, a veces, de la ligereza del fresco Mercurio, dependiendo de la forma en que se ubique en la carta.

El planeta es andrógino y encarna ambos principios, el femenino y el masculino. Tal vez todo este planteamiento global permite a las personas, de una forma u otra, dar un paso atrás y ver a veces el pensamiento racional sin juicio moral alguno. La justicia es el ideal de Mercurio: nada de dioses o humanidad dominante, ante los ojos de Mercurio todos somos iguales.

Esencialmente, Mercurio simboliza cómo te comunicas con los otros usando tu mente y tu raciocinio.

Mercurio gobierna dos signos: Géminis y Virgo

Venus ♀

- Relación con los otros, dar y recibir amor, valores personales, libre expresión, apreciación.

Venus es el planeta femenino del amor y de tu desarrollo personal a través de otras personas en la vida. Relaciones de todo tipo —amigos cercanos, romances, matrimonio, compañeros personales y de negocios— están bajo la sombra del planeta Venus. Astrológicamente Venus no es activo, sino receptivo: representa el poder de la atracción y el principio del placer. Este planeta también nos muestra la búsqueda del sentido de la armonía, el balance, la belleza y la apreciación de lo bello.

A través de los siglos ha habido muchas esculturas y pinturas de diosas relacionadas con figuras antiguas de amor y fertilidad. Astrológicamente pertenecen a ambas Venus (amor y belleza) y la Luna (fertilidad y maternidad). Los dos planetas reflejan diferentes aspectos de la feminidad.

La apariencia es muy importante para las personas de tipo venusino, quienes tienen una imagen personal "muy particular". Un concepto de lo bello puede ser compartido por todos, pero el sentido de la belleza de cada uno es un concepto individualista. Por ejemplo, en arquitectura una persona puede sentirse atraída por las líneas clásicas de la Catedral de San Pablo en Londres o por los inusuales diseños de Gaudí en Barcelona; en arte, por las pinturas rurales de John Constable o las formas angulares de Picasso. Cada uno tiene opiniones diferentes acerca de lo que concibe como belleza. Lugares de belleza natural a menudo tienen un gran atractivo para muchos, aunque de nuevo no hay un acuerdo verdaderamente común con respecto a la belleza natural.

Por supuesto, esto no aplica para la arquitectura o el arte, pero sí para cualquier área de la vida, incluyendo la atracción física hacia otra persona. Tu Venus te da una indicación, junto con otras partes de tu carta, de tu percepción de la belleza, hacia otra persona; y es el lado femenino o receptivo de tu sexualidad. Enamorarse de sí mismo puede ser extraño, con mayor frecuencia ocurre hacia otro.

Cuando los sentimientos de poder son intensos y las emociones de belleza son menores, pueden llegar a dominar los celos y sentimientos de un ser posesivo. Venus no es todo dulzura y puede llegar a ser seductoramente manipulador para obtener lo que quiere.

La adolescencia es el periodo en que Venus despierta, en términos de apegos románticos: las emociones navegan e inicia la formación de valores personales. Qué tan fácil es encontrar o formar una relación y sus ideales en una relación están mostrados en Venus. Los valores de una persona pueden estar incluidos en ciertas cualidades, como son honestidad y justicia, por ejemplo, o puede ser literalmente la adquisición de dinero: Venus también indica tu relación con los asuntos financieros, tu actitud frente al dinero. Las relaciones con frecuencia incorporan cuestiones materiales que, por supuesto, afectan tus elecciones.

Aquí es donde se localizan las habilidades con que naciste. Por ejemplo, para algunos puede ser poseer un toque artístico, para otros hacer amigos de una manera rápida. A través del desarrollo de ti mismo encontrarás qué habilidad te fue donada por la naturaleza o para qué eres naturalmente bueno —en algunas ocasiones puede tomar años y en otras aparece desde temprana edad—; y al tener esto claro puedes ganar mucha paz y felicidad.

Venus representa el deseo femenino de complacer a los demás, de ser querido o aprobado, sin importar el género. En algunas ocasiones esto puede ser un deseo verdadero, pero cuando no es así puede ir en detrimento de ti mismo si no tomas en cuenta tus propias necesidades. ¿Hasta dónde puedes permitir que los otros tomen decisiones por ti? La manera de mantener la paz también se encuentra al momento de ver la colocación de Venus. Cuando el balance ideal que Venus busca es innato, el planeta simboliza la habilidad para mirarse a uno mismo y a los otros con la misma medida.

Venus y Marte son pares y representan los dos lados opuestos de la condición humana, al igual que el Sol y la Luna.

Venus gobierna dos signos: Tauro y Libra

Marte ♂

- Voluntad, esfuerzo, coraje, supervivencia, inicio, impulso, afirmación o ira, definición, lucha y defensa.

"A lo que el hombre se atreve, yo me atrevo"
Macbeth

Marte es el planeta masculino de la pasión y el deseo. Mientras Venus espera o atrae, Marte va por lo suyo y lo obtiene. La energía exterior de Marte es Yang y para Venus es Yin; es la parte masculina del femenino Venus. Esto aplica para ambos sexos e indistintamente tenemos a Marte y a Venus en nuestra carta. Marte es el lado masculino de nuestras relaciones, que está dispuesto a hacer el primer movimiento, y es el lado masculino activo en tu sexualidad.

Marte representa el instinto de supervivencia y la voluntad de vivir. Para sobrevivir física o psicológicamente a veces requieres disposición para luchar, para ver más allá de la competencia o para afirmar tu posición. Marte está asociado con la guerra, operaciones militares y otro tipo de situaciones en la vida donde la afirmación es necesaria. El dios Marte era celebrado por el ejército romano en su mes, que es Marzo, cuando la temporada militar iniciaba. Esta es una de las razones por las que este planeta está asociado con la calidad de la agudeza: la agudeza de una espada para la batalla puede ser comparada con la agudeza que se requiere para tomar decisiones claras, especialmente para los líderes de la guerra (en la actualidad, para los tomadores de decisiones).

Marte pone la energía para todo lo que se requiera. Una persona puede trabajar muchas horas o dedicarle demasiado tiempo al gimnasio, por ejemplo, pero con frecuencia Marte también tiene trabajo qué desarrollar para mantener el poder.

El carácter de Marte es individualista, combativo y decisivo. El tipo de Marte es pionero, muestra iniciativa y coraje para recorrer su propio camino. La posición de Marte en la carta nos indica cómo una persona responde a los cambios, si trabaja duro, cómo maneja su ira y cómo enfoca su energía y sexualidad. Marte a veces se mira a sí mismo y puede centrarse en sí, pero con frecuencia defenderá los derechos de los otros como si fueran suyos. El manejo de la ira es un área complicada para algunos y puede variar en diferentes individuos, desde quienes tienen un arrebato explosivo hasta quienes guardan sus emociones por completo. Cuando observas la posición de Marte en tu carta esta te dirá cuál es tu capacidad de mantenerte en pie y cómo respondes a las provocaciones.

El periodo de vida asociado con Marte es la primera edad adulta, cuando hablamos de una persona que ya se conduce por sí misma y en cuanto a fuerza y vitalidad está a la altura. Tomar la iniciativa y, para algunos, la capacidad de liderazgo puede surgir en este período —debe quedar claro que no será así para todos—. Sin embargo, esa capacidad se mostrará muy pronto: en sí mismo surge un entusiasmo por la vida durante la juventud de muchas personas, y el deseo de tener éxito en algun área.

La fuerza de voluntad, la conciencia corporal y los niveles de energía física también están regidos por Marte, aunque la energía física varía dependiendo de las circunstancias. En la carta, generalmente, Marte nos muestra cómo poner en sintonía el esfuerzo físico con las actividades deportivas. Asimismo, existe un lado impulsivo que muchas veces lo orilla a tomar decisiones sin mucha previsión —la paciencia no es una cualidad fácil de cultivar para Marte—. Si Marte desea algo o a alguien, ella o él, lo tendrá inmediatamente; o bien pondrá toda su voluntad por obtenerlo lo más inmediatamente posible.

La descripción anterior habla sólo de la energía pura de Marte, pero Venus le da algo de mesura a la exaltada energía que exhibe el lado de la personalidad individual de Marte. Dependiendo de cómo se coloca Marte en la carta, sus características pueden ser expresadas por cada persona con facilidad o con diferentes grados de dificultad.

Marte gobierna dos signos: Aries y Escorpión

Los planetas sociales o pares

El significado de Júpiter y Saturno abarca una amplia esfera de los planetas personales. Están ubicados en otro par, el cual describe tus relaciones en el ámbito de lo social y a lo largo del mundo y muestra dónde encuentras el significado en la vida, así como todos los tipos de cambios en tu faceta de descubrimiento: tus fortalezas y debilidades. Tienen un significado y un balance opuestos, pero los necesitamos a ambos. Los dos pueden ser nuestros maestros de diferentes maneras: mientras la inclinación natural de Júpiter es crecer y expandirse, algunas veces muy lejos, Saturno impone límites realistas y necesarios. Saturno es muy estrecho o muy duro, como un capataz; Júpiter aligera la carga y nos recuerda la abundancia del Universo.

Júpiter

- Expansión, exploración, crecimiento, suerte, búsqueda de significado.

Júpiter es por mucho el planeta más grande del Sistema Solar y se ve en el cielo de la noche como un objeto brillante, a pesar de que está muy lejos de la Tierra. Júpiter agranda tu visión, los tamaños se abren, se potencializan y te incitan a buscar el significado de tu vida. Eso representa el deseo de alcanzar y expandir tu conocimiento y el rechazo a reconocer que existen límites. Para Júpiter, todo es posible.

El planeta representa el punto de vista optimista de la vida y su posición en la carta nos muestra cómo está orientado a aprovechar las oportunidades y buscar la aventura. Las personas con un Júpiter fuertemente orientado en su carta podrían tener larga vida y ser naturalmente generosos, dicharacheros, alegres y sociables. Con frecuencia parecen tener suerte. La energía de Júpiter está comprometida a ampliar sus horizontes y va asociada con la exploración, los viajes y la educación superior. Viajar no tiene por qué ser actual, pero Júpiter ama aprender nuevas cosas y ver diferentes lugares. Para algunos la energía de Júpiter está expresada en los viajes mentales, esto es porque el planeta está asociado con cualquier tipo de estudio. Esto puede ser en una preparatoria o universidad, o podría ser algún curso privado —aprender Astrología, por ejemplo—. La gente con Júpiter marcado como uno de los signos que la gobiernan con frecuencia gusta de explorar lo mental y lo físico.

Júpiter también te incita a evolucionar en el sistema de creencias para vivir tu vida y tiende a tomar la vida de una manera filosófica. Para algunas personas su filosofía de vida puede ser una religión o una creencia espiritual, la cual, por supuesto, toma muchas formas, incluyendo creer o no en todo lo que engloba a la religión. Júpiter sólo quiere que sigas revisando qué es la vida y para qué es; también está muy interesado en las otras personas y en los temas sociales y mundiales. Cualquiera que sea el área que apela a Júpiter en ti, es abordada con entusiasmo y pasión. Cualquier cosa que Júpiter haga, al ser acabada, estará completamente extendida. Se dice que Júpiter magnifica todo lo que toca y naturalmente se inclina a tomar una visión más grande. El conocimiento ganado desde tus exploraciones puede mejorar la confianza en ti mismo.

Júpiter era percibido como el rey de los dioses en la antigua Grecia y en la época romana. Júpiter, o como se le conoció en la cultura griega, Zeus, era visto con sabiduría y poder, ¡aunque no en todas las situaciones! A pesar de su sabiduría, el dios Júpiter tenía una tendencia a suponer que podía hacer lo que le gustaba y tomar lo que quisiera debido al poder que tenía. Hay algo grandioso acerca de este tipo de Júpiter en la carta, que puede convertirse en una idea exagerada de su propia importancia, exceso de confianza o egoísmo. Existe el peligro de dejarse llevar por el deseo de experimentar todo y convertirse en fanático, o tomar en exceso y correr el riesgo de desgastarse.

Un deseo de mayor alcance, y que no es de extrañar, puede resultar en un sentimiento de presión o de que no hay tiempo suficiente en la vida para todas las cosas que hay que hacer; se llega a estar muy ocupado.

Júpiter está asociado con el periodo de la edad media, ¡donde se supone que las personas adquieren sabiduría! Sin embargo, en cualquier tiempo de la vida el Júpiter astrológico puede ser muy perceptivo, en general, y actuar como el consejero sabio de los demás. La experiencia de la vida, ya en la madurez, puede mejorar la visión y profundizar una inclinación a reflexionar sobre el propósito de vivir. Júpiter necesita la estable energía de Saturno para encontrar más equilibrio, y actualizar algunas de aquellas visiones tan altas.

Júpiter gobierna dos signos: Sagitario y Piscis

Saturno

- Estructura, disciplina, limitaciones, practicidad, control, sentido de la realidad, responsabilidad.

En Astrología, algunas veces Saturno es conocido como "El gran maestro". Mientras que Júpiter es alegre, Saturno es serio. Incluso, para algunos astrólogos Saturno tiene más bien una reputación de planeta depresivo; representa las restricciones y el encuentro de los retrasos; o dolor en circunstancias desagradables. La verdad es que es el símbolo de las experiencias universales, entre muchas otras cualidades. Pero el propósito escondido de cada episodio es que sólo cuando somos "renuentes a algo" empezamos a ver hacia nosotros mismos. Uno de los significados esenciales de Saturno en la carta está en los tiempos difíciles, ya que siempre hay un potencial para descubrir quién realmente eres y obtener entendimiento de las oportunidades de crecimiento que son traídas para nosotros. Este es un regalo de Saturno en nuestra carta e incluso puede traer una clase seria de placer.

Saturno representa aquellas experiencias que tratamos de evitar porque nos molestan. Si, por ejemplo, el lugar de tu Saturno simboliza la falta de confianza en ti mismo, debes tratar de evitar aquellas situaciones en las que tus ansiedades se desbordan. Debes probar a pararte y mirar: con el tiempo vas a darte cuenta de que encontraste un conocimiento más profundo de un aspecto en el que ahora te sientes más seguro, ya que esto te ayudará a encontrar coraje o sentir miedo y hacerlo de todos modos.

El mítico dios Saturno (conocido como Cronos por los griegos) era muy temeroso de una profecía que afirmaba que sería derrocado por uno de sus hijos, de manera que se los comía a todos al nacer. Hasta que uno de ellos fue escondido por su esposa y un día, efectivamente, logró conquistar lo que era de su padre —este hijo llegó a ser Júpiter.

El planeta Saturno nos da la estructura de la vida y los motivos de la imaginación. En la realidad, Saturno busca resultados tangibles y acepta las limitaciones físicas del mundo material. Esto incluye una conciencia de vivir en un cuerpo que requiere ritmos regulares de sueño y alimento, algo de lo que a veces hace caso omiso Júpiter.

Está asociado con el tiempo de vida relacionado con el periodo que va más allá de la edad media y la proximidad de la muerte. Saturno opera a lo largo de la vida al igual que los otros planetas, tanto en la juventud como en la edad adulta, aunque puedes resolver más en ti mismo a medida que vas adquiriendo más edad.

Este planeta representa al crecimiento y las características físicas, tal y como pasa con Júpiter. Saturno es el último planeta de nuestro Sistema Solar visible a simple vista, por lo que representa un límite de la visión, un final. Es muy probable que a una persona saturnina la veamos cultivar un tipo de belleza especial para mantener el control y no estar fuera de sí. En su carta, Saturno respeta el enfoque tradicional y establecido y ve la necesidad de imponer límites: actúa como contrapeso para el crecimiento ilimitado de Júpiter. El sentido natural de un saturnino conlleva la responsabilidad, la disciplina y la integridad, que lo hacen una persona digna de confianza; la automotivación y la voluntad de trabajo constante significan que Saturno trabaja hacia sus ambiciones y puede hacer un bien en la vida; y su tendencia a la cautela y la normatividad, que puede llegar al borde del conservadurismo, forman parte del temperamento de un saturnino; y de hecho esa es la fuente de su fuerza.

Saturno es encarnado en la sociedad como la autoridad y el establecimiento. A nivel personal puede representar tu experiencia con tu padre, junto con el Sol. Las reglas o rutinas equilibradas pueden ayudarnos a hacer frente a las demandas de nuestra vida, aunque un exceso de celo en Saturno puede resultar en estructuras cristalizadas y un irreflexivo pensamiento de "apegarse a las leyes". Detrás de las regulaciones válidas para Saturno con frecuencia se encuentra el miedo a perder el control algún día. Hay una cierta seguridad en las reglas para mantener las cosas dentro de los límites. Hay grandes recompensas personales si las luchas internas y los miedos pueden ser superados, aunque no es probable que se logre en un día. Saturno gobierna el paso del tiempo de sí mismo y otro de sus nombres es Viejo Padre del Tiempo.

Saturno gobierna dos signos: Capricornio y Acuario

Los planetas exteriores o generacionales

Los últimos tres planetas a ser interpretados son los llamados "planetas modernos" los cuales también son conocidos como planetas exteriores o generacionales: Urano, Neptuno y Plutón. Son modernos en comparación con los otros planetas, que han sido conocidos por siglos.

El descubrimiento de Urano significó el final de la limitada visión del espacio que había tenido la humanidad por millones de años, antes de que nos diéramos cuenta de la inmensidad del Universo. El descubrimiento de la parte exterior del Sistema Solar, y más allá de Saturno, coincide con el crecimiento de la ciencia y la transformación del pensamiento humano desde el punto de vista moderno.

Estos tres planetas representan, de diferentes maneras, los cambios de pensamiento, actitudes y perspectivas que forman las generaciones. Los astrólogos que conocen los ciclos de los planetas exteriores también conocen a qué generación pertenecen los que nacieron dentro de los signos de estos planetas, sin necesidad de saber la fecha exacta de su nacimiento. Los planetas exteriores no tienen asociación con periodos de la vida individual, como la infancia o la vejez, como ocurre con los "planetas tradicionales". Cuando una persona nace hay cambios sociales y mundanos que tienen una influencia en el inconsciente de cada generación. Los que vivieron durante los períodos anteriores de la historia, antes del hallazgo de estos planetas, simplemente no los incluyeron en sus cartas porque no los conocían. Hoy sabemos que cada planeta exterior tiene una orientación diferente.

Urano fue descubierto en 1781, cerca del periodo de la Revolución Francesa y Norteamericana, y cuando la Revolución Industrial iniciaba. En términos sociales, este planeta simboliza un trastorno revolucionario, ruptura, libertad o liberación. La órbita de Urano le da la vuelta al Sol en 84 años y el tiempo que toma para viajar a través de cada signo zodiacal es de aproximadamente siete años.

Neptuno fue descubierto en 1846, periodo cercano a un tiempo de crecimiento espiritual que estaba permeando a muchas sociedades; cuando los anestésicos empezaban a ser usados, cuando la conciencia social estaba creciendo debido a las condiciones inhumanas en que vivían muchos; el romanticismo dominaba en el arte; los profundos misterios de los mares estaban siendo descifrados en los mapas... Todas esas áreas están asociadas a Neptuno. Su órbita alrededor del Sol es de 165 años y se queda en cada signo durante un promedio de 13 años.

Plutón fue descubierto en 1930. Fue bautizado como el mitológico dios del inframundo. En este periodo ocurrió la Gran Depresión, que siguió a la caída de la bolsa en 1929 y la división del átomo, que conduciría a la bomba atómica. En ese tiempo también surgieron el nazismo y el psicoanálisis, como nueva ciencia que trata con las catarsis y la sexualidad. Plutón es lo que está en la superficie, la destrucción y el renacimiento, la evolución y la transformación. Puede haber grandes ideas individuales en el mundo, pero estos planetas tratan principios universales. La órbita de Plutón alrededor del Sol es muy variable, toma en promedio 247 años en total para completarse y entre doce y 26 años en pasar a través de cada signo, dando un promedio de casi 20 años.

Quirón fue descubierto en 1977 y su órbita errática fue trazada moviéndose dentro y fuera entre Saturno y Urano, marcando el límite entre los planetas exteriores e interiores. Aunque el paso de una señal varía mucho, en promedio durante todo su ciclo se mantiene en un signo por siete años.

Estos planetas, y Quirón, representan los cambios en la sociedad durante largos períodos de tiempo a medida que se mueven alrededor del Sol en sus órbitas. Aquí hay un ejemplo para hacer más clara esta explicación: a mediados de los sesenta hubo cambios revolucionarios en la sociedad occidental, que resultaron de la inquietud de inicios de aquella década. Dos de los planetas exteriores, Urano y Plutón, orbitaron en conjunción de cada uno (es decir, en la misma parte del cielo) durante ese periodo. Los bebés que nacieron a mediados de los sesenta y llegaron a ser adultos a mediados de los ochenta tuvieron a Urano en conjunción con Plutón en sus cartas. La influencia de esos dos planetas para esa generación está caracterizada por que muchas personas que están dispuestos a hacer un gran esfuerzo para obtener y preservar las libertades personales. Muchas de ellas también participan activamente en la lucha para lograr una transformación de la conciencia en el mundo en su conjunto, especialmente en el mundo natural.

Subsecuentemente, esta actitud ha sido secundada por las generaciones posteriores. El periodo de 2008-2015 está caracterizado por disturbios y revoluciones en muchas áreas de la vida, hecho que aunque impactante o perturbador despeja el camino para el crecimiento futuro y una comprensión más consciente. No debe sorprendernos saber que Urano y Plutón nuevamente ofrecen durante varios años de este período un aspecto de cuadratura entre sí, que en todo caso es aún más inquietante colectivamente.

Si uno o más de los planetas exteriores se vinculan de alguna forma con tus planetas personales, esto tendrá también un significado personal. El significado personal será descrito bajo cada planeta junto con un significado universal.

Urano   ♅

• Ruptura, revolución, rebelión, independencia, despertar, penetración, extremos.

(*Una nota sobre la pronunciación: la mayoría de los astrólogos colocan el énfasis en la primera sílaba para evitar la broma bastante obvia del nombre de este planeta*)

Como el primer planeta que está más allá del Sistema Solar, Urano simboliza el rompimiento y liberación de restricciones y las formas seguras de pensar o de actuar que Saturno puede representar. Urano trata de la independencia y el pensamiento radical, de cambios radicales y discordancia, de innovación y disimilitud. Estos elementos pueden ser vistos como significados de ajuste para este primer planeta exterior, cuyo descubrimiento ha hecho añicos la sensibilización previa del tamaño del Sistema Solar.

Los cambios simbolizados por Urano con frecuencia son repentinos, inesperados y anárquicos. La energía de Urano penetra en cada uno de nosotros más allá de lo familiar y lo seguro, y se nutre de cambios en sí mismo: formas establecidas son derrocadas, a veces de una manera extrema. Responsabilidad, tradición y convención son conceptos ajenos a Urano.

En la mitología Urano es el dios del Cielo, gobierna la inmensidad de los cielos por encima de nosotros. El espacio es de suma importancia para este dios impredecible e inquieto. El planeta representa la parte de nosotros que quiere y necesita espacio y libertad, de ser capaces de hacer lo que queramos, de tener nuestra propia independencia y no seguir lo que nos dicen que debemos hacer. La energía de Urano es nuestro lado rebelde y escapa a la influencia de Saturno que nos mantiene bajo control. "A mi manera", es la firma de Urano, y cada vez que hacemos algo en particular diferente a los demás estamos simbólicamente utilizando el poder de este planeta en nuestras cartas.

Se dice que Urano debe ser el aspecto superior de Mercurio, la mente superior y la habilidad de entender conceptos abstractos. Por lo tanto, puede mostrar el espacio dentro de su mente, así como el deseo de un espacio físico o emocional. Urano puede ser muy aislado, incluso impersonal, y puede considerar más largos plazos y mirar hacia el futuro. Como dios del Cielo también está asociado a las tormentas y relámpagos. Un relámpago es una iluminación que enciende temporalmente al mundo, y simbólicamente esto puede significar un golpe de intuición, una idea brillante o una idea que al parecer llega a ti de la nada.

Si Urano aparece para uno o más de los planetas personales en tu carta, entonces hay cualidades que formarán una parte del carácter con que te muestras. Si eres una persona de Urano muy probablemente tienes un lado rebelde en tu personalidad, lo cual significa que te gusta probar que eres poco convencional y probablemente tu comportamiento, vestimenta o forma de pensar son inusuales, incluso excéntricas en ocasiones. Seguramente tienes opiniones fuertes. Para esto posees una energía poderosa que no te detiene si hay algo que decir, aunque pueda molestar a los demás. Urano es de carácter fuerte y es fuerte.

Por supuesto que existen maneras más suaves de expresar esta energía; artísticamente, la gente de este planeta puede desarrollar su propio estilo de una manera muy tranquila; otra persona puede desarrollar una manera muy particular de hacer las cosas. Se dice que Urano es el planeta más asociado con la Astrología, que sigue teniendo un interés relativamente inusual.

No todas las cartas tendrán un Urano destacado y no todas las cartas con este planeta destacarán por ser unos rebeldes. Urano simboliza el movimiento desde el pasado y el esfuerzo por romper con los viejos patrones y traer energía e ideas frescas. Sin embargo, el significado de los planetas exteriores necesita estar integrado con toda la carta. Por ejemplo, la tendencia de Urano para romper con el pasado puede equilibrarse con Saturno y su visión más tradicional. Esto puede ser cierto tanto en el plano personal como a una mayor escala.

Urano gobierna el signo de Acuario

Neptuno ♆

- Anhelo de perfección, fusión, idealismo, romance, compasión, imaginación, escapismo, ilusiones e intuición.

En completo contraste, Neptuno disuelve las estructuras de la realidad saturnina, y derrite la radicalidad que caracteriza a Urano. En Neptuno nos encontramos con la informalidad, el caos y la pérdida completa del ego. Este planeta simboliza nuestra conexión con lo divino, no importa la idea que de ellos tengamos, y representa la chispa del infinito en algún lugar profundo de nosotros. En las creencias de los ancianos Neptuno era el poderoso dios que gobernaba los mares y océanos, cuyas profundidades vastas todavía no conocemos plenamente. Su tridente fue adoptado como el símbolo del planeta Neptuno.

En términos psicológicos, el océano representa el colectivo inconsciente en el cual todos los seres participan. Por su propia naturaleza inconsciente, este misterioso reino puede ser mejor entendido a través de nuestros sueños, intuición o una profunda inmersión en un estado meditativo.

A un nivel más personal recuerda el microcosmos de nuestros comienzos acuosos en el vientre materno. Neptuno representa el anhelo de regresar a nuestra experiencia de prenacimiento o la unión con el Universo y simplemente ser, sin necesidad de actuar. Como puedes imaginar, aunque la Tierra continuara girando no pasaría gran cosa si todos siguieran este anhelo. Los que lo hacen, o quienes viven en gran medida dentro de sus mundos interiores, son percibidos como gurús u otros tipos de ermitaño espiritual. Otro tipo de personas que viven gran parte del tiempo en un mundo propio pueden ser vistas como mentalmente inestables, dependiendo de la naturaleza del retraimiento. Los aspectos espirituales de la religión —en lugar de las estructuras— y muchas de las enfermedades mentales pertenecen al campo de Neptuno. Es cuestión de grado y circunstancia, dependiendo de dónde cae la línea divisoria.

Neptuno es quizás el más difícil de definir de todos los planetas, ya que sus cualidades son evasivas, ilusorias e irreales; simboliza lo que no puede ser comprendido por el intelecto y que debe ser experimentado en otro nivel de nosotros mismos. Compasión, espiritualidad, misterios ocultos, imaginación, intuición, fantasía, confusión, ilusión o decepción... todo ello pertenece a Neptuno. Si practicas la meditación de cualquier forma el efecto producido por esta conciencia que proviene de la contemplación de tu interior es simbolizado por Neptuno. Es un estado alterado de la conciencia que se asemeja al producido por las drogas o el alcohol. Hay muchas sombras de la experiencia neptuniana. Evasión o adicciones a lo que sea también son estados de Neptuno, así como nuestra capacidad de fusionarnos con otra persona en situaciones románticas. Cualquier experiencia que simboliza un dejar ir de tu ego individual o sentido de separación, aunque sea provisoriamente, para permitir algo más grande que tu mente, sólo para emerger, pertenece al reino de Neptuno.

Si este planeta aparece para uno o más de los planetas personales en tu carta, algunas de las cualidades aquí descritas serán más fuertes en tu personalidad. Neptuno tiene una energía femenina; se dice que es el nivel superior de Venus y juntos representan la forma espiritual del amor, una visión que no es fácil de alcanzar.

Neptuno siempre apunta hacia lo alto y —especialmente en el área personal— busca un ideal, un mundo perfecto o la relación perfecta. Cuando la vida no produce perfección, la gente neptuniana es sujeta de dolorosas desilusiones. El desarrollo de la compasión para el mundo y sus imperfecciones es una forma de encontrar cura y muchos neptunianos se encuentran en profesiones que curan. También se les puede encontrar como cineastas, en la fotografía —¡habilidades de ilusión!— o en otros campos que requieren creatividad e inspiración, como la moda o la belleza.

La imaginación de Neptuno es ilimitada y llega a combinarse con habilidades intuitivas o psíquicas, de modo que la persona con Neptuno aspectado en la parte individual puede llegar a confundir conocimiento con fantasía.

La sensibilidad hacia otros provoca vulnerabilidad en Neptuno, y la gente vulnerable puede sentir tentación a engañar, fingir u ocultar una acción defensiva, e incluso sentir la tentación de protegerse de un contrario y de sí mismo.

Si una persona neptuniana actúa en contra de su tendencia natural a mostrar compasión y sentir cariño, puede estar sujeta a ser un neptuniano con experiencia de culpabilidad. Neptuno tiene la capacidad de sentirse culpable en nombre de todos los demás y de él mismo.

Cuando una persona puede fluir con las cualidades evasivas que Neptuno recrea en la carta, la experiencia puede ser inspiradora para una persona e incluso puede llegar a ser inspiradora para otros. Poetas, artistas, músicos y cantantes con frecuencia encarnan la creatividad de Neptuno y tienen la habilidad para mover a otros emocionalmente. Cierra los ojos y llega a las estrellas que están en el espacio o dentro de tu alma, dice Neptuno: es la misma cosa que "como es arriba es abajo".

Neptuno gobierna el signo de Piscis

Plutón ♇

- Cambios profundos, muerte y reencarnación, intensidad, secretos enterrados, sexualidad, poder.

Este remoto y distante planeta ha sido designado como un planeta "enano", nombrado así debido a su relativo tamaño pequeño por la comunidad astronómica (nota: no por la comunidad astrológica). Pero sin importar que sea un "planeta enano" o un planeta de tamaño apropiado los astrólogos saben que su influencia simbólica en la vida terrenal es muy potente.

En la mitología Plutón es el dios del inframundo, quien transformó el mundo al raptar a Perséfone, la hija de la diosa Demeter, llevándola a su reino bajo la Tierra. Durante el tiempo en que Perséfone estuvo ausente, Demeter estuvo de luto y la Tierra era estéril. La fertilidad sólo se restauró cuando Perséfone regresó a su madre, y se restauró en diferentes partes del año. Este es uno de los mitos que explican las estaciones.

Trabajando a uno de los niveles más bajos de nuestra conciencia la mayor parte del tiempo, Plutón simboliza el punto "agonizante" para todo lo familiar, situaciones conocidas o circunstancias establecidas, pasando por un proceso de transformación y resurgimiento desde la experiencia con un cambio de perspectiva. Muerte y renacimiento, reencarnación y karma, poder y compulsión... todo eso le pertenece a Plutón. En el proceso de cambio a nivel profundo, ya sea personalmente o en un momento de agitación social cuando las actitudes de las creencias están experimentando un cambio, hay por lo general un proceso de descomposición que ocurre primero. Esto podría tomar un periodo largo en el tiempo, ya que Plutón no opera con velocidad, más bien provoca que retumbe nuestro suelo antes de que sea visible para nuestra conciencia; a menudo trabaja a través de un cambio importante en las circunstancias de nuestras vidas. Plutón opera con frecuencia de manera oculta o secreta.

Cada uno de los planetas exteriores representa las energías universales o colectivas más grandes o de mayor duración. Y todo ello depende de cuánto más lejos del Sol se está. Plutón es el que está más lejos y simboliza los cambios terrestres que se llevan a cabo durante toda una generación (mientras que Urano y Neptuno representan los cambios que parten de una generación).

Por ejemplo, la generación que nació en los cuarenta y los cincuenta empezó a sentir una sensación de su propio poder en parte como resultado del coraje que se había mostrado durante la Segunda Guerra Mundial y en parte debido al crecimiento posterior de los movimientos por los derechos civiles en Occidente. Esto dio origen a las ideas de igualdad de oportunidades de los individuos antes de los cuarenta. Plutón estaba en Leo en las cartas de mucha gente nacida en aquel tiempo, y eso refleja esos cambios.

Si Plutón es mostrado como un planeta personal en la carta, es probable que se tenga mayor intensidad del propósito individual y podría experimentar en sí mismo o en otros sus capacidades para hacer mal uso del poder. La sexualidad también es muy importante para la gente plutónica de cualquier género; hay quienes pueden explorar relaciones de todo tipo. Se dice que Plutón es el nivel superior de Marte. Mientras Marte puede volar para mantener una posición particular, Plutón toma un paso más allá y puede encontrar los recursos para ser muy cruel y decidido si él o ella lo consideran necesario. Si una situación requiere de un final o un cambio, entonces una persona plutónica es capaz de cortar lazos. Es a través de la energía de este planeta que la gente puede experimentar la muerte de diferentes maneras, muchas de ellas en un sentido simbólico.

Este tipo de transformación profunda suele ser positiva la mayor parte de las veces; puede despejar el camino para permitir un nuevo surgimiento en el lugar de antiguas situaciones. Plutón sabe que la vida no es eterna y la única certeza es que los cambios continuarán y que moriremos. Dentro del plano astrológico, Plutón nos incita a abrazar el cambio como venga y en ocasiones a crearlo nosotros mismos. Aunque algunos de los cambios que experimentamos son incómodos, difíciles o podemos lamentarlos, la situación que siempre acompaña a un cambio importante puede ofrecer una oleada de energía nueva, si podemos aceptarlo.

Plutón gobierna al signo de Escorpión

Quirón ⚷

• Sanador herido, maestro de sabiduría, forastero.

Quirón es otro cuerpo celestial de gran importancia usado por muchos astrólogos y debe ser incluido aquí. Este es un caso especial, ya que no es exactamente un planeta. Su definición está divida entre ser un planeta y ser un asteroide, lo que conocemos como *planetoide*. También se le conoce como un *centauro*.

En la mitología, Quirón fue el líder de la legión de los Centauros, mitad caballo y mitad humano. Su padre era Saturno y su madre una ninfa en forma de caballo que se llamaba Filira. Como era mitad hombre y mitad caballo, fue rechazado al nacer. Sin embargo, al crecer llegó a ser un maestro de las armas, músico, tutor, sanador y maestro de muchos héroes griegos, por ejemplo de los Argonautas, Aquiles y Hércules. De manera accidental recibió un disparo en la pierna con una flecha envenenada y esta herida no pudo ser sanada. Debido a que era hijo de un dios, era inmortal y no podía morir aun cuando tuviera heridas.

Uno de los significados de Quirón en la carta es el de "sanador herido", alguien que puede sanar a otros pero no se puede sanar a sí mismo. En la práctica de la Astrología moderna la posición de Quirón nos muestra las partes en las que cada persona ha sido herida y no ha sido sanada, sin importar de dónde provenga la herida; puede ser en la familia o en el entorno cultural de la persona. Esto suena bastante deprimente, pero hay toda una pepita de oro en este concepto: esta experiencia de la herida, ya sea consciente o escondida, puede ser una fortaleza o una habilidad para ayudar a otros que te necesitan. El concepto "sanador herido" es la característica más conocida de Quirón, pero no es la única.

Quirón es el maestro y guía de la sabiduría. La casa, signo y aspectos de este cuerpo en la carta indican si en la vida tienes la habilidad para guiar a otros que lo necesitan. Es posible que te sientas atraído por la realización de algún tipo de formación para mejorar tu conocimiento personal, llega a un acuerdo con tu propio dolor del pasado y nutrir el espíritu. La gente puede sentirse inspirada por la vida en el área de Quirón.

Otro significado de Quirón es el de forastero o disidente. En algunas parte de la vida tienes la necesidad de apartarte de los otros y seguir tu propio camino. Quirón simboliza tu ser único; algunas veces, después de una experiencia dura, se llega a tener la fortaleza para resolver el curso de la vida. El lado animal de este ser mitológico sugiere la posibilidad de actuar desde "el instinto animal" o aprender a dominar, de modo que se obtiene la capacidad de autocontrol.

Definitivamente, Quirón no gobierna un signo en específico, pero tiene afinidad con dos: Sagitario y Virgo. Los astrólogos tienen diferentes opiniones sobre esto. Pero sobre todo, Quirón queda actualmente fuera del sistema de las regencias. Se podría decir que se adapta a su naturaleza rebelde, a no ser un signo regente del Zodiaco.

Tareas:

a) Practica dibujando los símbolos de los planetas con las manos, para que te los aprendas.

b) Identifica los planetas en el gráfico de tu propia carta, observa las diferentes posiciones de los dos lados.

c) Los planetas son la base del gráfico. Debes regresar a leer este capítulo en el futuro.

4. LOS SIGNOS DEL ZODIACO

Una expresión personal de las energías planetarias

Este es quizás el capítulo que leerás primero, ¡para ver lo que se dice acerca de tu signo!

Los doce signos zodiacales han sido popularmente escritos desde los treinta, cuando apareció la primera columna sobre signos zodiacales en la prensa. Tales columnas surgieron como resultado de un gran interés público por un artículo publicado en un periódico británico, donde delineaban astrológicamente el carácter y potenciales de vida de la recién nacida princesa Margarita, hermana de la futura reina Isabel. Los astutos editores de periódicos se dieron cuenta de que crear columnas de horóscopos traía buenas ventas y así fue como nacieron las columnas de los signos zodiacales. Actualmente es raro encontrar una persona que no conozca cuál es su signo zodiacal; incluso los nacidos en la cúspide generalmente saben que son una combinación de ambos signos en cada lado de la cúspide.

La princesa Margarita nació en la cúspide entre Leo y Virgo el 21 de agosto de 1930; definitivamente ella es Leo, ¡tal vez con un toque de Virgo!

Esas columnas, en todas las formas en los medios de comunicación, sirvieron como una valiosa propuesta para hacer que la gente tuviera conciencia de la Astrología y esta le diera un poco de diversión. La mayoría de las personas se dan cuenta de que hay limitaciones en el signo zodiacal, pero existe una fascinación por mirar para ver si hay algo, que les llama la atención. En las columnas normalmente se hacen predicciones por día, semana, mes o año por cada uno de los signos, pero otras veces describen también algunos rasgos de la personalidad del signo en cuestión.

Mucha gente disfruta de ver su signo zodiacal en las páginas de internet, periódicos o revistas. Esta práctica se ha extendido a pesar de que el punto de vista de los científicos modernos no le da un lugar en el mundo racional. Hay también muchas charlas grabadas sobre los signos solares en YouTube y discusiones acerca de ello en diferentes redes sociales.

Es divertido mirar, a pesar de que los inconvenientes son obvios: tú no eres, por supuesto igual ni tienes las mismas circunstancias de todos los que comparten el signo contigo. Y ahora te das cuenta de que la Astrología es mucho más completa que conocer tu signo zodiacal por tu fecha de nacimiento. Conociendo tu Luna y en cuál de los planetas cae tu signo, si es en Mercurio, Venus o Marte, al agregar esto tendrás un mayor entendimiento de tu carácter, junto con el resto de la carta.

Te darás cuenta al leer las descripciones de los signos que son muy diferentes unos de otros. Hay signos que son mucho más compatibles que otros, por supuesto, pero usualmente no están juntos uno de otro. También es importante recordar que la edad y la experiencia de vida individual pueden alterar la forma en que se manifiestan muchos elementos en tu carta. Un ejemplo obvio: un hombre de 50 años no se comportará (normalmente) de la misma forma que un adolescente de 15 años; y así sucesivamente, cualquiera que sea la edad de una persona, la madurez nos trae muchos cambios en la forma en que un signo se expresa.

Dividiendo los signos

Hemos visto que cada planeta tiene un grupo de significados esenciales que lo caracterizan y que pueden ser expresados en diferentes formas, dependiendo del lugar en que el planeta se coloque en nuestro gráfico. Por ejemplo, un significado esencial para Saturno es el sentido de responsabilidad, el cual puede ser expresado como respeto a los compromisos o como una habilidad para absorber y recibir información y actuar en consecuencia. Un significado nuclear para Mercurio es la capacidad de comunicar, la cual puede ser claramente lógica o de una forma vaga o poética. El signo en el cual Saturno o Mercurio se colocan puede influir la manera en que los planetas expresan sus energías.

Al igual que los planetas, los signos tienen sus propios significados fundamentales. Las formas en que éstos se expresan de manera individual varían en cada persona. Hay cierto número de maneras para explorar el significado de cada signo dividiéndolo por secciones, método que es muy usado para dar una visión general muy rápida. En los siglos pasados cada signo estaba asignado a una polaridad —masculino o femenino—, al igual que se les asignaba uno de los cuatro elementos y uno de los tres modos (los modos representaban estilos de comportamiento y cualidades de carácter).

Polaridad

Los signos masculinos (algunas veces descritos como positivos) y los signos femeninos (algunas veces descritos como negativos) se alternan en la rueda del Zodiaco, de manera que hay seis signos positivos y seis negativos. Estos signos no tienen un significado literal. El término positivo y negativo simplemente representa una polaridad, la cual puedes encontrar en el cableado de una instalación eléctrica. La polaridad da a los astrólogos una amplia idea del fondo. Naturalmente, tanto hombres como mujeres pueden mostrar rasgos de los dos tipos y, por supuesto, también ocurre en los niños.

Masculino: Extrovertido, activo, en el mundo.
Femenino: Introvertido, receptivo, tranquilo.

Elementos

Hay tres signos zodiacales en cada uno de los cuatro elementos. El concepto de los cuatro elementos es particularmente usado como una forma de obtener conocimiento de los signos. Fuego y aire son masculinos, tierra y agua son elementos femeninos.

Fuego: Masculino. Vivaz, extrovertido, animado, aventurero.
Tierra: Femenino. Introvertido, práctico, físico, fiable, anclado.
Aire: Masculino. Racional, objetivo, comunicativo, cerebral.
Agua: Femenino. Solidario, subjetivo, emocional, intuitivo.

Modos

Hay cuatro signos zodiacales en cada uno de los tres modos. Los modos ofrecen un perfeccionamiento adicional a los signos y adicionan cualidades a cada elemento.

Cardenal: Inicio, activo, dinámico.
Fijo: Firme, persistente, meticuloso.
Mutable: Adaptable, flexible, cambiable.

Por lo tanto, a cada signo corresponde una de las polaridades, un elemento y un modo. Y cada signo tiene una combinación diferente de ellos. La combinación de polaridad, elemento y modo es evaluada en el proceso de preparación de la interpretación de la carta completa, lo cual veremos más tarde. Esta tabla resume cómo funciona.

	Fuego	**Agua**	**Aire**	**Tierra**
Cardenal	Aries ♈	Cáncer ♋	Libra ♎	Capricornio ♑
Fijo	Leo ♌	Escorpión ♏	Acuario ♒	Tauro ♉
Mutable	Sagitario ♐	Piscis ♓	Géminis ♊	Virgo ♍
	Masculino	Femenino	Masculino	Femenino

Para dar un ejemplo usando los signos de la Tierra:

Capricornio es un cardenal de la Tierra; Tauro y Virgo también son de la Tierra, pero son fijos y mutables, cada uno, respectivamente. Todos los signos de la Tierra también son femeninos. Así que si Capricornio es receptivo y anclado (tierra femenino), además de dinámico (cardenal) Tauro es práctico, tranquilo (tierra femenino) y firme (fijo); Virgo es fiable e introvertido (tierra femenino) además de flexible (mutable), y así sucesivamente. En el Capítulo 10 hay una descripción más comprensiva de los elementos y los modos.

En la primera fila de la tabla en la siguiente página hay algunas asociaciones más que se dan para cada signo. Aparte de la polaridad, elementos y modo, cada signo está asociado con una imagen. Tú ya debes reconocer algunas. En la tabla también se incluye la regencia planetaria de cada signo. Aquí está de nuevo, pero primero se incluye el signo y después el planeta o los planetas que lo gobiernan.

Signo/ símbolo	Polaridad	Elemento	Modo	Imagen	Regente planetario
Aries ♈	M	Fuego	Cardenal	Carnero	Marte ♂
Tauro ♉	F	Tierra	Fijo	Toro	Venus ♀
Géminis ♊	M	Aire	Mutable	Gemelos	Mercurio ☿
Cáncer ♋	F	Agua	Cardenal	Cangrejo	Luna ☽
Leo ♌	M	Fuego	Fijo	León	Sol ☉
Virgo ♍	F	Tierra	Mutable	Virgen	Mercurio ☿
Libra ♎	M	Aire	Cardenal	Balanza	Venus ♀
Escorpión ♏	F	Agua	Fijo	Escorpión	Marte ♂ y Plutón ♇
Sagitario ♐	M	Fuego	Mutable	Arquero	Júpiter ♃
Capricornio ♑	F	Tierra	Cardenal	Cabra	Saturno ♄
Acuario ♒	M	Aire	Fijo	Portador de Agua	Saturno ♄ y Urano ♅
Piscis ♓	F	Agua	Mutable	Dos pescados	Júpiter ♃ y Neptuno ♆

Los signos

Ahora que inicias el estudio de cada signo, puede que te ayude a pensar en la personalidad de la gente que has conocido. Puedes pensar en gente famosa también; pueden ser figuras históricas o celebridades de la vida moderna. Si logras ubicarlas quiere decir que esto ha ayudado. En esta sección se ha seleccionado una interpretación al azar para darte una idea de cómo funcionan los signos en combinación con sus planetas. Tal como has leído, mira si puedes obtener un sentido de la forma en que esas interpretaciones llegaron, sólo para tu propio interés en esta etapa. Sólo los planetas tradicionales, desde el Sol hasta Saturno, serán usados para interpretaciones cortas; como los "planetas exteriores", los signos también son generacionales, como para ser interpretados individualmente. Recuerda que la gente más conocida listada por cada signo tiene el Sol en ese signo y no en el planeta, que es usado en este ejemplo.

Nota sobre el estilo: con el fin de evitar la torpeza de él/ella, ellas/ellos, he escrito si cada signo es masculino o femenino, usando de manera relevante si es 'él' o 'ella'. De esta manera, Aries está escrito en masculino, porque es un signo masculino; Tauro en femenino, y así sucesivamente. Por favor, recuerda que las descripciones aplican para hombres y mujeres, o niños sin importar el género, excepto cuando haya alguna indicación especial.

Aries   ♈

Primer signo • Masculino. Cardenal, aire • Imagen: el carnero • Regente: Marte • Parte del cuerpo: cabeza.

- Impulsivo, deseo de ser el primero, energético, actividad física, impaciente, franco, aventurero.

Aries, como el primer signo del Zodiaco, está lleno de impulso, es activo y tiene una intensa energía espontánea. La imagen de Aries es el carnero con sus cuernos y energía natural, idónea para levantarse y andar; esta imagen representa las características de este signo.

Como persona atractiva y entusiasta, Aries es un buen amigo cuando dedica tiempo para estar contigo —esto ocurre cuando no está corriendo de una actividad a otra—. Románticamente, Aries es apasionado y fascinante, aunque no siempre es el del todo fiable: ambos sexos necesitan un amante que pueda ayudarlos para conectar con la Tierra sus extravagantes ideas. Los Aries aparentan tener un tipo de misión, siempre están buscando pastizales nuevos y con frecuencia se encuentran en medio de una aventura o una crisis, pero este signo tiene dificultades para desenvolverse en algo, a menos que implique un cambio constante —él rápidamente encuentra tediosas las rutinas—. Una persona Aries se entusiasma por los cambios y si actualmente no hay alguno busca la forma de crearlo.

"Primero yo", es la frase que caracteriza a Aries, que se precipita de cabeza en cada nueva situación que atrapa su imaginación salvaje, generalmente sin prevenirlo. Esto ocurre especialmente en los jóvenes. El último signo, Piscis, precede el nuevo ciclo que empieza con Aries, y Piscis es un soñador sobre todo, lo que contrasta con la energía vigorosa del primer signo.

Actuar antes de pensar y su impaciencia general le causan serios problemas a Aries; tiene una inclinación natural a pensar a ver lo que es AHORA saltando en sus dos pies. Tiene una inspiración individual para conducir y buscar una causa o meta inmediata. Él no está preocupado con los temas del poder, pero quiere que se le permita actuar con libertad e independientemente, con su propio ritmo y energía. Por esta razón los dos sexos trabajan mejor solos o en una posición de liderazgo. Como signo cardenal Aries tiene la capacidad de decidir y actuar rápidamente, resultando difícil comprometerse o dejarse llevar.

Aries tiene un trazo infantil de energía que puede ser encantador y agradable, y está sujeto a cambios rápidos de interés. A él no le importa si su moda actual es práctica o conveniente, siempre que ello responda a su ardiente necesidad de expresarse a sí mismo. Se irrita fácilmente con reacciones instantáneas y le corroe la ira, en la que tiende a caer rápidamente, pero rara vez guarda rencor. Su gran valor se ubica en la honestidad, aunque cuando un ariano habla claro a veces puede ser contundente. El tacto y la diplomacia no son habilidades que le lleguen fácilmente y algunas veces involuntariamente puede ser egocéntrico, irresponsable o insensible con otros. El Aries juvenil parece estar en una búsqueda constante de un sentido personal de identidad, la cual construye con mucha energía interna y llega a ser una influencia constante en los años posteriores.

Él suele apelar a los deportes o algunas otras actividades físicas. Algunos arianos son felices en las Fuerzas Armadas —ambos, hombres y mujeres—. El signo que lo rige es Marte, con toda su pasión guerrera. Incluso los arianos pacifistas tienen un lado pacifista y un lado apasionado para el aprovechamiento de la vida. Hay una tendencia inconsciente a ir hacia adelante cuando caminan, como si su postura les ayudara a ir más rápido. La inmensa energía en un Aries quema como una flama, que se consume mucho tiempo después de que las almas más tranquilas han renunciado a la realización de tareas; sin embargo, esta tarea termina siendo un problema para él.

El Sol en Aries usualmente se identifica con la energía de Aries. Podría iniciar una conversación con un extraño dando un anuncio de manera impulsiva: "Yo soy un Aries". Extrañamente, no te preguntará por tu signo: como Aries, tiende a pensar primero en él y después en ti —esto no lo hacen siempre de manera consciente.

Aries famosos: Eric Clapton, Vincent Van Gogh, Victoria Beckham y Mariah Carey.

Tauro ♉

Segundo signo • Femenino. Fijo, tierra • Imagen: el toro • Regente: Venus
Partes del cuerpo: cuello y garganta.

- Impulsivo, deseo de ser el primero, energético, actividad física, impaciente, franco, aventurero.

Tauro es el signo más anclado a la Tierra de todos; eminentemente práctico, confiable y paciente. Siguiendo a Aries en el orden natural de los signos, el pragmático Tauro contrasta con el imperioso inicio de Aries. Tauro es generoso y se preocupa por la gente de manera afectuosa. Ambos, tanto hombre como mujer, tienden hacia un enfoque muy cauteloso de la vida. Generalmente no vuela, fantasea ni toma muchos riesgos en la vida. Una vez comprometido, es un amigo leal y benefactor. El amante Tauro es un romántico que aprecia los placeres sensuales, con una sintonía natural en los cinco sentidos físicos. Llega a ser bueno en la comida y por eso ser creativo en la cocina es una parte importante de la vida de un Tauro. Esos son los escenarios naturales que agitan el alma de un Tauro.

Ella tiene muy buen ojo para los colores, la belleza en las artes, le gusta el silencio erótico y las experiencias artísticas. El signo que rige a este planeta es Venus y está encarnado en una diosa terrenal de la elegancia y el glamour. Tauro disfruta divirtiéndose con experiencias como masajes, comunicarse con la naturaleza, escuchar música o apreciar las artes. El individuo Tauro puede tener un profundo placer de seguir dichos intereses o puede desarrollar esas habilidades prácticas en campos afines. Por ejemplo, un hombre de Tauro puede tener un canto propio y una inconfundible voz, o puede ser movido por la voz de otro. Una mujer Tauro puede optar por formarse como diseñadora o simplemente puede amar la organización de su casa o de su vestuario, que es elegido con un estilo armonioso. O viceversa.

Tauro necesita seguridad material y trabaja duro para asegurar que lo obtendrá. Una vez que llega a su meta u obtiene algo que desea no lo toma a la ligera. Ella puede ser extremadamente resistente al cambio, especialmente a los cambios que implican un riesgo. Los taureanos pueden ser las personas más obstinadas, se mantienen firmes como el toro, por ello la imagen de Tauro. Es un signo fijo y su determinación y persistencia están entre las más fuertes de sus cualidades, aunque ella no expresa enojo fácilmente, sino que tiene tendencia a internalizar sus sentimientos. Como el proverbio "El toro en una tienda de chácharas", su ira puede ser muy destructiva si se empuja más allá de su gran resistencia.

Normalmente, ella está dispuesta a construir lentamente. Es buena con el dinero, realiza un seguimiento del área donde le interese y ahorra de manera constante. Los taureanos con frecuencia se encuentran envueltos en carreras relacionadas con el dinero, como banqueros, contadores o vendedores. O bien pueden estar a cargo de las finanzas de la familia. Con frecuencia están acostumbrados a ver por las buenas causas y prefieren evitar pagos excesivos. Tauro tiene habilidad para comprar cosas de buena calidad, aunque a veces tienen una tendencia a estar demasiado apegado a ese gusto. Esto puede extenderse a la vida cotidiana. Valora las personas que ama, pero debe recordar que no debe esperar demasiado de ellas.

Los taureanos son meticulosos y necesitan tiempo para absorber nuevas ideas, tanto en la infancia como en la vida adulta. Tauro puede encontrar que Aries es demasiado rápido y caótico —y es fácil para Aries asumir que Tauro es pedante y lento—. Cuando Tauro no tiene trabajo, su forma favorita de relajación es no hacer nada, o simplemente contemplar un escenario bello (en comparación con lo dinámico de los otros signos, Tauro parece no hacer nada).

Mercurio en Tauro usualmente toma tiempo antes de responder a los otros, ya que debe considerar la respuesta. Puede hacer preguntas prácticas o dar explicaciones cuidadosas.

Taureanos famosos: Penélope Cruz, Reina Elizabeth II, Cesc Fábregas y David Attenborough.

Géminis ♊

Tercer signo • Masculino. Mutable, aire • Imagen: los gemelos • Regente: Mercurio • Partes del cuerpo: pulmón, manos, hombros.

- Mentalmente alerta, pensamiento rápido, preocupado, curioso, comunicación importante, amigable.

Tal como sugiere la imagen de los gemelos para los Géminis, éste es un signo dual, con frecuencia con dos lados distintos de personalidad, dos trabajos, dos lugares para vivir, dos (o más) matrimonios o compañeros a lo largo de su vida, ya que le es muy fácil aburrirse y necesita mantenerse en constante movimiento. Él es además netamente curioso y no le gusta sentir que se está perdiendo de algún detalle. El conocimiento es uno de los grandes valores de los Géminis. Aman adquirir información de todo tipo para su mente inventora y por esta razón son el perfecto jugador de crucigramas y enigmas.

Los maestros Géminis (para su propia satisfacción, por lo menos) dominan un tema y se mueven para buscar su siguiente objetivo, su vida tiene muchas posibilidades interesantes. Algunas veces Géminis puede sentirse frustrado, ya que no puede leer todos los libros que quiere o adquirir la información tan rápido como quisiera para cubrir todas las áreas en las que a él le gustaría estar: cree que la vida es muy corta. A este respecto, Géminis es muy diferente de sus signos previos, como Tauro, que generalmente no es curioso, pero es práctico y quien pacientemente absorbe conocimiento sobre todo lo que pueda ayudar, más que por su propio bien. Géminis puede encontrar la calmada vida de Tauro difícil de entender.

En lo profesional, con frecuencia encontramos a los Géminis en trabajos que requieren buenas habilidades de comunicación —periodismo, escritura, enseñanza, telecomunicaciones— o en cualquier lugar donde se necesite recabar información, armar redes o conocer gente, temas que son intrínsecos a estos trabajos. Como es un signo de aire, las ocupaciones de Géminis necesitan ser lo suficientemente variadas para sostener su interés; de otra forma, su inquietud lo mantendrá en movimiento constante. Como su planeta regente es Mercurio, él buscará nuevas tareas para mantenerse ocupado.

Socialmente, Géminis puede ser una mariposa mutable, saltando de actividades de un grupo a otro, platicando, haciendo comentarios o estimulando a otros. Su mente impredecible también es receptiva para las opiniones de quienes le importan. Románticamente, es muy feliz cuando una persona estimula su mente al igual que su corazón. Es un buen amigo y si lo conservas siempre tendrás las mejores pláticas con él. Hablar es como respirar para el aireado Géminis. Es difícil inmovilizarlo en cuanto a tema, amistad o actitud. Él puede ser bastante inconsistente, así como está influido por la información nueva e intrigado por un aprovechamiento diferente —aunque con frecuencia no se ve a sí mismo en este camino—; es el Peter Pan del Zodiaco, eternamente joven en el corazón, aunque sea viejo, ya que siempre abarcará nuevas experiencias en toda su vida. Géminis frecuentemente se ve más joven de los años que tiene.

Con frecuencia ve todos los lados de la situación, lo cual se suma a su imagen contradictoria, a pesar de que esa no es su intención. Su mente se mueve mucho más rápido que la de otras personas y con frecuencia está dos pasos adelante que los demás en el pensamiento. Su punto débil está en fallar al ver las cosas en una dimensión más grande, a menos que las vea de manera lenta y mire apropiadamente. Tiene potencial para ser un gran pensador y comunicador, muy posiblemente en el ámbito público, si puede desarrollar su poder de permanencia.

La Luna en Géminis tiene cambios en su humor e intereses. Las emociones son poco probables de dominar; sin embargo, hay una posibilidad de dar un paso atrás y ser racionales. Curioso y abierto, es importante para él no tratar de hacer muchas cosas a la vez (Nota: esta posición está en el estudio de la carta).

Géminis famosos: Bob Dylan, Johnny Depp, Venus Williams y Anne Frank.

Cáncer ♋

Cuarto signo • Femenino. Cardenal, agua • Imagen: el cangrejo • Regente: Luna • Partes del cuerpo: seno y estómago.

- Personalmente sensible, cuidadoso y protector, cambiable, voluble, intuitivo, Importancia en la familia.

Cáncer vive y respira sus sentimientos, su vida emocional interior es la base de su personalidad y ella tiende a percibir sus experiencias a través de lo que le dice el corazón. Tal cual la imagen del signo del cangrejo en el agua, usualmente, cuando es joven, Cáncer aprende a desarrollar un escudo para proteger su cuerpo suave. Su historia cultural y familiar son importantes para ella —no importa si está cerca de ellos o no—, ya que eso influencia la forma en que ve la vida. Siempre está a la defensiva y defenderá a los que perjudiquen a quienes ama, y es la mejor protectora de los que han sido dañados. Está muy consciente de su sensibilidad. Por otro lado, su signo predecesor, Géminis, encuentra que Cáncer es emocionalmente sofocante.

Cáncer prefiere tener una casa cómoda donde ella pueda alimentar a sus invitados o retirarse cuando quiera estar sola. En ocasiones, estar sola le renueva las energías, ya que es vital para este signo de agua. Incluso, los cancerianos que viajan alrededor del mundo llevan su "casa" con ellos, así como pequeños recuerdos de consolación y que evocan estabilidad emocional donde quiera que se encuentren. Cáncer está asociado con el principio arquetípico de la madre, el significado que encarna es el de cualidades de nutrición y protección. La madre canceriana actual tiene una gran influencia, especialmente en los hombres Cáncer. Para muchas mujeres Cáncer las relaciones con sus amigas mujeres son de gran importancia en la vida.

La memoria canceriana, especialmente para las situaciones emocionales, es generalmente muy buena y recuerda de su infancia sus días felices y sus tristezas. Ella debe tener cuidado de insistir demasiado en el pasado y con el movimiento en su vida. Los Cáncer tienden a ser coleccionadores y acaparadores. Nunca olvidan quién les da un regalo o lo que ellos le dieron a otros, y en silencio están atentos para saber qué pueden utilizar.

La sensibilidad de Cáncer llega a ser voluble. Como el planeta que lo rige es la Luna, ella cambia mucho de humor. También es muy imaginativa y tiende al romanticismo. El cardenal Cáncer destaca por iniciar una respuesta emocional para otros y esta es el área de la vida donde ella se siente con más vida. Tiene una intensa conciencia de las atmósferas y una gran ansiedad acerca de las corrientes ocultas, que en ocasiones pueden llegar a ser exhibiciones infantiles de emoción. Retirarse de situaciones tensas puede ser mejor para ella si se angustia; frente a almas menos acuosas puede sentirse asfixiado por su intensidad emocional. Sentimientos de ser incomprendida o de no obtener lo que ella quiere pueden crearle inseguridad hasta que desarrolle una fuerza interna de amor por sí misma. Sentir comprensión es un ingrediente crucial en un romance serio para el romántico cáncer.

Cáncer es muy intuitivo; incluso llega a ser psíquico en ocasiones y sus ideas son muy valiosas. Si logra satisfacer sus propias necesidades de seguridad, Cáncer llega a ser el más cuidadoso y entregado de los amigos. La habilidad natural de Cáncer es soportar a aquellos a quienes ama o a aquellos que necesitan cuidados, lo cual puede reflejarse en el tipo de carrera que eligen —tal vez los encontremos en profesiones de ayuda—, donde se cultivan o crecen de otra forma. Pero sin importar en donde esté, ella tendrá el corazón abierto para darlo a quienes lo necesiten.

Marte en Cáncer es muy cuidadoso, aunque no siempre puede expresarse fácilmente. Puede estar a la defensiva. Tiene una lealtad fuerte a la familia. Los desacuerdos con la familia le causan heridas profundas.

Cáncer famosos: Tracey Emin, Meryl Streep, Robin Williams y Giorgio Armani.

Leo ♌

**Quinto signo • Masculino. Fijo, fuego • Imagen: el león • Regente: el Sol
Partes del cuerpo: corazón, espina dorsal.**

- Confidente, entusiasta, orgulloso, generoso, juguetón, centrado en sí mismo, obstinado, creativo, dramático.

El intenso Leo es la guía del Zodiaco y se nutre del drama y de las situaciones de grandes cambios. Él siente pasión por todo y se lo deja saber a todos. Como su planeta regente es el Sol, él se identifica con ser el centro del escenario e irradia calor natural. Esta es una preocupación, señal generosa de que da cariño fácilmente pero necesita recibir mucho amor y atención de otros. Él disfruta de la atención, tal como su tocayo, el rey de los leones. Sin embargo, puede ser propenso a adular, como algunos de los reyes de la antigüedad.

Leo tiene una energía creativa y necesita manifestarla de alguna forma. Ser el centro de atención es una necesidad literal para algunos Leo y muchos se sienten atraídos por la profesión de actor o de otras actividades artísticas. Si hay una oportunidad de brillar, Leo no tendrá vergüenza en tomarla. Él se empujará a sí mismo hacia adelante, ansioso de estar en el primer plano; tiene miedo de que lo omitan en algo que considera de vital importancia. Constantemente está motivado por su intuición activa, que va más allá de su mente racional. Su coraje natural es igualmente alimentado por otros que necesitan de él, ya que puede crecer impresionantemente para la ocasión.

Su orgullo está muy bien desarrollado, lo cual le da dignidad; aunque el orgullo de Leo puede ser una fuente de dificultades en sus relaciones personales en ocasiones, debido a que tiende a ser sensible y a guardar sentimientos de rencor si se siente dañado. Leo puede ser egoísta y lastima si se siente ignorado. Quizás esto ocurre porque algunas veces es ingenuo y confía en las personas erróneas y esto le sucede por su necesidad de reconocimiento. Leo sigue a Cáncer en la rueda del Zodiaco y los dos son signos amorosos y emocionales, pero Cáncer tiene una tendencia a dudar de sí mismo, lo cual contrasta con la confianza que Leo tiene en sí –aun cuando Cáncer podría aumentar la sensibilidad de Leo y Leo podría incrementar la confianza de Cáncer.

Leo es un líder natural, especialmente en una edad madura. Los deseos de Leo se centran en ser una persona significativa en el mundo y controlar su propio destino. Él se esfuerza siempre por ser él mismo y por ser aceptado tal cual es. Quiere eso para los otros también y es bueno para inspirar y hacer que los otros saquen lo mejor de sí mismos. Es un signo lúdico, amante de la diversión. Está lleno de vida y de humor, le gusta socializar y en general disfrutar de la vida. Muchos Leo entienden el mundo de los niños y algunas veces los encontraremos jugando con gente joven.

Leo puede llegar a ser flojo, pero también manejar la responsabilidad si se lo piden. Generalmente es persistente y leal, aunque se puede llegar a sentir incómodo si es muy presionado y exhibe su necedad, propia de signo fijo. No es dado a la introspección. Se basa en su encanto nato para atravesar las dificultades. La lealtad a los que ama es una de sus características fuertes para quienes lo llegan a tener como amante o como amigo. Románticamente, Leo es atento y dado a las manifestaciones dramáticas de su amor, aunque es propenso a gastar poco, pero de manera generosa. Su generosidad natural alcanza a todos, pero en particular y de manera magnánima a aquellos de quienes se preocupa.

Saturno en Leo quiere ser amado, el centro de atención, pero tiene miedo a fallar. Por tal motivo algunas veces no trata, o no se convence de que los demás se preocupen por él. El reto es aprender el amor propio y sentirse lo "suficientemente bueno".

Leo famosos: Mick Jagger, Daniel Radcliffe, Madonna y Halle Berry.

Virgo

Sexto signo • Femenino. Mutable, tierra • Imagen: la diosa virgen con espigas de maíz • Regente: Mercurio • Partes del cuerpo: intestinos.

- Prácticamente organizado y mentalmente creativo, amable, busca resultados, observador tranquilo, culto, le gusta la regularidad.

Virgo tiene agilidad mental, es versátil y eminentemente práctico, reflejado por su planeta regente, que es Mercurio, y su mutabilidad terrenal. Un cierto toque artístico la hace experta en la creación de cosas, ya sea cerámica, bordado o pan. Después de todo, la diosa que rige a Virgo es la de la cosecha. Las ideas necesitan tener una aplicación, de no ser así Virgo encuentra poco uso en ellas. Muchos Virgo son gente de "lista" —ellos siempre están haciendo listas sobre cuáles son las tareas que siguen, qué necesitamos comprar, qué haremos en los próximos días festivos. Los Virgo tienen ojo para los detalles, no se pierden mucho y les gusta planificar el futuro. Virgo sabe que los detalles y las pequeñas cosas son la base de una visión en conjunto. Es en esto donde ella se diferencia de su predecesor, Leo, que hace a un lado los detalles a favor de una gran vista y cada uno puede llegar a irritarse por las diferencias con el otro.

Ella es la más adecuada para trabajar arduamente donde se requiere trabajar detrás de los escenarios —Virgo generalmente huye de la fama y más bien es tímida—. El reconocimiento es agradable, pero no es esencial. Se siente lo suficientemente satisfecho cuando ve un resultado tangible. Virgo es perfeccionista y todo en lo que ella se envuelve también lo es: siempre apuntará por hacer lo mejor y es crítica de las ideas de otros si sus altos ideales no se realizan plenamente.

Virgo es un guerrero, tiende a la ansiedad —ella puede ser su peor enemiga hasta que aprenda a perdonarse a sí misma y a mantener la calma.

Durante el perfeccionismo y la actitud crítica que surge de estas características puede llegar a poseer una habilidad intuitiva para analizar y discriminar a medida que crece en la madurez y la tolerancia.

La misma búsqueda de la perfección le da a muchos Virgo un sano interés en su bienestar físico y mental. Aunque no son necesariamente deportistas, los Virgo se divierten en el gimnasio o asistiendo a clases de yoga, en gran parte porque están en búsqueda de su bienestar. Los Virgo con frecuencia se encuentran en profesiones de curación o en áreas de trabajo donde imperan la observación o servicios de clasificación o corrección. Ellos quieren hacer una diferencia en las vidas de los otros y pueden ser felices en la biblioteconomía, en el trabajo secretarial, analizando y editando... Virgo quiere ser útil. Ella apela a las rutinas regulares, ya que le gusta darle seguimiento a sus compromisos y avances.

La forma virgoniana de mostrar el afecto es haciendo algo por la persona que ella procura o dando un regalo útil. Con frecuencia optará por ayudar si ve que alguien lo necesita. Virgo no es sentimental y no mostrará fácilmente sus sentimientos. Muchos

Virgo disfrutan cuidando animales, plantas o niños, propios o de otras personas. Por naturaleza, a ella le fastidia y disgusta la vulgaridad o las condiciones antihigiénicas y desordenadas. Virgo sabe dónde está parada, ella se siente cómoda en un ambiente despejado y donde esté a gusto. Ambos (hombre y mujer). No todos los Virgo son organizados, pero es lo que se ha hecho popular en las columnas astrológicas.

En comparación con otros signos zodiacales, los Virgo tienden más al celibato si las situaciones lo requieren, ya que le dan un alto valor a una relación de compromiso. Como corresponde a un signo de pureza, los Virgo tienen control de sí mismos. Virgo es paciente y amable, cuidadoso y un amigo de gran apoyo, así como un compañero romántico. Los Virgo aman ser necesitados y nunca se sienten tan felices como cuando son capaces de ofrecer un servicio; agradecerán en silencio a aquellos que se den cuenta de sus necesidades.

Venus en Virgo tiene estándares altos y busca un ideal que es difícil encontrar, tanto en las amistades como en las relaciones de pareja. El compromiso es un arte que Venus necesita cultivar para encontrar la felicidad.

Virgo famosos: Reina Elizabeth I –"la reina virgen"–, Cameron Diaz, Stephen King y Prince Harry.

Libra

Séptimo signo • Masculino. Cardenal, aire • Imagen: la balanza • Regente: Venus • Partes del cuerpo: riñones.

- Amante de la paz y contrario a los disgustos, indeciso, prefiere alianzas, aprecia la armonía y la belleza, es justo.

Con Libra inicia la segunda mitad del ciclo zodiacal, donde los signos son opuestos: Aries se apodera con avidez de las oportunidades; Libra primero sopesa las opciones. Para Libra la vida se trata de mantener un equilibrio y normalmente se esfuerza por que así sea. No le gusta el conflicto y se comprometerá a persuadir o dar la razón a otros para evitarlo. Es aquí donde muestra la naturaleza cardinal de su signo —él es bueno para provocar en otros el cambio de posición—. Si el conflicto no puede ser evitado, la forma de Libra de mostrar disgusto es moviéndose a sí mismo fuera de la situación conflictiva, ya que el acuerdo no ha sido alcanzado. Su ira, cuando la deja salir, es típica de un signo de aire: tiende a ser fría e incluso helada. Él es capaz de ser extremista en determinadas circunstancias. Esto frustra a los signos más apasionados.

Los libranos con frecuencia se encuentran en profesiones legales —la balanza de la justicia representa todo ello— y en arbitrajes o como consejeros. Sin embargo, para sí mismo, Libra tiene miedo de tomar decisiones erróneas y puede "no tomar partido" por un largo tiempo. La decisión no es su punto fuerte, para él es muy importante ser justo para todo y regularmente ve los pros y los contras desde diferentes puntos de vista. Él necesita estar consciente de no aventurarse a dar conclusiones prematuramente, con la finalidad de restaurar el orden y la paz, o dudando también de las decisiones de los otros hacia él. Comparte este trato y lo hace extensivo para Virgo por diferentes razones, entre ellas que Virgo se toma un tiempo para tomar decisiones porque es muy minucioso en los detalles, mientras que Libra simplemente ve todos los ángulos de un problema.

Su capacidad de armonía da a Libra un sentido de incorporación, proporción y forma. Él es una buena persona a quien le puedes preguntar ideas para decorar tu casa o sobre cómo trabajar para organizar áreas de tu vida. Libra, con frecuencia es artístico, y puede estar envuelto en situaciones donde el sentido de la belleza y la gracia son primordiales. Los libranos son animadamente apreciativos de muchas formas de la belleza, incluyendo las habilidades de otros. El planeta que lo rige es Venus y está asociado con la música, la danza y las artes, áreas en las que con frecuencia Libra está interesado.

El airoso Libra es un encantador y afectuoso amigo, pero no es fácil llegar a sus asuntos emocionales. El signo está conectado con el compañero de matrimonio, y Libra está muy consciente de los otros y de sus propias necesidades para la gente en esta vida. No importa qué tan profundo sea su amor, él es capaz de mantener la posición de su objetivo al mismo tiempo. Él prefiere ser un compañero que vivir o trabajar solo y es feliz cuando llega a ser amigo de su compañero o de su pareja. Generalmente sus amistades son una parte importante de su vida; sin embargo, es elitista con las personas que permite que se acerquen a él.

Libra trata de no emprender más de lo que puede manejar, siempre busca el balance entre su trabajo y el tiempo libre. Es de naturaleza civil, respetuoso e idealista de la forma en que interactúa con otras personas, y es muy bueno viendo y alentando sus talentos. La frase "pero por otro lado...", ¡probablemente fue acuñada por un Libra!

Júpiter en Libra es extremadamente imparcial y le gusta llevar a los demás juntos. Necesita enfocarse en qué es lo que realmente busca para sí mismo, incluso si los desacuerdos con los otros son inevitables. Conformarse con ser el segundo mejor trae paz, aunque no una satisfacción profunda.

Libra famosos: Clive Owen, Matt Damon, Brigitte Bardot y Catherine Zeta Jones.

Escorpión ♏

Octavo signo • Femenino. Fijo, agua • Imagen: el escorpión • Regente: Marte (en la antigüedad) y Plutón (en la era moderna) • Partes del cuerpo: órganos reproductivos.

- Intenso, reservado, apasionado, sexual, sereno, puede ser cruel, salvajemente leal.

El signo de agua Escorpión siente cosas muy profundas, lo cual deriva en un gran significado para su situación emocional. Los sentimientos de Escorpión están escondidos dentro de ella misma y nos los revela a los demás a la ligera. Más bien ella es una amante de la persuasión al intentar que los otros demuestren sus sentimientos hacia ella. Cuanto más cerca está de una persona, más quiere conocer de ella, ya que cuanto más sepa, más se revelará a sí misma, por lo que en última instancia Escorpión busca una poderosa conexión con otro, una fusión de seres. Esta es la forma en que el signo se asocia con la sexualidad: Escorpión busca transformar o ser transformado a través de una profunda experiencia emocional. Ella no tomará una relación romántica verdaderamente en serio o dejará de tener relaciones sexuales hasta que encuentre lo que busca. Un compañero Escorpión de cualquiera de los dos géneros puede ser intensamente cercano una vez que se ha comprometido, pero no de cualquier forma de intensidad. Libra puede encontrar que Escorpión es muy demandante, mientras que Escorpión puede encontrar que Libra es muy distante.

Escorpión busca entender la vida de manera profunda y, por lo tanto, irá a donde otros temen pisar. Ella se enfrentará a misterios, ocultismos y retos difíciles con el fin de llegar al fondo de las cosas. Las cualidades de la doble regencia se ven aquí: Plutón profundiza muy por debajo de la superficie y Marte se enfrentará a la muerte si es necesario para lograr su objetivo. Escorpión puede ganarse la vida trabajando en cosas ocultas, como investigación, limpieza, cirugía, arqueología, trabajo de detective o cualquier campo donde pueda explorar la naturaleza de su poder. Muchos escorpiones se sienten atraídos por la psicología como un medio para obtener un profundo conocimiento de sí mismos y de los otros.

Si es tu amiga, ella es leal y firme, una cualidad que comparte con su signo opuesto: Tauro, ya que Tauro está bajo la Tierra y Escorpión es apasionadamente emocional —los dos signos son fijos—. Si Escorpión es tu enemigo, puede ser implacable e incapaza de perdonar, especialmente si se siente traicionado. Ella recordará las heridas por largo tiempo. Al igual que la imagen del escorpión, ella esconde su ponzoña en la cola y puede ser manipuladora. Muchos escorpiones son reservados, logrando que buenas personas les confíen sus confidencias. Su fuerza de voluntad es inmensa. Ella renunciaría a cualquier placer si así lo elige, y no siempre es tolerante con aquellos que tienen un compromiso vacilante. Ella es una sobreviviente de la vida, con gran capacidad de crecimiento y cambio debido a sus experiencias. Para ella es difícil aceptar un segundo lugar y esto es materia de un conflicto emocional. Virtualmente todos los Escorpión tienen experiencias que envuelven sentimientos fuertes, como envidia, celos, odio y pasión; pero ellos generalmente llegan a ser personas fuertes debido a este tipo de experiencias y lo logran si pueden moverse a través de la agitación emocional.

Con frecuencia este es el atractivo magnético y carismático de Escorpión, que tiene esos ojos que parecen ver dentro de tu alma. Algunos otros signos pueden encontrarlo misterioso, aterrador o fascinante, pero Escorpión no tiende a fijarse en lo que dicen los otros. Esta es una paradoja: como Escorpión es tranquilo y sereno, generalmente no busca atraer la atención de los demás. Típicamente, Escorpión se preocupa por seleccionar a profundidad a las personas y hará todo lo posible por ayudar cuanto sea necesario, pero espera que los demás tomen medidas para ayudarse a sí mismos también.

La Luna en Escorpión tiene el poder de las necesidades emocionales y puede ser devastado al decepcionarse de otra persona. Perspicaz y perceptivo, busca penetrar en los misterios. Le encanta ahondar en las profundidades de la vida.

Escorpiones famosos: Hillary Clinton, Jodie Foster, Prince Charles y Leonardo DiCaprio.

Sagitario ♐

Noveno signo • Masculino. Mutable, fuego • Imagen: el centauro y el arquero con sus flechas • Regente: Júpiter • Partes del cuerpo: muslos y caderas.

- Explorador y buscador, filósofo, imaginativo, amante de la libertad, sin compromisos.

Para Sagitario la aventura es lo importante: en el viajar está el camino para las respuestas de las preguntas universales, lo que le da valor personal a su vida. La búsqueda del significado y verdadera motivación de Sagitario está en explorar cada vez con mayor amplitud, ya sea de viaje en el mundo real o en viajes mentales en sus estudios de amplio alcance. Las áreas de la vida que pueden fascinarle son: filosofía, religión o espiritualidad, aunque no cree fácilmente que pueda aprender todo en ellas y prefiere mantener la mente abierta. Sagitario ama aprender, busca el conocimiento por la sabiduría que puede brindarle y disfruta un duelo de ingenio. Su signo opuesto, Géminis, comparte este enfoque, pero lo hace con hechos más específicos y no con un todo, mientras que Sagitario podría perder detalles en su misión de entender un amplio punto de vista de la filosofía.

Este es un expansivo y mutable signo de fuego, con altos ideales y visiones. El próximo horizonte lo atrae y mueve los postes de sus aspiraciones cada vez más lejos. Tal vez muchos Sagitarios después disfrutaron impartiendo sus conocimientos a otros, como maestros formales o informales. Sagitario puede estar involucrado con caballos en la vida, montándolos o apostando con ellos. Las flechas del centauro pueden ir en cualquier dirección —una idea fascinante para Sagitario, quien disfruta elementos del azar—. Puede ser adecuado para una amplia variedad de trabajo independiente, donde establece sus propios parámetros y no está vinculado a una sola cosa.

Cuando una idea o actividad dispara su gran imaginación, se puede enfocar y alcanzar sus objetivos. Es un jugador natural en el sentido más amplio, arriesga mucho y a menudo tiene éxito en sus aventuras debido a su entusiasta fe en sí mismo y en sus propias habilidades, lo cual puede ser visto como suerte para otros. Incluso cuando en un juego de azar no aparece la naturaleza de Sagitario, normalmente significa que está pasando por periodos de dificultad. Contrario a su signo predecesor, Escorpión, Sagitario avanza y no se mantiene en una posición. Escorpión puede encontrar que Sagitario es muy voluble o demasiado salvaje y Sagitario tiende a encontrar que Escorpión es muy intenso.

Sagitario es inquieto y no puede ser inmovilizado. Tiene en alto valor a la libertad y no asume fácilmente una responsabilidad, a menos que sea en sus propios términos. Algunas veces la toma de más y otras veces se diversifica mucho, ya que es incapaz de cumplir sus promesas. A Sagitario no le gustan los límites ni las restricciones, hasta que logra aprender de sus propias experiencias y problemas. El realismo y la practicidad no son sus puntos fuertes. Se distrae fácilmente y no es el signo más confiable del Zodiaco.

Él respeta la integridad y admira igualmente esta cualidad en sus amigos y en las personas de la vida pública. Es agradable y amistoso para muchos, pero no se compromete fácilmente en una relación romántica. Incluso, cuando se compromete, necesita estar en constante cambio para no aburrirse, ya que las rutinas lo sofocan. Al igual que el planeta que lo rige, Júpiter, él es atento y con frecuencia extravagante, sobre todo con las personas que le importan. La vida, para Sagitario, es para disfrutar.

Sin embargo, debe tener cuidado con este tipo de vida hedonista, ya que eso lo puede llevar a endeudarse y a no ser tomado en serio, a pesar de que desea que su "racha de buena suerte" sea respetada.

El Sol en Sagitario necesita sentir libertad para experimentar y explorar. Identificarse con esta habilidad para viajar en la vida a través de carreteras y senderos. Es el arquetipo del viajero de la vida.

Sagitarios famosos: Brad Pitt, Billy Connolly, Jamie Lee Curtis y Scarlett Johansson.

Capricornio

**Décimo signo • Femenino. Cardenal, tierra • Imagen: la cabra de monte.
Regente: Saturno • Partes del cuerpo: rodillas.**

• Responsable, ambicioso, conformista, firme, disciplinado, serio.

Capricornio, como la cabra de monte, asciende metódicamente, seguro y con paso firme hacia el éxito. Con frecuencia les dan responsabilidades a una edad temprana. Capricornio tiene la habilidad de manejarlo todo bien y eventualmente llega a ser la autoridad en su campo. Ella es diferente a Sagitario, tanto como lo son el juez de una corte y una estrella de rock, sobre todo al seguir las reglas en lugar de inventar las propias, hacen sus planes en lugar de dejar que la vida los lleve.

Está interesada en la sociedad en su conjunto y quiere contribuir a ella con algo valioso. Los Capricornio con frecuencia asumen el rol de "pilar de la sociedad" y llegan a encontrarse en posiciones como de policía, leyes, enseñanza, medicina o negocios. En el proceso del establecimiento de sí misma, iniciará nuevos proyectos a la manera del signo cardenal que es: llevando con ella la atención de personas influyentes.

Como siempre debe ascender una montaña alta, posiblemente llegue a ser una persona influyente mientras madura. Con frecuencia tiene claras visiones acerca de cómo debe mejorar una situación y creará resistencia con quienes ven las cosas de diferente manera. Capricornio es muy consciente de sus obligaciones —familia, amigos o trabajo— y está dispuesto a trabajar duro para complacerlos; tiene reputación de honesto, conservador e individual.

Capricornio está asociado con el arquetipo del padre en el sentido de que provee autoridad y guía para las personas jóvenes e inexpertas. Incluso, a pesar de que el signo es femenino, su opuesto es Cáncer: los dos están asociados con las cualidades de los padres, aunque Cáncer nutre y Capricornio guía. Capricornio llega a parecer que es más viejo de los años que tiene, especialmente cuando es joven, y esto se debe a su semblante serio. Estas personas se suavizan cuando empiezan a envejecer y empiezan a ser jóvenes en actitud; sin embargo, ellos siempre son capaces de ser severos si en su opinión la ocasión lo amerita. Capricornio es realista, consciente de las limitaciones en la vida, reflejo de su planeta regente, Saturno, un amo duro que entiende el paso del tiempo, al igual que Capricornio.

Tal realismo suele ir acompañado de una inclinación por la planificación a largo plazo. Muchos capricornianos, hombres y mujeres, tienen planeados los siguientes cinco o seis años en sus cabezas, o llegan a tener un plan completo de vida. Además Capricornio es capaz de ser flexible ante las circunstancias de cambio. Ella es capaz de hacer sacrificios por el bien de la situación, si es necesario, una cualidad que no siempre es vista y apreciada. Capricornio no presume lo que hace, pero en silencio siempre sabrá qué es lo que debe hacer. Suelen ser autocríticos, tienen un gran sentido del humor y les gusta ver el lado divertido de la vida. Capricornio puede llegar a ser un excelente comediante usando la observación y la ironía en una forma inexpresiva y reduciendo la incapacidad de la gente a carcajearse. Esta cualidad es muy buena en ella para la vida, ya que tiene dificultad para relajarse o hacer este tipo de cosas. No le gusta sentirse dependiente de nadie y se esforzará por que así sea siempre; y si eso es inevitable ella encontrará formas de justificarlo. Las depresiones pueden incrementarse con el fracaso —los Capricornio deben aprender a llegar a un acuerdo consigo mismos cuando no son tan capaces en algo.

Le gusta la elegancia en su romance y disfruta vestirse para la ocasión con su pareja. Capricornio es el individuo firme que cree que la disciplina ayuda a formar el carácter, y es la vez cariñosa y justa en su relación.

Mercurio en Capricornio piensa prácticamente y siempre apunta hacia sus metas. Muy serio, incluso en la juventud. podría ser de mente estrecha, pero su sentido del humor es la gracia que la salva.

Capricornios famosos: Kate Moss, Marlene Dietrich, Rowan Atkinson y Anthony Hopkins.

Acuario

**Décimo primer signo • Masculino. Fijo, aire • Imagen: el portador de agua
Regente: Saturno (en la antigüedad) y Urano (en la era moderna) • Partes del cuerpo: espinillas, pantorrillas, tobillos.**

• Independiente, orientado al grupo, obstinado, radical, objetivo, racional.

Para los acuarianos la amistad es un gran valor de la vida. Te hacen sentir que eres especial para ellos y creen fuertemente en la singularidad de cada ser humano. Su signo opuesto, Leo, busca el reconocimiento individual, pero Acuario se siente en casa cuando es parte de un grupo con mentes afines, ¡a pesar de que a menudo le gusta brillar dentro de la reunión! Él siempre está consciente de que pertenece al vasto grupo de la humanidad. Esta conciencia le da al idealista Acuario una perspectiva humanitaria de la vida. Está consciente de que es igual a todos, lo cual lo motiva cuando encuentra figuras de autoridad (ya que todos son iguales) o apoya al favorito (ya que ellos son iguales también), esto es bueno en todo lo que se refiere a Acuario, incluso si se basa en su particular punto de vista de lo que es bueno para todos. Tiene muy desarrollado el sentido de los derechos humanos y a menudo se mueve para defender las causas de los otros contra lo que percibe como circunstancias restrictivas. Él se afirmará en su propio nombre y animará a otros a ponerse en pie por sí mismos.

Acuario es altamente individualista, incluso egocéntrico, y definitivamente no es conformista. Tiene la capacidad para ser objetivo y cree en la democracia, la verdad y la justicia. Acuario es un signo "muy de aire" que puede fácilmente distanciarse de enredos emocionales; probablemente es el signo más independiente del Zodiaco. Un acuariano necesita libertad (en las relaciones, política y socialmente), lo cual es bien sabido. Simplemente, él no reconoce barreras porque actúa de acuerdo con sus convicciones —lo que puede llevarle a tener dificultades con gente convencional.

Los Acuario son rebeldes de origen, de mente elevada y francos, pero sus opiniones, como buen signo fijo, algunas veces son demasiado radicales, incluso para sí mismos. Especialmente en la juventud esta determinación le puede llegar a causar divisiones en la familia o con amigos que perciben las cosas de una manera diferente.

La imagen del signo —el portador de agua— muestra a una persona vertiendo el agua de la vida, que simbólicamente purifica la tierra con entendimiento. Es fácil asumir que el signo pertenece al agua, pero la figura humana representa la comunicación de la humanidad en su todo (aire). La dualidad zodiacal de Acuario revela la paradoja del signo, que puede llegar a ser extremo tanto desde el punto de vista de su ser fijo hasta con los de Saturno, que saben bien cómo deben hacerse las cosas. Además el planeta regente, que es Urano, representa la radicalidad. En donde Capricornio conforma la "norma", Acuario actúa de acuerdo con sus principios, y ambos desean estar al gran servicio de la comunidad, aunque debido a sus diferentes enfoques podrían discrepar.

Podría parecer que Acuario carece de calidez emocional, pero en realidad él no necesita mostrar este tipo de comportamiento. Al igual que su naturaleza, funciona racional y no emocionalmente, pero es un amigo verdadero y leal que te apoyará con la fría luz de la razón cuando tengas un problema. ¡Puede ser un gran apoyo cuando quieres hablar de cuestiones emocionales sin que él anteponga su cúmulo de emociones antes que las tuyas! La mayor parte de las veces él puede encontrar que no vale la pena dramatizar cuando los sentimientos están muy exaltados. Románticamente, ambos sexos necesitan sentir que les gustas para amarte; ellos buscan una conjunción de intelecto con atracción física. A Acuario lo podemos encontrar en las profesiones que utilizan la tecnología o donde la objetividad es importante. También se siente a gusto en las profesiones donde no se les dice qué hacer.

Marte en Acuario trabajará con otros para mejorar la situación de los desfavorecidos o aquellos que son tratados injustamente. Puede ser muy franco. Es muy original, pero no siempre.

Acuarianos famosos: Charles Dickens, Justin Timberlake, Germaine Greer y Paris Hilton.

Piscis ♓

Décimo segundo signo • Femenino. Mutable, agua • Imagen: dos pescados nadando en direcciones opuestas • Regente: Júpiter (en la antigüedad) y Neptuno (en la era moderna) • Partes del cuerpo: pies.

- Compasivo, idealista, soñador, confundido, sensible, crédulo, psíquico, inspirado.

Piscis tiene un pie en otra realidad, aunque ella no quiera que esto sea así. Vive una vida dual, al igual que los dos peces contrarios. Consciente de su mundo interior, Piscis experimenta una conexión personal con el Universo, con lo divino, con todos los seres —aunque ella misma así lo exprese, también tiene demandas del mundo material, lo cual no es una tarea fácil—. Piscis puede ser fuertemente defensivo y su sentido del ridículo significa que puede reírse de la vida en ocasiones. No llega fácilmente a sus sentimientos más profundos. Puede ser más fácil para ella verter su cariño a niños o animales, que revelar su inmensa sensibilidad a otros adultos, donde sus sentimientos podrían ser pisoteados. Como una criatura de mar —al cual muchos pisceanos aman—, ella puede llevar a lo largo de las olas emocionales sus constantes sentimientos de cambio hasta que aprende a nadar.

Vivir en la realidad física muchas veces es demasiado para Piscis. Es por esto que muchos pisceanos se encuentran en las profesiones que usan la frase "hazlo posible" y en las artes como actores, artistas, poetas, fotógrafos, músicos, directores de cine y esteticistas, por ejemplo. Piscis también se encuentra en donde están los miembros menos afortunados de la sociedad: los enfermos, los prisioneros, los que tienen necesidades de todo tipo. Es un signo de gran compasión, que fácilmente se imagina a sí mismo en la posición del otro. De hecho, su imaginación con frecuencia la vive con mucha intensidad. Tan es así, que ella tiene que protegerse contra la pérdida de su propio sentido de la identidad o de ser influida por otros. El profundo océano de Neptuno es su regente de la era moderna. Acuario y Piscis son los últimos dos signos del Zodiaco y se preocupan por cuestiones más amplias, pero tienen enfoques contrastantes. Acuario es una persona con ideas claras para mejorar a la sociedad. Piscis aprecia cómo se siente el mundo y a veces se desespera.

Por su naturaleza, los pisceanos están inclinados hacia la fe y la espiritualidad, y tienen una conciencia innata de la efímera naturaleza de la vida. Júpiter, de hecho, es el que busca el propósito de vida en la era antigua. Piscis necesita mantener una conciencia de su propia capacidad para sacrificarse a sí misma: esta inclinación puede ser inspiradora y noble, pero con ello también puede tomar ventaja sobre personas sin escrúpulos. El mutable Piscis puede caer en aguas peligrosas porque es demasiado confiado, o ser traicionado involuntariamente. En ocasiones también puede ceder a la tentación de engañar a los demás, al menos para abordar la verdad. Es una línea muy delgada entre la realidad y la fantasía de algunos pisceanos. Muchos llegan a sufrir decepciones en los romances y en las amistades, ya que tienen un alto sentido de precaución y discriminación en sus relaciones formales. Virgo es el signo opuesto a Piscis y por naturaleza es capaz de discriminar. Piscis puede abrir una visión integral de la vida a Virgo y se pueden ayudar mutuamente. Normalmente, la intuición es un punto fuerte en Piscis, lo cual llega a tomar forma en algunos en la parte psíquica o en alguna habilidad para la clarividencia. Aprender a controlar y dirigir esta cualidad puede ser un buen reto y muy altamente recompensando.

Es probable que en diferentes etapas de su vida opte por practicar la meditación, el alcohol o las drogas, o algún culto espiritual, todo lo que signifique un estado de conciencia en los límites de la realidad, donde Piscis se sienta fuerte. Sin embargo, ella se inclina por la indecisión y la vaguedad para expresarse de sí misma, y su fuerza interior reside en su naturaleza infinitamente cariñosa. Sin embargo, necesita establecer límites claros en la mayoría de las situaciones, para que no se pierda.

Venus en Piscis es sensible y compasiva. El atruismo puede ser edificante y benéfico para los otros. La discriminación en las relaciones puede salvarla de las decepciones, ya que tiene una tendencia a ver lo mejor en los otros.

Piscis famosos: Elizabeth Taylor, Rihanna, Justin Bieber y Jamie Bell.

Tareas:

a) Debes mirar de nuevo tu propia carta, así como la del estudio, recordando que tu signo solar es sólo uno de los doce posibles signos en tu carta. Fíjate en donde caen todos los otros signos.

b) Mira la distribución de los planetas y los signos en tu carta y observa los signos fuertes y cualquier signo que falte, especialmente de los planetas personales y pares.

c) Practica dibujando y recordando los símbolos y el orden natural y las fechas aproximadas cuando el Sol está en tu signo, y recuerda los meses relevantes del año.

5. LAS CASAS Y LOS ÁNGULOS.

¿Qué áreas de la vida son destacadas para ti?

No sabemos exactamente cómo surgió el concepto de las casas, pero empezaron a ser usadas en el siglo II EC, si no antes, en la antigua Grecia y Roma. Las casas añaden una nueva capa de significados para la lectura de la carta natal, ya que nos dan un contexto particular de la experiencia de vida. Los planetas son las unidades esenciales o la energía de la carta; los signos siempre encuentran la forma en que esas unidades sean expresadas; y las casas muestran las áreas de la vida donde los planetas y sus signos pueden ser más activos. Cada uno tiene doce casas en su carta, por supuesto. Al igual que los signos y los planetas, cada casa tiene un significado esencial, el cual puede ser experimentado de manera individual en diferentes formas. Tu carrera, amistad, relaciones íntimas, vida personal, etcétera, son áreas de la vida que se muestran en las casas de la carta. Para una definición de una casa puedes ver la página 100.

Las casas contienen planetas que pueden resaltar áreas de experiencia para una persona, especialmente si la casa contiene más de un planeta. Habrá un enfoque y algunas veces una preocupación a lo largo de toda la vida sobre el inquilino (ocupador) de la casa. Las interpretaciones se harán dependiendo del lugar que ocupan los planetas en esas casas. La carta nos obliga a ir hacia la unidad y experiencias de nuestras vidas —incluso las más duras—, que nos ofrecen la oportunidad de crecer y evolucionar más allá de nuestras experiencias de la infancia.

Echa un vistazo a la carta de estudio, y a tu propia carta, para recordar qué casas contienen planetas. Para Celeste, contando en sentido contrario a las manecillas del reloj desde su ascendente (AS), las casas contienen los planetas que son: 4, 6, 9, 11 y 12. Por lo tanto, todas las otras casas están desocupadas. Las casas 2 y 8 contienen Nodos de la Luna, los cuales no son planetas. Esto es debido a que hay un número de planetas en las casas 6, 11 y 12 en la carta de Celeste, esas áreas de su vida serán las más destacadas.

Esas tres casas están en el punto de su vida laboral (6), sus amigos (11) y sus creencias en la vida (12). Su onceava casa de Venus, por ejemplo, coloca énfasis en la importancia de la amistad para su vida.

Recuerda que los signos en el que los tres planetas exteriores caen son "generacionales" y se interpretan principalmente como las características más personales, pero las colocaciones de las casas de Urano, Neptuno y Plutón son más específicos para el individuo. Por tanto, cada planeta exterior se puede interpretar más personalmente en su casa. Quirón también es más personalizado en su casa que en su signo.

Cuando hay casas vacías o *desocupadas* siguen teniendo relevancia para la carta en su conjunto. En caso de que no haya planetas en una casa, no significa que no haya áreas relevantes en esa casa para la vida de una persona. Por ejemplo, la segunda casa, que se refiere a los recursos materiales, valores personales y la sensación de seguridad, para una persona que la tenga desocupada puede significar que para ella el punto focal no está en las posesiones, ni ello puede brindarle un sentimiento de valores o de seguridad. Es decir, no necesariamente nos está indicando las circunstancias materiales de una persona. Cuando las casas están desocupadas significa que para esa persona esos puntos de la vida no son centrales.

Algunas veces esto se puede trabajar también de otra manera, donde los asuntos de una casa vacía se llegan a convertir en una obsesión, como si se tratara de algo que debe ser llenado. Sin embargo, todo esto debe ser visto en la carta en su conjunto, o si ambos conceptos se han experimentado en diferentes periodos de la vida.

División de las casas

Al igual que los signos, las casas tienen diferentes métodos para ayudarte a entenderlas, que puedes aprenderte de memoria en un primer momento. Cada casa tiene su propio significado original, el cual puede ser modificado de acuerdo con cada carta particular dependiendo de los planetas y los signos.

La base del significado de cada casa está conectada con el orden natural de los signos zodiacales. Para ilustrar esto: la cúspide de la primera casa siempre será ascendente en la carta, y tiene una conexión "natural" con los signos, empezando con Aries, que es el primer signo. Visto de esta manera, la primera casa de cualquier carta tiene la naturaleza de Aries, es cardenal y es fuego.

Esto es entonces cubierto, en una interpretación, con el actual ascendente de la carta en cuestión. La Astrología tiene que ver con mezclar los diferentes conjuntos de información y ponerlos juntos. Por ejemplo, detrás de una interpretación de Cáncer en ascenso, en el estudio de la carta natal está la calidad natural de Aries en cada una de las primeras casas —lo cual sugiere un nuevo inicio, encontrarse con la vida y seguir de frente—. Esto es modificado por el acuoso Cáncer en la carta de Celeste, ya que es un signo más tranquilo y sensible que trata de diferente manera las situaciones nuevas y no se encuentra mucho con la vida ni va de frente, más bien se va por las banquetas, como los cangrejos.

La segunda casa tiene la naturaleza de Tauro y es fija y de tierra, la tercera es Géminis, mutable y de aire, y así sucesivamente. El signo actual que está en la cúspide modifica el significado original de la casa.

Es importante darse cuenta de que las casas y los signos no son lo mismo. Hay una conexión, como ya se ha señalado, entre la manera en que la energía de los planetas es expresada (en su signo) y el lugar donde expresas lo que pasa en tu vida (en su casa).

En la práctica, las casas a menudo se preocupan por las circunstancias externas más que los signos. Sin embargo, el enfoque psicológico de la Astrología moderna percibe experiencias internas y externas como dos caras de la misma energía: como es adentro, es afuera (como es arriba, es abajo). Por ejemplo, el signo de Géminis trata de obtener información, comunicar y desarrollar su mente racional, mientras que en la tercera casa nos muestra su experiencia en la escolarización temprana —donde tú desarrollas la mente— al igual que tus relaciones con tus hermanos y vecinos en el área local. Mira la tabla de los signos naturales y las casas para facilitar la consulta.

Regencias de las casas

Hay otra forma muy particular de llegar a una interpretación profunda de cada casa, haya o no haya planetas. Cada casa tiene uno o dos planetas regentes. Ese es el planeta o los planetas que rigen ese signo en la cúspide del inicio de cada casa. Esto tiene un uso particular para las casa desocupadas, ya que provee ayuda con su información adicional.

En el estudio de la carta el signo de la cúspide de la desocupada octava casa es Acuario, y los que rigen a Acuario son Saturno y Urano. La octava casa de Celeste —la casa que tiene una conexión natural con Escorpión para todos— tiene una capa de Acuario en su carta, lo que nos indica que es mucho menos intensa emocionalmente que Escorpión. La octava casa está a punto de cumplir con las necesidades emocionales profundas, pero es probable que experimente la claridad de Acuario en el pensamiento y que le dé un poco de perspectiva a sus pasiones.

Los signos naturales y sus casas													
Casa	1	2	3	4	5	6	7	8	9	10	11	12
Signo	AR	TA	GE	CAN	LE	VI	LI	SC	SAG	CAP	AQ	PI
	♈	♉	♊	♋	♌	♍	♎	♏	♐	♑	♒	♓
Planeta Regente	♂	♀	☿	☽	☉	☿	♀	♂/♃	♃	♄	♄/♅	♃/♆
Elemento	F	E	A	W	F	E	A	W	F	E	A	W
Modo	C	F	M	C	F	M	C	F	M	C	F	M

La propuesta principal de esta tabla es recapitular sobre los signos naturales y los planetas regentes de los signos relativos a cada casa, más un recordatorio de los elementos (F = Fuego, E = Tierra, A = Aire, W = Agua) y modo (C = Cardenal, F = Fijo, M = Mutable) de cada signo para ayudarte a entender el significado original de cada casa.

Pero el signo actual en la cúspide de cada carta —y su regente— es lo que se usa para la interpretación individual, como el ejemplo de la octava casa que pusimos con anterioridad.

Las regencias en general son muy importantes en la Astrología natal. Tan es así, que se requiere un capítulo dedicado sólo para ellas, por lo que no se tratará más a profundidad en este capítulo. Hay otros métodos para ver las casas y la carta en su totalidad. Estos asumirán mayor importancia después, cuando nos fijemos en equilibrios y desequilibrios, en el camino a una interpretación completa de la carta.

Signos, casas y cúspides

Los siguientes párrafos tratan con un punto en común de confusión: la diferencia entre la posición de las cúspides de los signos y la posición de las cúspides de las casas, en cualquier carta. Un poco de Astronomía sencilla debe aclarar o resumir lo que cada uno es:

- Los signos están divididos en una eclíptica de doce porciones iguales de 30°, al igual que las órbitas de la Tierra alrededor del Sol en un año —o tal como se utiliza en la Astrología, la órbita aparente del Sol a través de cada signo, como se ve desde la Tierra.
- Las casas están basadas sobre la rotación de la Tierra sobre su eje en 24 horas, a través de todos los signos. Contando en sentido contrario a las manecillas del reloj, desde el ascendente, el espacio es entonces dividido en doce segmentos, que son las casas. El signo ascendente en el horizonte al nacer es el ascendente, como la casa cúspide 1, con la numeración de las casas continua alrededor de la carta para 12.
- La posición espacial de los planetas en los signos y las casas están marcadas y la carta natal está configurada.

Puedes ver desde aquí que la base de los signos y las casas no es la misma.

Usando la carta de Celeste sigue las líneas de división de casas numeradas alrededor de la carta. Verás que las cúspides de las casas están en el mismo grado y minuto que el ascendente. Estas son las divisiones de la casa y no son las mismas que las divisiones de signo en el círculo exterior, lo cual comenzó a 0°. El ascendente de Celeste está en Cáncer 20° 16'. Esto es el mismo grado y minuto que la cúspide de la segunda casa, la cual está en Leo 20° 16', y así sucesivamente ronda todas las casas. Cada casa empieza en el mismo grado y minuto. La única ocasión en que la cúspide del signo y de la casa coinciden es si la carta tiene un ascendente de 0 grados (0°) de signo, lo cual, por supuesto, puede ocurrir. La siguiente representación de una sección de un estudio de la carta nos mostrará lo que estoy diciendo:

Hay un punto más que con frecuencia causa dificultades: los planetas pueden estar en la misma casa, pero en signos adyacentes. Por ejemplo, en el estudio de la carta de la sexta casa hay tres planetas que se ven muy cerca uno del otro: Saturno, Urano y Neptuno. Si miras los símbolos de los signos zodiacales insertados junto a cada planeta verás que Saturno y Urano están cerca del final de Sagitario, pero

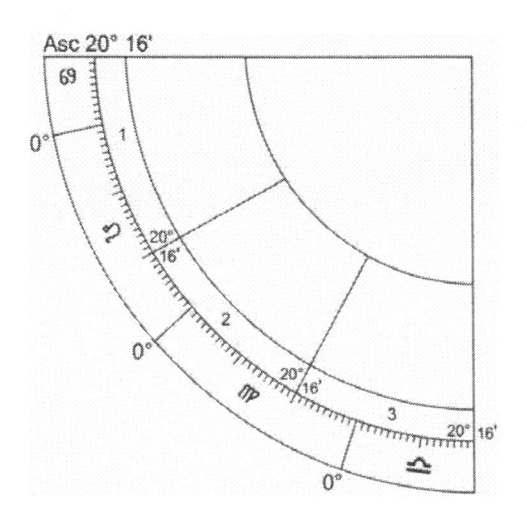

Casa y signos cúspide

Neptuno está cercano al siguiente signo, que es Capricornio 8° 33'. Si miras el círculo exterior del círculo verás que el signo ha cambiado. Lo mismo ocurre en muchas casas en la carta de Celeste.

La enredada cuestión de los sistemas de casas

Hay diferentes formas de calcular un número de casa en la era moderna. A esto es a lo que llamamos "sistemas de casas". Los cálculos de éstos se basan en diversas divisiones de tiempo o en el espacio. Hay argumentos a favor y en contra de usar un sistema sobre otro. Esta es una de esas áreas controversiales de la Astrología, en la cual los astrólogos no han llegado a un acuerdo y han permitido que se use de acuerdo con la experiencia personal y las elecciones individuales.

Yo he usado el "sistema de casas iguales" en este libro, porque habiendo experimentado con otros sistemas éste es el que más uso y el que más me gusta. Como su nombre lo señala, el sistema de casas iguales divide el espacio igualmente en doce casas de 30° grados de largo, no importa dónde fue tu lugar de nacimiento en la Tierra. Al usar otro sistema a menudo alguno de los planetas en la carta cambia la posición de la casa, así como las casas en estos sistemas varían en tamaño.

Otros dos sistemas que se usan frecuentemente y de los que escucharás hablar son: Placidus y Koch; ambos usan el sistema de cuadrantes. En un sistema de casa de cuadrantes el MC y el IC siempre caen en la cúspide de la décima y cuarta casa, respectivamente. En el sistema de casas iguales estos ángulos a menudo caen en otro lugar. En la carta de Celeste, por ejemplo, el eje del MC-IC cae a través de la novena y tercera casas. Echa un vistazo a tu carta y revisa en qué casas caen el MC-IC.

Con esta experiencia podrías experimentar con otros sistemas de casas, pero sugiero que para mayor claridad utilices el sistema de casas iguales mientras estudias este libro. La interpretación del eje del MC-IC nos da una pequeña dimensión extra de las casas en las cuales cae, especialmente si es fuera de la décima y la cuarta. Puedes tomar en cuenta las casas donde se coloca este eje, que se sumarán a su interpretación.

Sin embargo, lo que es importante es el significado de cada casa y los planetas en las casas dentro del sistema de casas iguales, así que no tengo intención de profundizar en esta cuestión compleja, porque prefiero que nos enfoquemos en las interpretaciones.

Los astrólogos no son conocidos por su conformidad, ¡incluso dentro de su propio arte!

Los cuatro ángulos

El ascendente y descendente son polos opuestos en el mismo eje, en todo el horizonte de la carta. El MC-IC también crea un eje a través de la carta de sur a norte. Esencialmente, el ascendente-descendente te describe a ti y a tus relaciones, cómo te ven los demás, mientras que el MC-IC representa tu vida exterior e interior, tu yo público y privado. Una forma de ver el MC-IC es imaginarlo como uno de los ejes de tu vida personal. El IC alcanza simbólicamente el fondo de la Tierra y da las bases para lo que eres. El MC alcanza hasta al espacio infinito, toca el corazón de lo que puedes llegar a ser.

He dado ejemplos de signos diferentes en los cuatro ángulos. También hay ejemplos de planetas debajo de todas las casas, incluyendo los planetas exteriores. Cómo interpretar los planetas en las casas se estudiará con mayor profundidad en capítulos posteriores.

Ascendente, también conocido como signo ascendente

• Cómo conoces la vida, cómo conoces el mundo

El signo en el ascendente tiene una importancia global en la carta. Simboliza la primera impresión que tienes de los otros o el enfoque inicial que habitualmente tienes ante una nueva situación. Es lo inmediatamente visible acerca de las cualidades de una persona, una idea de quién es por su apariencia física; sin embargo, esto no siempre es instantáneamente obvio.

Acerca de la primera apariencia del ser, el ascendente puede indicar algo acerca de las condiciones de su nacimiento, que puede influir inconscientemente con sus formas de lidiar con situaciones desconocidas. En el signo ascendente se describen algunas de las formas en las que te expresas y cómo te acercas a los demás. Una persona con ascendente en Leo, por ejemplo, puede acercarse de una forma entusiasta y agradable; en cambio, alguien con ascendente en Virgo puede mostrarse limitado y tímido. El ascendente puede ser como "la puerta de tu casa": la puerta nos da una indicación de la apariencia exterior, pero no necesariamente revela el contenido, aunque sea una parte de la casa. Se puede decir que esa es la imagen pública, con la que se interactúa con el mundo de una manera determinada. Conocer los signos es importante para entender el ascendente. En la carta de estudio el signo ascendente es Cáncer, que llegará a los otros de manera sensible y cuidadosa.

Descendente

• Relaciones con los otros, atracciones

Sin importar el signo ascendente, lógicamente el opuesto es el signo descendente en el círculo zodiacal, sobre la séptima casa cúspide. El signo descendente está establecido por debajo del horizonte. Este ángulo nos habla de la gente que atraes, el tipo de personas que se sienten atraídos por ti y tus interacciones con ellas. Por convención, el ángulo que suele hacer referencia a las interpretaciones de este eje es el ascendente, pero es importante recordar que el descendente siempre está presente también. En el estudio de la carta que hemos usado de ejemplo Capricornio es el descendente y eso indica que es probable sentir una atracción fuerte por la gente responsable.

El signo descendente describe tu experiencia personal con tus amigos más cercanos, compañeros —profesionales o personales— o tu cónyuge o alguna otra relación cercana que hayas tenido en la vida. Esto puede incluir a tus oponentes. Inconscientemente has tenido experiencias a través de tus relaciones con los otros. El signo de tu descendente puede o no describir el signo solar de una pareja o cónyuge, pero es probable que esa persona encarne las cualidades del signo de esa persona de alguna manera.

Para darte un ejemplo de parejas, si Acuario es el signo descendente (Leo es el ascendente) esta persona podría atraer a gente no convencional o radicales; el ascendente en Virgo tendrá a Piscis en el descendente y se puede sentir atraído por aquellos que necesitan ayuda o quieren ser rescatados de alguna forma, o tal vez tiene a músicos o actores entre sus amigos.

MC (Medium Coeli); también se refiere al Midheaven (en medio del cielo)

• Carrera, dirección, imagen pública

El MC habla de tu relación con el mundo exterior, tu "imagen pública". También nos indica las ocupaciones que puedes escoger o qué es lo que te gustaría conocer. Tu dirección y aspiraciones profesionales se muestran aquí, aunque otras partes de la carta también tienen relevancia. Tauro en el MC indica que alguien está determinado a tener logros materialmente, de manera que probablemente está determinado a trabajar duro; un Géminis en medio del cielo sugiere un trabajo que implica el sentido de la palabra escrita o hablada, una persona para quien la comunicación es la llave de la vida.

La cara con la que te muestras al mundo normalmente no es la misma que tienes en la vida privada. Si estás inseguro de ello piensa cómo te comportas frente a un maestro o un jefe, o en una entrevista de trabajo; es exactamente lo opuesto a la forma en que te comportas cuando estás en casa.

El punto denominado "mitad del cielo" también revela tu percepción y experiencia respecto a uno o dos de tus padres —lo cual no es necesariamente indispensable, aunque sí ocurre la mayoría de las veces—. El MC usualmente llega a representar la experiencia con tu madre o el significado de alguna mujer en tu carrera o en tu infancia. El MC en la carta de estudio está en Aries.

IC (Imum Coeli) o "fondo del cielo"

- Vida personal, herencia, seguridad emocional

Como es el descendente al ascendente, el IC es al MC: es lo opuesto al final del eje, directamente opuesto al MC. Esto no siempre se marca en el estudio hecho en alguna computadora, por lo que puede ser fácil olvidarse del IC. Si este es el caso de cualquier carta, sugiero que la dibujes a mano en una copia impresa. En el estudio de la carta el IC está en Libra a 0º 51' y cae en la carta en la tercera casa, directamente opuesto al MC en la novena casa. (Ilustrado en el Capítulo 2, en la página 36).

El IC habla de tu vida personal y tu herencia ancestral. Este punto sensible de la carta muestra la experiencia de tu infancia, la que es privada y con frecuencia inconsciente; cómo afectaron las ideas que había en tu familia con respecto a la familia que tú quieres o lo que es para ti el ideal de familia. Hayas conocido o no a tus abuelos, o hayas echado o no un vistazo a tu árbol genealógico, las influencias que tienes del pasado son una parte importante de quién eres y de quién puedes llegar a ser. El MC en Tauro significa que el IC está en Escorpión. Esto sugiere un interés natural en la investigación del pasado o de un secreto en la familia, o bien en zonas ocultas de la infancia. Sagitario sobre el IC con Géminis en MC indica un desarrollo temprano de la libertad y pocas restricciones; ¡y probablemente que hubiera pocos guías! Quizá la familia viajaba o se movía demasiado durante esas edades tempranas en estas personas.

El signo y la casa del IC expresan qué es lo que te hace sentir alimentado y seguro, lo cual afecta la única dirección de la vida mostrada por el MC. El IC también describe tu percepción de uno de los padres, normalmente es el padre. Incluso, si te tocó jugar el rol de alguno de los padres en la familia, puede representar tu fantasía o la impresión que te causó ese padre ausente.

Las casas, de la 1 a la 12

Las primeras seis representan tu desarrollo personal, las segundas seis representan el desarrollo de nuestras relaciones con los otros y con el mundo. Se muestran dos ejemplos de planetas en cada casa.

Primera casa
Casa natural de Aries. Regente natural: Marte. Casa cardenal de fuego.

- Visión personal, apariencia, la primera impresión que das, visión hacia lo nuevo.

La primera casa en realidad es una extensión del ascendente. Además del significado descrito alrededor del ascendente, la primera casa nos muestra cómo inicias tu aventura en la vida, después de tu nacimiento. Cada nueva fase en tu vida es conocida con ciertas actitudes o expectativas, muchas de ellas inconscientes, incluso desde la imagen de cómo serás. Este enfoque puede ir madurando al igual que tú. Si puedes imaginar cómo eras antes de que nacieras, cuando flotabas en el oscuro vientre de tu madre —antes de que tuvieras una separación de identidad o tuvieras la responsabilidad de ser tú mismo—, entonces la primera casa nos muestra la forma en la cual empiezas a desarrollar una separación de identidad después de tu nacimiento.

Una forma de percibir la vida es verla como una aventura de descubrimiento alrededor del mundo que había antes de que nacieras. El ascendente y la primera casa nos muestran la forma en la cual te embarcaste en ese viaje. Tal vez recuerdes que la posición del Sol por signo, en la carta, nos habla del desarrollo de la identidad individual. La diferencia entre el Sol y el ascendente es que el Sol nos muestra la lucha por convertirte en alguien, encarna la parte individual que eres, en tanto que el ascendente nos muestra cómo enfocas esta búsqueda. Aquí también verás cómo tienden a identificarse con su signo ascendente, así como con su proyecto en el mundo, y es intrínseco a su personalidad.

La apariencia de tu cara, cuerpo y estructura ósea, al igual que tu postura y la forma en que te mueves se muestran en la primera casa y en el signo ascendente. Tu "apariencia" también pertenece a la primera casa, la imagen personal que te creaste. De manera extrema, es posible que tengas un total desprecio por tu apariencia. En el otro extremo es posible que escojas hacerte una cirugía facial para alterar tu imagen. De entre estos dos extremos puedes tener una conciencia de cómo te ves, o tal vez periódicamente puedes reinventarte.

Aquí los planetas generalmente indican una tendencia a iniciar las cosas y actuar subjetivamente, como una alineación con la casa natural de Aries. Esto dependerá de qué planetas ocupan la primera casa, ya que pueden ser diferentes. Marte en la primera casa es de fuego, ya que como hemos dicho los planetas pueden modificar el significado de la primera casa.

Venus en la primera casa usualmente es gracioso y con encanto, y es capaz de hablar con otros acerca de su punto de vista. Aquí a Venus le gusta ser el mejor y escogerá sus ropas y accesorios con cuidado.

Saturno en la primera casa es serio, tiene un fuerte sentido de responsabilidad, y se puede sentir incómodo si está muy expuesto. Es poco probable que Saturno se impulse a sí mismo hacia adelante, especialmente si en la juventud es reservado.

Segunda casa
Casa natural de Tauro. Regente natural: Venus. Casa fija de tierra.

- Valores personales, seguridad material, posesiones y dinero, conciencia corporal, habilidades prácticas, deseos y apegos.

Viendo las casas como una progresión de crecimiento, con la segunda casa desarrollas un sentido de pertenencia. Como un bebé que crece, te diste cuenta de que tenías un cuerpo que te pertenecía y este cuerpo definió tu separación. Este es un descubrimiento perturbador y de alguna forma es tu sentido inconsciente de estabilidad y seguridad, con base en la experiencia de ser parte de tu madre. Darse cuenta de un deseo de poseer cosas que puedas llamar como tuyas te restaurará el sentimiento de estabilidad. De hecho, esto no es sólo en el cuerpo físico, que es tuyo, sino también en todas tus pertenencias, desde los juguetes de tu infancia hasta lo último que adquiriste, que puede ser tu celular, desde tu primera casa hasta alguna inversión, y así sucesivamente.

A medida que creces tus deseos y accesorios —o la falta de ellos, objetos o personas—, incluyendo los que perviven o no provocan una tendencia a ser posesivo, y esto se muestra en la segunda casa. Posesiones, habilidades, personas o experiencias pueden ser llevadas dentro de la vida por la energía pura y tu deseo por ellos; sin embargo, tu objetivo no siempre puede ser percibido. La forma en la que cuidas tu cuerpo pertenece a esta casa, aunque otras casas también son relevantes para tu salud y bienestar.

La segunda casa muestra tus valores en todos los sentidos, incluyendo tu relación con el dinero y su rol en tu vida. Nuestra seguridad basada en valores materiales, incluyendo la adquisición de dinero o cualquier cosa en la que elijamos gastar; la falta de fondos suficientes para darle color a toda la vida. Aunque tus valores personales, basados en tus valores materiales, son la base de tu personalidad, tu puedes valorar honestamente si eres autosuficiente u honrado —o si tienes cualesquiera otras cualidades o actitudes—, lo cual debe reflejarse conforme vayas creciendo y adquiriendo madurez.

Tus fuentes personales también se muestran aquí, aquellas cualidades que ayudan a mejorar tu sentido de autoestima y de seguridad interior como individuo.

Tú tienes fuentes naturales que provienen de ti: cualidades como bondad, coraje, habilidad para organizar, don para sanar, talento para arreglar las cosas... La baja autoestima puede ser un gran obstáculo para reconocer tus habilidades innatas. Obtener el conocimiento de tu carta natal te puede ayudar a identificar tus talentos personales y habilidades, así como a desarrollarlos. Esto puede ayudarte a resolver lo que pasa dentro de ti y a sentirte seguro —no siempre es una tarea fácil, pero vale la pena intentarlo.

Neptuno en la segunda casa con frecuencia no está preocupado por las cuestiones materiales ni por las necesidades físicas, más bien se preocupa por el interior, posiblemente por lo espiritual, lo que significa encontrar seguridad. Esta persona puede experimentar altas y bajas financieras o de circunstancias materiales a lo largo de toda su vida.

Júpiter en la segunda casa disfruta tener dinero y posesiones y probablemente es generoso. Aquí está el amor de Júpiter a la buena vida; sin embargo, puede resultar en una sobreexpansión de lo físico y lo material.

Tercera casa
Casa natural de Géminis. Regente natural: Mercurio. Casa mutable de aire.

- Aprendizaje temprano, estudios, habilidades de comunicación, tipo de mentalidad, hermanos, vecinos, localidad, pequeñas aventuras.

Al haber llegado la conciencia de tener un cuerpo, la siguiente etapa de un niño es aprender a caminar y a hablar el lenguaje de la familia. El tipo de mentalidad y la temprana coordinación física es lo que aprendes a desarrollar en tu infancia temprana. La tercera casa muestra las diferentes formas en las cuales te comunicas, tanto verbal como a través del lenguaje del cuerpo. Tradicionalmente esta casa es conocida como la casa de la mente racional, o la del cerebro izquierdo, como el opuesto a lo abstracto a la mente intuitiva, el cerebro derecho, que pertenece a la casa opuesta, que es la novena. Tu tercera casa indica las maneras en las cuales de forma natural utilizas tu mente racional, incluyendo tu capacidad de análisis, el pensamiento lógico, el cual llega mucho más fácil que otros.

Las experiencias aprendidas en la guardería, la primaria y la secundaria, así como en la localidad en la que creciste, van a formar parte del desarrollo de tu mentalidad. Es por eso que será durante este periodo donde se formará tu mente pensante, extendida o enfocada. Temas o ideas que despiertan tu interés desde temprana edad pueden ser desarrollados a lo largo de tu vida o llegar a ser parte de tu trabajo. Tu participación en el área donde creciste y los pequeños viajes que hiciste alrededor de ese lugar son un indicativo de cómo te sientes en el lugar donde vives en la edad adulta.

En esta casa las tempranas relaciones entre tú y los otros, hermanos o hermanas, son mostradas, pero esto se desarrollará años después. La percepción subjetiva también dependerá del lugar que ocupes en tu familia. Tal vez, especialmente para un niño, los amigos de la infancia también son base de su aprendizaje en la socialización, que será como la apliquen en la edad adulta; incluso el tipo de amigos que tenemos en la edad adulta pueden llegar a parecerse a los compañeros de juegos de la infancia.

Es común para las personas creer que la forma de pensar es individual. Nosotros creamos nuestro yo mental desde nuestro mundo, el cual percibimos, y esto incluye nuestros pensamientos, que son diferentes para cada uno. Esto puede ayudarnos a recordar cómo piensa la gente de forma diferente en otras culturas o en otros periodos de tiempo. Algunos patrones de pensamiento y habla pueden ser difícilmente neutralizados —aunque no es imposible—. ¡La mente pensante de Géminis vinculada en la tercera casa puede ser flexible!

Quirón en la tercera casa sugiere la posibilidad de pruebas tempranas con la comunicación, en la escuela o con los hermanos. Puede haber un sentido de ser diferente de alguna forma en actualidad. Algunos malos entendidos pueden ser resueltos con discusiones francas.

La Luna en la tercera casa tiene necesidad de conocer, tiende a preguntar cosas. Es inquisitiva, de mente curiosa, ¡incluso una chismosa! Aquí la Luna habla mucho con frecuencia y ama todas las opiniones personales del aire.

Cuarta casa
Casa natural de Cáncer. Regente natural: Luna. Casa cardenal de agua.

- Orígenes culturales y familiares, influencias del hogar en la infancia, experiencia del padre, privacidad, vida emocional interna.

Todas las casas de agua tienen una profunda complejidad, al igual que tus emociones. La cuarta casa, como la casa natural de Cáncer, es particularmente personal, está en la base del estudio y simboliza el ciclo de nuestras vidas, desde el inicio hasta el final. Revela el desarrollo de tu vida emocional desde que eres niño, ya que esa es la base, y es donde se encuentran todas tus inclinaciones; pero no sólo en eso, sino en el tipo de familia que tuviste. Cualquier cosa que llegue a ti de tu familia o esté ligada a ella, o la distancia que hayas tenido de ella, física o emocionalmente, en tu pasado influenció en la formación de tus necesidades emocionales y reacciones. Aquí hay repercusiones con el IC, incluso si no cae en esta casa. Un IC en la cuarta casa coloca un énfasis particular aquí, incluso si estuviera desocupada.

Los planetas en la cuarta casa, o el signo en la cúspide, nos indican la forma en que ves tu paz interior, escapando o retirándose de tu mundo privado, lo que sea que esté pasando afuera. Esto puede ser más o menos importante dependiendo de los diferentes periodos de tu vida. Tu sentido de seguridad emocional puede depender en gran parte de qué tan a gusto te sientas por dentro o qué tanto te sientes parte de las circunstancias que te ocurren.

El orden en tu hogar o tu vida familiar, o el esfuerzo por encontrarlo, al igual que un adulto, también se indica aquí, incluyendo tu influencia del pasado o tu actitud para tener una propiedad o tierra en la vida. Qué tan importante es para ti entender tus antecedentes, desde dónde vienes o investigar quiénes son tus ancestros se muestran en esta casa; una cuarta casa ocupada puede indicarnos interés por la historia en general.

Esta casa también refleja la esencia de tus relaciones y la experiencia con tu padre. Tal vez él tuvo una influencia muy importante para ti durante la infancia o no era muy evidente, es decir, estaba ausente —sin embargo, el niño que hay en ti siempre buscará a su padre o al ideal de padre, ya que forma parte de tu seguridad emocional.

Aprender que para nosotros son valiosas nuestras experiencias pasadas también es un potencial de la cuarta casa.

Mercurio en la cuarta casa nos muestra los antecedentes familiares, donde la educación o discusiones fueron valoradas. Esta es una consideración ubicada en Mercurio, ya que nos muestra quién se inclina a reflexionar sus experiencias.

Urano en la cuarta casa nos indica experiencias de perturbaciones o entusiasmo en el ambiente familiar, uno de los padres es diferente o con alguna ocupación técnica; se posee algún rasgo rebelde o independiente en la personalidad desde una edad temprana, o todas las características juntas.

Quinta casa
Casa natura de Leo. Regente natural: Sol. Casa fija de fuego.

- Expresión de sí mismo, creatividad personal, niños, infancia, apuestas, toma de riesgos, aventuras amorosas, lugares de entretenimiento, placer, fe en sí mismo.

Desde la privada y por dentro reflexiva cuarta casa emerge la energía para la quinta casa, ya que ésta es la casa de la autoexpresión. Las formas en que la gente busca su felicidad pertenecen a esta casa. Cualquier creación viene de tu energía interna o de tu inspiración y todo ello pertenece a la quinta casa. Haciendo eco de su naturaleza como signo Leo, en esta casa es donde se localiza tu experiencia en el amor espontáneo y esa falta de conciencia, usualmente expresada a corta edad, sólo por la alegría de vivir y de amar la vida.

Tu relación con tus propios niños, si es que los tienes, está indicada aquí. Esto incluye tu acercamiento a la paternidad y las formas en que te relacionas con los niños en un sentido general.

Hay muchas otras maneras, por supuesto, de dar a luz. Un artista puede dar nacimiento a una pintura, un hombre de negocios a un plan creativo, un estudiante a un proyecto. Incluso si esto requiere un esfuerzo considerable el proceso que está por debajo de esta nueva experiencia puede ser placentero en sí mismo.

La quinta casa nos muestra dónde se colocan las pasiones, desde el entusiasmo del romance hasta el descubrimiento de lo que has estado buscando, ¡lo cual puede resultar para algunas personas en encontrar lo que buscaban!

Esta casa trata esencialmente acerca de la forma de ser de cada uno, su derecho de ser único y diferente. Tu forma particular de ver el placer, que puede estar en preparar diferentes platillos en la cocina, tocar algún instrumento, salir a bailar o ir a un concierto. La quinta casa trata sobre la diversión, en dónde te sientes libre de ser tú mismo y de hacer lo que tú quieras. Qué te gusta hacer o experimentar, es decir, centrarte en lo que quieres y saber que eres especial.

En esta casa muestras la actitud que tienes frente a tareas riesgosas. El juego es una actividad de la quinta casa y para ello no hay garantías en la vida. Empezar un romance nuevo implica un riesgo, pero potencialmente tiene un gran placer. De hecho, de alguna forma todo lo que haces en la vida implica un riesgo: no hay experiencia que tenga una garantía sólida de lo que pasará. La quinta casa te invita a encontrar tu fuerza y seguir tu corazón. Es en esta casa donde puedes construir la confianza y la fe en ti mismo.

El Sol en la quinta casa sabe que él o ella son especiales, la mayor parte del tiempo y de cualquier forma. Hay una persona que naturalmente está segura de sí misma, y eso se da por la posición del Sol en esta casa. Hay un orgullo muy fuerte y en ocasiones necesitará practicar la sensibilidad. Generalmente tiene una personalidad cariñosa.

Marte en la quinta casa valora la honestidad, por muy ruda que se sea. Activo y preocupado, Marte necesita actividades físicas y es probable que disfrute de los deportes. La diversión es importante, ya que estas personas están seguras de que ésta es una parte de la vida.

Sexta casa
Casa natural de Virgo. Regente natural: Mercurio. Casa mutable de tierra.

- Actitud para trabajar y ser compañero, rutinas, deberes, obtención de resultados, detallista, pensamiento crítico, perfeccionismo, salud, servicio, destrezas, pasatiempos.

La sexta casa no es ostentosa o escandalosa. Está relacionada con los patrones de conducta o las rutinas de comportamiento en el día a día de la vida, lo cual nos da las bases para lograr acabar los objetivos. Aquí tienen lugar las actividades regulares, como tomar una ducha en la mañana, salir a caminar con el perro, darle forma a la vida o bien contenerse. Esta tal vez no es la más emocionante de las casas, pero estos temas tienen una función, efectivamente.

Esta casa de tierra está asociada con el trabajo, tiene que ver con tu trabajo más que con la profesión que elegiste, lo otro tiene que ver más con otras casas y el MC. Aquí se incluye tu interacción con tus compañeros de trabajo o clientes, quienes no necesariamente son tus amigos. Las personas que tienen ocupada la sexta casa cuentan con un fuerte sentido del deber, se quedan mucho tiempo en el trabajo hasta haber terminado todo. Su capacidad de pensamiento crítico o precisión de detalles probablemente es muy valorada por otros, tanto a manera personal como en el trabajo. Algunos pueden tener talento para las artesanías o habilidades técnicas. Es una casa de servicio, lo cual comparte con la doceava casa, aunque de diferente manera. Los servicios a los otros, de alguna u otra forma, en la sexta casa tienen un énfasis particular en el servicio práctico, la organización de la vida de manera que sirva. Los planetas en la casa natural de Virgo no son de búsqueda personal, aunque la mayoría de las personas sabe cómo hacerlo en la mayoría de las circunstancias, quienesquiera que sean, con el fin de cuidar de sí mismas.

Puede sonar más bien aburrido si no tienes planetas aquí, pero la realidad es que el significado de la sexta casa es que los objetivos generalmente son consumados y hay algo que mostrar al final del día. Esto normalmente nos trae sentimientos agradables, lo cual mejora el bienestar y la salud, otro punto importante de la sexta casa. Mantener salud en cuerpo y mente, con frecuencia por una actividad física regular y una dieta balanceada, también tienen que ver con esta casa. Esto se puede mostrar en diferentes formas; por ejemplo, no manejar o tomar un transporte público y en su lugar de caminar o ir en bicicleta cuando es posible, practicar meditación o alguna forma de curación, como si fuera un entretenimiento o un entrenamiento para el trabajo. Expresar tu yo interior en actividades regulares, de alguna forma más que una simple muestra de deberes traerá una sensación de satisfacción y estimulará tu sentido de estar en control de tu vida.

El Sol en la sexta casa es muy diferente del Sol en la quinta casa, ya que con el Sol en la sexta casa mantienen los pies en el suelo, no llaman la atención sobre sí mismos y prefieren simplemente seguir adelante con la tarea en cuestión. Tienen altos estándares de la autocrítica. Este Sol debe aprender a ser más tolerante hacia sí mismo.

Plutón en la sexta casa se enfoca a la vida, especialmente al trabajo, con una intensidad que puede bordear en lo fanático, especialmente cuando tiene fecha de entrega, pero esto le sirve de motivación. Esta persona muy probablemente tiene una constitución fuerte.

En las casas de la séptima a la doceava la carta muestra que el énfasis de la experiencia de vida emerge de tu interior al exterior. Si las primeras seis casas tratan acerca del desarrollo como individuo, las segundas seis casas tratan del desarrollo de nosotros mismos, particularmente a través de los otros y de la forma en que el mundo exterior nos afecta y cambia, lo cual hace eco a través de la rueda zodiacal en cada una de las seis casas que se encuentran frente a frente. Cada par de casas trae dos lados diferentes de un tema relacionado o similar.

Séptima casa
Casa natural de Libra. Regente natural: Venus. Casa cardenal de aire.

- Relación uno a uno, asociación, matrimonio, dar y recibir amor, enemigos conocidos, oponentes.

Se extiende directamente enfrente de la primera casa. La séptima casa habla sobre tu desarrollo a través de los otros. La cúspide de la séptima casa también es el descendente y la casa natural de Libra con el énfasis en las relaciones. En ocasiones hace referencia al matrimonio o las relaciones románticas, aunque no sólo trata de eso, sino de todos los tipos de significado en las relaciones uno a uno. A ella pertenecen las relaciones con amigos cercanos, compañeros de trabajo, terapistas, y así sucesivamente. Esta casa se enfoca en las asociaciones a largo plazo, más allá de los encuentros pasajeros; éstos pertenecen a la quinta casa, pues para muchas personas no son lo mismo que una relación de compromiso o matrimonio.

Las relaciones son realmente importantes para la mayoría de personas pero, ¿por qué nos sentimos más atraídos por unas personas que por otras? Una respuesta es que te sientes atraído frecuentemente por quienes tienen cualidades que no experimentas fácilmente en ti mismo, cualquiera que admires o te disguste de la otra persona. Puede ser cualquier cualidad de personalidad o habilidades que sean difíciles de expresar, de alguna forma la vida parece traernos a las personas que necesitamos conocer. Un psicólogo podría decir que tendemos a proyectar en los demás cualidades que inconscientemente rechazamos en nosotros mismos, que es tal vez una de las razones del por qué el enamoramiento es tan poderoso. Como lo mostramos en este simple ejemplo: si tienes a Cáncer en la séptima casa (descendente), es posible que no se den cuenta completamente del tipo de persona que eres o simplemente tiendas a ser descartado. O puedes encarnar la participación de una persona muy agradable y tomar conciencia de cómo se manifiesta esto en tu vida.

Cada signo zodiacal debe ser o muy atractivo o poco atractivo para su signo opuesto, o ambos. Los oponentes, e incluso los enemigos conocidos, en ocasiones pueden ser parte de tu séptima casa, especialmente si tienes un momento de disgusto con alguien. Los planetas en la séptima casa son más complejos e interesantes. Como alguna vez un sabio dijo: "Nuestras relaciones con los otros no nos dan la felicidad, pero nos ayudan a crecer".

Esto aplica también para la amistad. Un amigo verdadero no sólo comparte contigo tus altas y tus bajas, también puedes sentir que tienes derecho a señalar sus defectos, así como fomentar su capacidad. Esto no siempre es bienvenido, pero te puede hacer pensar en ello.

Venus en la séptima casa es fuerte en su casa natural e indica que tú, probablemente, eres popular. Tal vez prefieres trabajar y vivir con otros o con algún compañero, más que contigo mismo. Te sientes atraído por la gente atractiva y creativa, quienes te inspiran.

Júpiter en la séptima casa con frecuencia trae gente y experiencias dentro de tu vida que pueden expandir tu conocimiento o mostrarte algo nuevo. Le gustan las personas con antecedentes o cultura muy diferentes.

Octava casa
Casa natural de Escorpión. Regentes naturales: Marte y Plutón. Casa fija de agua.

- Conexiones profundas, sexualidad, poder y control, muerte y renacimiento, secretos, temas ocultos, investigación, finanzas conjuntas, herencia.

Habrás escuchado que la octava casa, la casa natural de Escorpión, ha sido sorprendentemente llamada "la casa de la muerte y del sexo". Estos temas verdaderamente profundos son una parte importante del significado de la acuosa octava casa. Esta casa te trae experiencias que potencialmente te transforman desde adentro o alteran la dirección de tu vida, pero no es una constante básica. Alguna persona con planetas en la octava casa podría encontrar pinceladas de muerte, tal vez, en una etapa temprana en la vida. La octava casa nos habla del lado oscuro de la vida, algo así como "el alma" de las relaciones y los sentimientos apasionados, o la sexualidad como un canal a través del cual se pierde temporalmente la individualidad mediante la fusión con otra persona. Los planetas en la octava casa tratan sobre los placeres intensos; se pueden encontrar asuntos sexuales de ocasión, en última instancia insatisfactorios, aunque bien puedes experimentar con ellos.

Algunas de las experiencias adultas en la profundidad pueden llevar enojo reprimido desde la primera infancia y se muestran en la superficie. Con un énfasis en la octava casa puedes llegar a enfrentar cualquier circunstancia por tu capacidad de autocontrol. La percepción sobre temas sin resolver, especialmente en relación con el poder y el control, puede traernos oportunidades de aceptación y renovación si las dificultades o pérdidas pueden ser enfrentadas y asimiladas.

En las profundidades de esta casa todos los tipos de secretos pueden ser escondidos —todos los esqueletos guardados en el armario—; si no tienes esqueletos que te inquietan, entonces eres una persona rara. Para algunos esto es como si su destino se entrelazara con experiencias duras. Es como llegar a un punto más fino que te llevará a una parte más profunda de tu ser interno. Tal vez es por esto que muchos se encuentran ocupados en la octava casa y se sienten atraídos por las investigaciones, la psicología y el ocultismo, o por expresar su grave preocupación por los asuntos de la Tierra.

La octava casa es opuesta a la segunda casa. También tiene que ver con las finanzas. No sólo de ti mismo, como en la segunda casa, pero nos habla del rol que juega el dinero entre tú y los otros, especialmente con los compañeros románticos o de negocios. Todo lo financiero es regido por esta casa, desde los impuestos hasta las herencias. El dinero puede llegar a parecer un símbolo de todo a lo que le das valor a tu interior. La confianza en tí mismo, el valor o la construcción de la fortaleza para soportar las tormentas se pondrán a prueba en la octava casa.

La Luna en la octava casa siente todo de manera intensa, pero es una persona que tiende a mantener los sentimientos personales dentro de sí, y es muy bueno guardando secretos. Esta disposición necesita estar en contra de los sentimientos de dominación, ya que con frecuencia se presenta con un amigo o un amante al que se le tiene profundo cariño.

Venus en la octava casa puede ser sujeto de pasiones conflictivas, especialmente si la persona tiene inseguridades emocionales. Estas pueden ir desde los celos hasta sentimientos de poder en las relaciones o en asuntos financieros. Construir tu propia seguridad interna tienen un efecto de calma, lo cual no siempre es fácil de lograr, pero ciertamente no es imposible.

Novena casa
Casa natural de Sagitario. Regente natural: Júpiter. Casa mutable de fuego.

- Religión, lugares de culto, lugares de educación superior, de ley o política, destinos lejanos, la aventura de la vida.

En la novena casa hay una elevación tangible de los espíritus. Los pensamientos de gran alcance son reflejados por esta casa natural de Sagitario, ya que son más filosóficos y profundamente emocionales. El interés de esta casa está concentrado en la búsqueda de la visión dentro del mundo del trabajo y dentro de la aventura de la vida de sí mismo. Todo tipo de experiencias pueden ser deseadas por este intrépido viajero de la carretera de la vida. Esta casa también incluye algunas indicaciones de las ocupaciones.

Los planetas aquí sugieren que las áreas de vida de la novena casa pueden ser de interés. Algunos de los que tienen los planetas en la novena casa pueden tener trabajos que se hacen "adentro", o de otra forma, universidad, centros de educación para adultos, instituciones religiosas, un publicista viajero, un hombre de negocios o trabajador en departamentos gubernamentales. Cualquier tema que expanda tus horizontes, incluyendo los ideales o principios de la ley o la política, llega a ser foco de tu atención en diferentes tiempos de tu vida.

Un amplio conocimiento del mundo y su lugar en él puede indicar un interés apasionado por explorar, para hacer viajes a través de continentes en busca de aventuras. La educación superior también se considera de gran importancia si esta casa está ocupada. Un placer ubicado en la novena casa es debatir temas significativos con otros, así como las actitudes hacia la espiritualidad o las diferentes percepciones o propósitos en la vida. Esta casa mutable se abre a muchos tonos de opinión y a exponer filosofías por horas. Todo eso se puede anexar a la novena casa del conocimiento.

Quienes tienen ocupada la novena casa pueden dedicar mucho tiempo a reflexionar sobre lo que es la vida —o sobre una experiencia reciente—, lo que realmente significa. Mientras que la tercera casa muestra talento para burlarse de los detalles de las situaciones, la novena casa constantemente regresa para ver las cosas en un panorama más amplio, lo cual puede ser un trabajo duro para quienes quieren discutir situaciones específicas con una persona de la novena casa.

Hay un espíritu de generosidad y afecto por la familia, que suele ser importante para la gente de la novena casa, aunque a menudo están demasiado ocupados en mantener un contacto regular. Las relaciones con sus compañeros, parientes o la familia política tradicionalmente son asociadas a la novena casa. El concepto del sabio o sacerdote viajero de los primeros tiempos puede tener un gran atractivo para algunas personas que tengan planetas aquí. Esto podría extenderse al proyecto de la aventura espiritual del descubrimiento, o a un periodo en que se ha vivido en un país diferente.

Plutón en la novena casa nos trae pensamientos filosóficos profundos, lo que puede conducir a importantes realizaciones. A pesar de que esta persona tiene principios muy fuertes, es posible que puedan ser completamente volcados en algún punto de su vida individual.

Saturno en la novena casa puede cuestionar la idea del significado de la vida. Esto llega a ser un tema de interés y Saturno aquí puede escoger para investigar diferentes creencias con la rigurosidad típica. Es posible que él o ella lleguen a la conclusión de que un sistema de creencias específico tiene sentido, o de que la vida no tiene ningún propósito en absoluto.

Décima casa
Casa natural de Capricornio. Regente natural: Saturno. Casa Cardenal de tierra.

- Ocupaciones, profesión, dirección, estatus, imagen pública, reputación, experiencia de la madre, actitud para la autoridad.

La décima casa está en lo más alto de la carta y representa tus más grandes ambiciones en este mundo, junto con tu carrera, opciones de vida, ingreso deseado y estatus social. Hay un vínculo fuerte con el MC, especialmente si el MC está en el mismo signo, en la cúspide de la décima casa, cualquier casa que esté ocupada por el MC. Si los dos signos son diferentes, entonces las cualidades de los dos signos estarán presentes en consideración de la dirección de tu vida, o puedes seguir más de un camino. La décima casa no es sólo el camino de la vida profesional, ya que tiene que ver con todo el gran significado alrededor de ésta.

Encontrar la dirección de tu vida es muy probablemente de gran importancia si tienes planetas aquí, especialmente si estás sin trabajo por alguna razón, o si tu trabajo está estancado. Tus aspiraciones, el tipo de futuro que te gustaría, incluyendo qué tan serio te tomas tus objetivos, todo esto también se encuentra en la décima casa. Para tener una imagen más amplia de las cosas, regresa a la casa de las influencias familiares, que es la cuarta casa, sobre tus actitudes, creencias, intensidad de tus elecciones, al igual que tus habilidades naturales y las que debes desarrollar. Tu madre o la persona que más te cuidó en la infancia son las que te ayudaron a formar tu personalidad en tu temprana infancia; ellos debieron tener una gran influencia para el adulto que eres ahora.

La décima casa nos da ideas del tipo de trabajo que puedes tener o la profesión que podrías desempeñar, lo cual se incorporará a tus cualidades personales. Todo esto se perfecciona con la madurez. En esta casa natural de Capricornio hay cualidades de disciplina y determinación, aunque una persona puede ejercer estas características dependiendo del lugar que ocupe esta casa en toda la carta en su conjunto. Para muchas personas una carrera no sólo "ocurre", sino que puede tomar años establecerla. Otras, que no saben qué trabajo realizar, ponen toda su energía en la ansiedad.

Ganarse el respeto de los otros, así como la autoestima, con frecuencia es un componente de la décima casa. Este elemento es indispensable incluso para aquellos que parecen desobedecer a la autoridad. Cómo escoges presentarte a ti mismo, tanto en tu apariencia como en tu actitud, lo cual afecta tu estatus en el mundo, y refleja tu interior, también se ve en esta casa.

Urano en la décima casa muy probablemente nos mostrará a alguien atípico de alguna manera. Alguien que tienen un empleo free-lance o un empleo inusual. Urano aquí rompe con el código de vestir o actitudes establecidas y forja su propio camino en la vida.

Marte en la décima casa se entrega con total energía a cualquier cosa que le haga ganar reputación como una persona trabajadora o de metas ambiciosas. Marte está dispuesto a ser visto como un individuo libre y no ve con buenos ojos las restricciones. Es importante para Marte respetar a las autoridades, ya que sin esto pueden surgir dificultades en la comunicación.

Onceava casa
Casa natural de Acuario. Regentes naturales: Saturno y Urano. Casa fija de aire.

- Amigos, grupos, ideales compartidos, conciencia humanitaria y política, deseos, objetivos, invenciones, revolución.

En la onceava casa hay una clara conciencia del mundo exterior del individuo. En este caso no son sólo sus propias circunstancias las que le preocupan, sino que al igual que en la quinta casa se hallan también la creatividad y tu conexión con los otros. En la onceava casa encuentras a los grupos a los que perteneces, tus círculos de amigos o las personas con las que quieres compartir metas, intereses e ideales que son importantes para ti. En la casa natural de Acuario hay un fuerte sentido de la humanidad, un deseo de ser parte de algo más grande que uno mismo.

Si tienes planetas aquí, éstos indican formas en las que puedes tener interés en temas más amplios, como las preocupaciones humanitarias o proyectos políticos o altruistas. La onceava casa se preocupa por los temas locales, nacionales y globales. Si tu onceava casa está ocupada es muy probable que participes en campañas, causas o acciones revolucionarias, incluso hacer una contribución financiera para ellos o simplemente exponer a otros tus opiniones básicas sobre esos temas.

La onceava casa pertenece a los visionarios mentales, cuyas ideas y objetivos con frecuencia van más allá de los tiempos actuales, especialmente si tienes planetas que caigan aquí. Si eres el tipo de persona con tendencia a planear más allá de lo que necesitas, es importante que aprendas a ser flexible en caso de que esos planes no ocurran de la forma en que llegaste a visualizarlos. Esta no es una tarea fácil para quienes tienen énfasis en esta casa fija, ya que poseen fuertes convicciones muy difíciles de cambiar. A nivel social puedes sostener ideales para una sociedad utópica, de la manera en que la hayas imaginado.

El círculo de amigos en la onceava casa se basará en las diferentes áreas de su vida: ellos comparten sus esperanzas y deseos con sus amigos y a la vez los honran. Pueden ver las capacidades de los otros y tienen conciencia de que en ellos ven lo que ellos no podrían tener —tal vez por timidez—, y considera que es importante la contribución de esa amistad a su vida personal, lo que les ayuda a compartir con el grupo.

La actitud hacia temas sociales se puede ver en esta casa, sin importar si eres una persona de progreso o reformista, o si las cuestiones sociales no son de interés para ti. Si cuentas con planetas aquí es muy probable que tengas necesidad de influir colectivamente o actitudes de marcar una diferencia en el mundo de alguna forma.

Quirón en la onceava casa es muy radical para algunas personas y puede llegar a sufrir el rechazo de sus ideas. Esta experiencia puede suceder en el exterior ante el grupo, especialmente cuando los temas conciernen al resto del mundo. Aprender a aceptar las opiniones de los otros sin necesidad de abandonar las propias ayuda a ganar mayor participación.

Mercurio en la onceava casa ama las buenas conversaciones con personas interesantes y felizmente puede dedicar horas a discutir o debatir ideas. Los amigos son particularmente importantes para este Mercurio. A ella y a él les gusta ser parte de un grupo o equipo y muy probablemente llegan a ser contribuidores activos.

Doceava casa
Casa natural de Piscis. Regentes naturales: Júpiter y Neptuno. Casa mutable de agua.

- Anhelos de plenitud, creencias, servicio de sanación, prisiones, hospitales, instituciones, retiros, escapismo o retirada, confusión, adicciones, desilusiones, imaginación.

La doceava casa, como la más enigmática casa de agua, completa el círculo de las casas antes del ciclo de renovación de sí mismo como el ascendente. La doceava casa concierne a la inconciencia colectiva de la humanidad. De manera profunda hay un anhelo de fusionarse de nuevo con la unidad antes del nacimiento como fuente de vida. Para la mayoría de la gente esto está muy en el fondo de una manera inconsciente, pero se muestra de diferentes formas a través de las actividades o comportamientos. Esta es la casa de los sueños y la imaginación, de las compulsiones e ilusiones, del romanticismo y la libertad. Hay un impulso hacia la sanación del pasado y a dejar ir las preocupaciones mundanas.

Para algunos este deseo puede llevar al desarrollo de creencias y prácticas espirituales, para otros es una forma de escaparse de la realidad terrenal. Con los planetas aquí es probable que regularmente se necesite tiempo de quietud o alguna forma de retiro cuando el mundo parece muy demandante. Puedes recurrir a sustancias tóxicas; enterrarte en los libros, ensueños, música, desarrollo de tu intuición o habilidad psíquica, consuelo en la religión o la espiritualidad, incluso el retiro por enfermedad. Hay muchas formas de encontrar paz o cambiar tu conciencia. Tu sexta casa puede ayudar a castigarte.

Esta casa natural de Piscis simboliza el océano y el sueño de vivir cerca del mar o estar involucrado con actividades relacionadas con el agua. Hospitales, instituciones mentales y prisiones son asociadas con la doceava casa, como lugares de trabajo para algunos o donde otros pasen tiempo como paciente o preso. El servicio asociado con esta casa con frecuencia está basado en un deseo compasivo de curar al mundo, que podría convertirse en una vocación para el aprendizaje de las artes curativas. Lugares de culto también se asocian con esta casa, al igual que con la novena casa La novena casa en lugares de culto podría representar algo más convencional para la construcción de las religiones del mundo, mientras que la doceava podría ser cualquier espacio sagrado, desde un grupo de árboles hasta una habitación reservada para la meditación.

En siglos anteriores la doceava casa fue conocida como la fatalista, donde encontrabas la autoperdición o los enemigos ocultos, eran malas noticias si tus planetas estaban ahí. Hoy día esta casa tiene un punto de vista más psicológico y coloca aquí las diferentes formas de refugio que pueden estar disponibles cuando es necesario, a la vez que se reconoce que en la doceava casa se encuentran las experiencias que no tienen soluciones instantáneas. Sin embargo, la posibilidad siempre está ahí para la búsqueda de una confianza en la vida misma que inspira y te fortalece.

Neptuno en la doceava está naturalmente en casa. La imaginación de Neptuno y su poder creativo para atraer a muchos probablemente es muy fuerte. El impulso de retirarse puede ser igual de fuerte, sin embargo, y permanecer conectado a tierra puede ser un desafío.

Con la Luna en la doceava casa no es fácil compartir las necesidades emocionales o confiar en los demás con sus más profundos sentimientos, pero pueden fácilmente simpatizar con otros y harán todo lo posible para ayudar o apoyar. A veces viven en su propio mundo, ya que es más simple que tratar de frente con la vida.

Tareas:

a) Observa cuáles casas en tu propia carta contienen planetas y cuáles están desocupadas. ¿Reconoces la descripción de la casa para la que está ocupada?
b) Identifica las otras casas en la carta de estudio de Celeste, donde hay planetas en la misma casa pero diferentes signos. Haz lo mismo para tu propia carta, a fin de consolidar tu entendimiento.
c) Trata de interpretar uno de tus propios planetas en su casa, de manera básica. ¡Después trata con otro!

6. LOS ASPECTOS

Conexiones entre los planetas

Algunos astrólogos conciben a los aspectos como el factor más importante para captar la esencia de la carta, una vez que se está familiarizado con los significados de los planetas mismos. Los aspectos son las relaciones angulares definidas entre los planetas o entre los planetas y los ángulos, como fueron descritos en el Capítulo 2. Los aspectos entre los diversos planetas y los ángulos son los vínculos que forjan el gráfico en su conjunto, dando así una estructura coherente. Desde luego, perfeccionan la interpretación de la carta de manera significativa. Con este último bloque de los cuatro componentes que se usan en la Astrología natal, la base de la interpretación de la carta está lista. Cada bloque se suma a la trama general del cuadro astrológico.

Cada aspecto se forma dividiendo el círculo 360° de la carta por un número entero entre uno y doce. Los números no son usados indiscriminadamente: hay cinco aspectos mayores que se usan en la Astrología, los cuales son los siguientes.

Conjunción (☌), Oposición (☍), Cuadrado (□), Trígono (△), Sextil (✶)

Como recordarás, la conjunción es neutral, y divides el círculo por uno. Los otros cuatro aspectos son de dos tipos: duros (desafiantes), que son los aspectos que dividen el círculo de la carta por dos (oposición) o cuatro (cuadrado): y suaves (fluidos o fáciles), que dividen al círculo por tres (trígono) o seis (sextil).

Números

Los números han tenido un significado especial en algunos sectores de la sociedad durante muchos siglos. Este concepto es parte de lo que en siglos anteriores fue definido como "pensamiento mágico", donde hay correspondencias internas entre ideas aparentemente inconexas. Para un mejor entendimiento de la naturaleza de los aspectos astrológicos será útil dedicar un poco de tiempo para considerar el significado que se aplica a los números.

Uno La conjunción. Obviamente es el número de la unidad o la fusión de los principios. Es también la chispa que anima y marca un nuevo inicio.

Dos La oposición. Vivimos en un mundo de polaridad. Esto lo experimentamos constantemente, aunque muchas veces no pensamos en eso: noche y día, hombre y mujer, bueno y malo, es la forma en que son las cosas. El número dos es un número de principios y posiciones opuestas.

Tres El trígono es el número que tiene la unión de dos principios para crear un tercero, el cual fluye con una energía armoniosa. Está asociado con la alegría, el placer y la luz en un amplio sentido; llega a representar la creatividad y las habilidades innatas.

Cuatro El cuadrado. Es 2 x 2. El símbolo de la Tierra. Es una cruz de cuatro brazos iguales dentro de un círculo: ⊕ — el espíritu se manifiesta. Si deseas, regresa al capítulo 3, sobre los planetas, bajo los símbolos planetarios de la página 52, para una explicación más completa. Cuatro es el número de la realidad concreta, que con frecuencia se manifiesta como una tensión interna. Esta energía dinámica te impulsa a confrontar dificultades y a tratar de llevar factores contrastantes juntos.

Seis El sextil está compuesto de 2 x 3. El número seis es el número de la combinación, integrado por las cualidades de ambos números, y simboliza fluidez y esfuerzo. A pesar de que se ve como un aspecto armonioso, requiere un poco más de esfuerzo para activarse que un trígono.

La siguiente tabla proporciona un resumen. El término "orbe" se explica más adelante.

Aspectos principales y orbes

Aspecto	Dividir círculo por	Grados de separación	Símbolo	Tipo de aspecto	Orbe
Conjunción	Uno	0°	☌	Neutral	8°
Oposición	Dos	180°	☍	Duro	8°
Trígono	Tres	120°	△	Suave	8°
Cuadrado	Cuatro	90°	□	Duro	8°
Sextil	Seis	60°	✶	Suave	4°

Un aspecto es identificado contando los grados alrededor del círculo entre cada planeta y de cada planeta, así como el ascendente MC. Un software de computadora te puede ayudar a hacer este proceso laborioso, ya no es necesario que lo hagas tú mismo. Así es como los astrólogos antiguos calculaban los aspectos. Hay dos pequeños cortes para hacer esto, como contar la distancia separada de dos planetas usando los signos para hacer el proceso más fácil. Por ejemplo, si un planeta está en Aries y otro en Cáncer, ellos están en un cuadrado cada uno con el otro signo y el grado de cada planeta puede ser rápidamente comparado.

Una conjunción es, por supuesto, fácil de localizar; es una oposición directamente entre los planetas que atraviesan la carta.

Los planetas están ligados en:
- *Conjunción* Estará en el mismo signo.
- *Oposición* Signos opuestos estarán en la misma polaridad.
- *Cuadrado* Tres signos estarán lejos de cada uno y en el mismo modo.

- *Trígono* Cuatro signos estarán separados de cada uno y en el mismo elemento.
- *Sixtil* Dos signos estarán separados uno de otro y en la misma polaridad.

Ocasionalmente habrá excepciones para estas reglas.

Los aspectos principales duros en la carta indican desafíos y el potencial que esos desafíos traen para nuestro desarrollo personal. Los aspectos duros usualmente son delineados en rojo, pero algunas veces en negro. Los principales aspectos suaves muestran las formas en que las personas disfrutan de la vida y desarrollan sus habilidades. Los aspectos suaves usualmente se delinean en azul.

Aspectos menores

Hay otros aspectos comúnmente usados en Astrología, los cuales se conocen como menores; sin embargo, no todos los astrólogos los definen de esta manera. Los más importantes de esos aspectos son:

Semicuadrado	∠
Sesquiquadratura	⚌
Quintil	⊼
Semisextil	⋎

Hay algunos de ellos en la carta de Celeste y muy probablemente también en tu carta. Si es así, tú podrás verlo en tus casillas, las cuales son mencionadas aquí. También serán consideradas en el Capítulo 12.

Orbes

Los astrólogos permiten un cierto margen de maniobra en la búsqueda de los aspectos, pues no sólo se forman entre dos planetas que son un número exacto de grados y minutos de distancia (como se dijo, es exacto sólo si hay un grado o menos entre dos planetas y los planetas y el ángulo; esto aplica para todos los tipos de aspectos).

Orbe es el nombre que se da al número permitido de grados de distancia desde lo que se considera la exactitud. Diferentes astrólogos permiten distintas órbitas. Aquí se permite un orbe de ocho grados por conjunciones, oposiciones, cuadrados y trígonos, y cuatro grados por sextiles. Los sextiles son dos signos separados, de manera que por lo menos un orbe se permite.

El aspecto más cercano, el más importante, está en la carta y en consecuencia nos indica el carácter de la persona. Si dos planetas están en un aspecto pero existe un amplio orbe para el mismo, esto todavía tiene un efecto sobre el significado de la tabla global, aunque menos fuerte. Los tipos de aspecto varían también en fortaleza. En una conjunción, especialmente cuando está de manera estrecha con los otros planetas, será más inmediatamente perceptible el carácter de una persona que en un trígono o en un cuadrado amplio. Darse cuenta de la cercanía o alguna otra forma de los aspectos mayores es un buen paso para obtener una idea del balance de una carta, lo que es importante y lo que es menos importante.

Los aspectos, por supuesto, muestran la apariencia de las casillas y recurren a las líneas que atraviesan la carta. Un pequeño dato acerca de la casilla: los números dados bajo el símbolo del tipo de aspecto son los grados y minutos lejos del orbe exacto. Una carta está entre los grados y minutos, no es A ni S. Esto es simplemente para referirse a cualquier aspecto que puede ser aplicado (llega a ser exacto) o separado (moviéndose lejos de la exactitud). Puedes ignorar esto, ya que es un perfeccionamiento que no resulta importante en la actualidad.

Para hacer un ejemplo de Sol en conjunción con Júpiter: si un hombre de Sol está a diez grados de Acuario y su Júpiter está debajo de ocho grados de distancia en cualquier dirección entre dos y 18 grados de Acuario, o si hay una menor distancia entre ellos, entonces se dice que los dos planetas están en conjunción. Los orbes trabajan de esta forma en todos los aspectos, dependiendo del orbe permitido para un aspecto particular. Casualmente esto es muy común, cuando hablamos de cualquier aspecto, para colocar a los planetas en su orden natural. Para recapitular, el orden natural de los planetas corre de la siguiente forma: Sol, Luna, Mercurio, Venus, Marte, Júpiter, Saturno, Quirón, Urano, Neptuno y Plutón; por lo tanto, normalmente no se diría "el Sol en conjunción con Júpiter", porque esto es incorrecto, sólo una convención.

En el estudio de la carta hay muchas conjunciones, por lo que debes tener mucho cuidado: tienes que mirar los grados y minutos para ver si los planetas están en conjunción. Visualmente, en un gráfico generado por una computadora puede parecer que hay planetas en conjunción. Un buen ejemplo de ello es mirar lo que parece una triple conjunción en el estudio de la sexta casa de la carta, entre Saturno, Urano y Neptuno. Saturno en conjunción con Urano en Sagitario es un aspecto exacto, porque hay menos de un grado entre dos planetas. Neptuno, sin embargo, está muy lejos de ser involucrado en la conjunción y está solo. También puedes ver esto en el aspecto de la casilla. Neptuno también está en el siguiente signo, Capricornio. Esto ocurre particularmente en las cartas computarizadas, cuando hay un cierto número de planetas en una casa y el programa no puede rellenar el espacio disponible, por lo que tiene que colocarlos juntos, haciendo que aparezcan conjunciones. Con las cartas hechas a mano, o si una carta de la computadora es copiada a mano, en forma de gráfico en blanco, el astrólogo puede alterar el tamaño de los símbolos planetarios para hacerlo más claro.

Aspectos disociados

Algunas veces ocurre que un aspecto principal entre planetas, o planetas y ángulos, se forma atravesando las cúspides de dos signos que de otra forma no podrían ser ligados por aspecto en la carta. Esto ocurre cuando un planeta cae al final de un signo y otro planeta con el cual forma un aspecto cae al inicio de un signo. Esto se conoce como aspecto disociado y puede aplicarse a cualquier aspecto.

Usaremos la carta de Celeste de nuevo como ejemplo: hay un número de aspectos disociados en la carta, algunos de los cuales son las conjunciones antes mencionadas. Dale un vistazo a la rueda zodiacal y a tu casilla para identificarlos, ubica los grados entre los planetas que se muestran como los aspectos. Te darás cuenta de que los signos no son compatibles en relación con el aspecto de que se trate. Por ejemplo, los planetas que atraviesan Géminis y Tauro no hacen una conjunción agradable. La disociación de los aspectos aquí es:

Luna en Géminis en conjunción con Júpiter en Tauro. (☽♊☌♃♉)
Mercurio en Géminis en conjunción con Quirón en Cáncer. (☿♊☌⚷♋)
Marte en Piscis en cuadrado con Quirón en Cáncer. (♂♓□⚷♋)
Saturno en conjunción con Urano en Sagitario con Oposición en Quirón en Cáncer. (♄☌♅♂☍⚷♋)

Además, no hay menos de cinco aspectos disociados para el MC, haciendo un total de diez. Esta cantidad de aspectos disociados en una carta es bastante inusual. Esto ocurre porque esta carta tiene un número amplio de planetas cerca del final o el inicio de un signo, porque están dentro de la órbita donde se hacen aspectos para otros planetas y para el MC en 0° de Aries. Mientras que el aspecto de que se trate esté dentro de la esfera permitida, es todavía un aspecto.

Su impacto es ligeramente menor que un aspecto estándar debido a la disonancia de la conexión. Esto añade un elemento más a la interpretación. Pero incluso cuando un aspecto principal es formado a través de la disociación, sigue teniendo relevancia –especialmente si es bastante estrecho–, como en el caso de Marte en cuadratura con Quirón arriba, lo que puede ser más difícil de percibir, especialmente cuando estás empezando a darte cuenta de estos aspectos.

Los aspectos principales

Bajo la descripción de cada aspecto se darán dos ejemplos diferentes. Los ejemplos se dan en viñetas para indicarte cómo se construye la interpretación de un aspecto.

La mayoría de las cartas, o muchas de ellas, tienen el tipo de aspectos descritas abajo. Todas las referencias para los aspectos entre los planetas aplican de manera igual para cualquier tipo de aspecto entre un planeta y un ángulo, y simplemente se refiere a un aspecto entre los planetas. Todos los aspectos involucran a más de dos planetas por ocasión, por ejemplo cuando una conjunción conjuga a la vez aspectos de otro planeta, como Saturno en conjunción con Urano en Sagitario con oposición de Quirón en Cáncer en el estudio de la carta. Esto probablemente parece muy complicado para combinar los tres –e incluso cuatro si incluyes a Mercurio aquí– diferentes planetas juntos, pero no es tan difícil interpretar como el pensar, así que no te desanimes por esto ahora. La interpretación se da en el Capítulo 13, junto con el resto de los aspectos importantes de la carta.

Te darás cuenta de que cada uno de los diagramas de las siguientes secciones tiene un pequeño círculo blanco en medio. Esto es porque lo dibujé cuando hacía las cartas a mano, pero un software no traerá esto, de manera que no los verás en las cartas generadas por computadora. Simplemente está ahí para recordar qué sabia puede ser la Astrología, que no tiene la respuesta para todo y que siempre hay un factor adicional en el mundo que es imposible de conocer.

Conjunción: ☌
- División del círculo por uno = no división.
- Dos planetas separados a 0°.
- Orbe 8°.
- Conjunción: 0°.

Unidad:

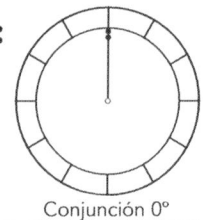

Conjunción 0°

Las principales características de los planetas involucrados se funden y no pueden ser separadas una de otra, al igual que ocurre con las características de las personas. La conjunción es el aspecto más poderoso en la carta astral y se destaca en ésta, especialmente si es cercana. Incluso cuando el orbe es amplio debe ser abordada como una unidad en la interpretación, especialmente en lo que suele ocurrir en el mismo signo y la casa. Esta área de la vida de una persona es probablemente muy subjetiva. Las conjunciones ocurren en muchas cartas. Un punto a destacar es que algunas veces las cartas tienen una conjunción de dos planetas diferentes, como Venus en conjunción con Marte. Una experiencia individual de tal conjunción puede ser de tensión, a menos que las dos energías opuestas puedan encontrar un terreno común en la personalidad.

Ascendente y planetas angulares

Un planeta en conjunción con el ascendente, de cualquier lado que venga, que puede ser desde la primera hasta la doceava casa, tiene una importancia particular y es conocido como planeta ascendente. Este planeta alterará la interpretación del signo ascendente, añadiendo profundidad y sutileza, dependiendo de qué se trate el planeta; si el planeta ascendente es fuerte como Saturno o Plutón, puede dar un cierto tono a la carta en su conjunto. Te darás cuenta que de que el estudio de la carta tiene un Sol ascendente.

Un planeta ascendente también es, en automático, *angular*. Un planeta angular simplemente significa que está dentro de ocho grados a cada lado de uno de los cuatro ángulos, y esa es su importancia en la carta. En este caso especial un planeta angular puede estar en conjunción con el ascendente o MC, pero también puede estar en conjunción con el descendente o IC, y asimismo se conoce como angular (una conjunción para el descendente o IC también se puede observar en oposición al ascendente o MC, que es el mismo).

Sol en conjunción con Saturno ☉☌♄
- Quiere brillar pero no se siente valioso; sentido de identidad apagado o negado.
- Autodisciplina y autocontrol fuertes.
- Actitud seria, quiere lograr.

Luna en conjunción con Mercurio ☽☌☿
- Pensamiento racional combinado estrechamente con la emoción y la intuición.
- Parlanchín, cambios rápidos de humor.
- De buena memoria, respuestas rápidas, chistoso, contador de historias.

Oposición: ☍   Dualidad:

- División del ciclo por dos.
- Dos planetas separados por 180°.
- Incluye planeta opuesto al MC o ascendente oposición 180°.
- Orbe 8°.

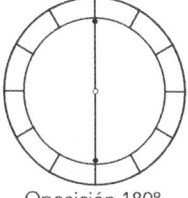

Oposición 180°

Los planetas en cuestión están en signos opuestos, pero se complementan. Las oposiciones pueden sentirse como si estuvieran separadas; esto se puede ver tanto en la parte trasera como en la parte de enfrente de tu casa y no te puedes decidir por cuál usar. Indecisión, sintiendo falta de coordinación, o incapaz de tomar una decisión son características frecuentes. Sin embargo, siempre hay una necesidad de empujar decisiones opuestas o puntos de vista similares a pesar del desafío que implica hacer esto. Con frecuencia se puede dar el caso de que tú "conozcas tu oposición" a través de tus relaciones. Lo que tú no reconoces como parte de ti mismo está en otras personas, ¡es una experiencia muy común! Puede ser un caso de atracción de lo opuesto —o de otra forma—, lo cual es conocido en términos de psicología como proyección.

Hay un valor que sigue vigente acerca de los lados opuestos de una persona, aunque en ocasiones es difícil apreciarlo. Si, por ejemplo, tienes un amigo que con frecuencia te pone mal, tarde o temprano lo confrontarás y aprenderás a diferir con él y a seguir tu propio camino. Puede ser también que algunas personas deliberadamente elijan ser "el abogado del diablo", tomando el punto de vista opuesto, el cual puede llegar a ser como un espejo para ti. El dinamismo de este aspecto probablemente te empuje tarde o temprano a reconciliarte con tu sentido opuesto. Esto puede ocurrir en tí mismo o con otra persona.

Nota: Recuerda que los ejes naturales entre el ascendente-descendente, MC-IC, y el eje nodal no cuentan como oposiciones a menos que haya una conjunción de un planeta o los dos extremos.

Sol en oposición a la Luna ☉☍☽
- Dividido entre lo que quiere y lo que necesita, entre la autoafirmación o la sumisión.
- Tiene padres divorciados o en casa el padre tiene diferentes expectativas de él desde que era niño.
- Relaciones cercanas traen oportunidades para su propio bien.

Marte en oposición a Neptuno ♂☍♆
- Dificultad para levantarse por sí mismo, permite que otros lo lleven.
- Difícil convertir sus sueños en realidad, siente que el mundo está en su contra.
- Defensor de aquellos que son menos capaces, ayuda a los demás.

Trígono: △   Flujo:
- División del círculo en tres, trígono: 120°.
- Dos planetas separados por 120° en el mismo elemento.
- Orbe 8°.

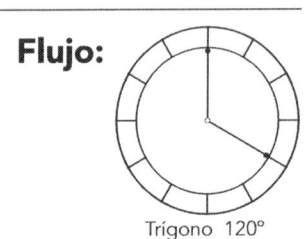

Trígono 120°

El trígono en la carta revela habilidades y talentos innatos, características y rasgos intrínsecos o capacidades para las que naturalmente eres bueno. Desde talento para arreglar objetos mecánicos o tener buena voz para hablar, hasta habilidad innata para escuchar a la gente o amar a tus semejantes, el trígono ilustra tus dones. La experiencia o práctica puede afinar estas habilidades, pero esto no suele sentirse como si se estuviera haciendo un esfuerzo. Las formas que encuentran la felicidad o la alegría en la vida se muestran en términos generales en estos aspectos.

Esto puede ser extremadamente útil para enfocarse en los aspectos del trígono que nos muestran dónde están la armonía y facilidad de expresión; y conlleva un flujo positivo de energía, especialmente cuando una carta tiene muchos aspectos duros.

Una carta con muchos trígonos y una relativa falta de aspectos duros puede ser en algunas ocasiones indicativo de un individuo a quien la fortuna le sonríe o alguien que parece ser polifacético sin necesidad de hacer un gran esfuerzo. Sin embargo, a veces tienden a dar la buena fortuna por sentada y tienen falta de motivación. En este sentido ¡muchas personas prefieren no trabajar a menos que tengan que hacerlo! Por lo tanto, una persona que madura y tiene cambios en su vida puede ganar más conciencia de sí misma y más impulso.

Saturno trígono MC ♄△MC
- Saturno como regente natural del MC, atraídos por obtener éxito en el mundo de la madurez.

- Trabaja duro en el estudio o la profesión para lograr una meta; paciente y constante.
- Experiencias de disfrute y satisfacción al ver los resultados del trabajo.

Júpiter trígono Urano ♃△♅
- Mente abierta a nuevas ideas.
- Puede ser personalmente inventiva y abrir nuevos caminos.
- Libertad e independencia fuertes; odia sentirse limitado.

Cuadrado: □   Desafío:
- División del círculo por cuatro, cuadrado: 90°.
- Dos planetas separados por 90° en el mismo modo, pero con elementos diferentes.
- Orbe 8°.

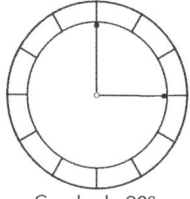

Cuadrado 90°

Como en la oposición, los cuadros son aspectos duros en la carta natal, con los planetas en los ángulos derechos de cada uno y en diferentes elementos. Cualquiera que sea la oposición polarizada, y con frecuencia externada a través de otros, los cuadrados tienden a ser experimentados inicialmente como luchas entre diferentes partes de ti mismo, representando el conflicto interno. Los cuadros, sin embargo, también son experiencias de bloqueos y obstáculos en el mundo; los principios o características de los planetas involucrados están en desacuerdo.

Conflictos, tensiones, estrés y resistencia interna son lo que generalmente caracteriza a los cuadrados de la carta. No todos los cuadrados se muestran a sí mismos de esa forma. Los cuadrados en Neptuno, por ejemplo, especialmente para los planetas personales, tienden a experimentar ideales poco realistas, vulnerabilidad o confusión. Los cuadrados con Júpiter frecuentemente caen en expectativas exageradas.

Tus cuadrados te expandirán y pondrán a prueba de manera individual. También presentan oportunidades para crecer y aprender a través de la frustración o circunstancias de estrés de la vida y para obtener la satisfacción del logro de un objetivo. La gente busca resultados con sus cuadrados; una determinación para luchar contra los obstáculos; o la habilidad para hacer acopio de su fuerza interior de cualquier manera. A menudo esta surge de donde un estímulo suave no conduciría a nada. Fuera de tu incertidumbre personal, o enredos con los problemas de la vida, puedes aprender a incrementar tu entendimiento y tomar los pasos para llegar a ser como quieres ser.

Luna cuadrado Saturno ☽□♄
- Reservado y controlado emocionalmente.
- Consciente o inconscientemente puede sentirse indigno del amor.

- Duro para expresar sus necesidades emocionales, duro para percibir las necesidades emocionales de los otros.
- Ama intensamente, leal y apasionado. Dificultad para dejar ir, memoria de largo plazo.
- Dificultad para sentirse seguro de sí mismo y confiar en el compañero; celoso; sospecha o tiene una necesidad constante de consuelo.

Sextil: ⚹   Esfuerzos recompensados:

- División del círculo en seis.
- Dos o más planetas separados por 60° en la misma polaridad.
- Orbe 4°.

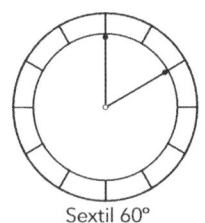

Sextil 60°

El sextil combina el flujo de tres con la tensión de dos y algún esfuerzo debe hacerse para realizar el mejor potencial. Los dos planetas están en la misma polaridad y en signos compatibles. Al igual que sus energías, fluirán bien estando juntos y los aspectos probablemente son efectivos. Los sextiles con frecuencia muestran dónde están la satisfacción y el placer, que vienen desde lo real, de logros tangibles.

Hay astrólogos que no consideran que los sextiles estén en el mismo nivel que los aspectos duros. Con frecuencia los ven como aspectos de fondo, tal vez como respaldo de los más importantes. Mientras que en ocasiones ese puede ser el caso y los aspectos hacen eco entre sí, a menudo es el sextil el que tranquilamente proporciona alguna información crucial, algo que no se ve en ningún otro lugar.

Como los trígonos, los sextiles son aspectos armoniosos, aunque con un borde dinámico. Los sextiles no suelen gritar su presencia a los cuatro vientos como otros aspectos lo hacen, pero eso no quiere decir que dejen pasar las cosas por alto.

Por ejemplo, en un sextil para Saturno desde un planeta personal o desde Júpiter es probable que mejore la autodisciplina, o bien sugiere una habilidad para organizar o estructurar en el área indicada por el otro planeta. Los sextiles te ayudan a lograr tus objetivos.

Mercurio sextil Venus ☿⚹♀
- Encanto y facilidad para comunicarse, sociable y popular.
- Piensa visualmente, ideas frecuentes con imágenes mentales.
- Tendencia a evitar situaciones desagradables donde sea posible.

Marte sextil Urano ♂⚹♅
- Preferencia por actuar de manera independiente bajo sus propias ideas.
- Preocupado, le gusta estar ocupado o mantenerse en movimiento.
- Tiene el coraje para vivir fuera de lo convencional.

Patrones de aspecto

Hay un número de patrones reconocibles, o formas, que pueden ser configuradas en una carta natal debido a las disposiciones de los aspectos. De hecho los más importantes se dan aquí, aunque haya otros. Los patrones de aspecto destacan visualmente, atrayendo la mirada. Hay cartas que tienen uno o más de ellos y algunos patrones son más comunes que otros. Todos los patrones de aspecto contienen por lo menos dos o tres planetas, más el ascendente o MC. Los aspectos que a veces ocurren en las cartas entre el ascendente y el MC por sí solos no se cuentan.

Para entender los aspectos paternos hay que señalar los elementos: fuego, tierra, aire o agua —o el modo: cardinal, fijo o mutable— de todo el patrón. Para ello es importante observar dónde están los planetas y a qué elemento o modo pertenecen los signos. Por ejemplo, un patrón que está compuesto de un planeta en Aries, uno en Leo y un tercero en Sagitario tendrán la naturaleza del fuego. Tal patrón de aspecto sería de hecho un gran trígono fuego. El trígono del mismo elemento se describe en la página 133, y daría una sintonía natural para el elemento del fuego en la carta: voluntad para explorar, tendencia para dramatizar y entusiasmo por lo nuevo, dependiendo de los planetas involucrados.

Un aspecto disociado que forma parte de un patrón puede traer otro elemento o modo. Esto significa que si bien la naturaleza del patrón está compuesta principalmente de un elemento o modo, habrá otro factor a tener en cuenta. El enfoque puede estar en el tipo "principal", aunque es necesario tener en cuenta el elemento secundario/modo de igual forma.

Si no hay patrones de aspecto en la carta simplemente significa que no hay patrones de aspecto. Cada carta tiene factores que forman vínculos entre una parte y otra, y la tarea de los astrólogos es identificar las diferentes maneras en que esto ocurre. Los patrones de aspecto son el único camino práctico para ver las combinaciones de aspectos planetarios.

Stellium

Es un tipo especial de patrón de aspecto. Y no es un patrón como tal, pero una agrupación notable de planetas en una sección de la carta.

Cualquier combinación de tres o más de tres planetas en el mismo signo o en la misma casa es conocida como stellium. Si es así, entonces el patrón es mucho más fuerte. Obviamente hay un enfoque de gran alcance en la tabla de ese signo o casa, y la persona tiene la capacidad de ser extremadamente concentrada en esa área de la vida, incluso obsesiva algunas veces, dependiendo de los planetas involucrados. Mucho se puede lograr de acuerdo con el signo o casa del stellium, y otros pueden estar influidos por el punto de vista de estas personas o el tipo de energía. Este individuo puede ser muy subjetivo y convencido de sus propios puntos de vista, al

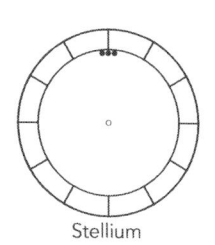

Stellium

igual que es un ser inmensamente creativo y tiene dificultades para mantenerse objetivo.

La carta de estudio tiene un stellium por signo –tres planetas en Géminis– y tres por casa, y la colocación de un claro enfoque en los asuntos de las casa sexta, onceava y doceava

- El cantante Mick Jagger tiene cinco planetas stellium en Leo.

Cuadratura en T

Una cuadratura en T consiste en un mínimo de tres planetas: dos en oposición, con ambos planetas en cuadratura para el tercer planeta en el ápice. Estos forman una figura triangular que divide la carta a la mitad con la oposición, aunque los cuadrados unidos pueden verse de frente en cualquier dirección.

La forma en que se dibujó a mano este patrón no es la misma de la rueda del Zodiaco, como se ilustra en el diagrama. El ápice del planeta es el punto entre los otros dos cuadrados, no importa la forma del patrón que tenga enfrente en la carta. El patrón completo es usualmente coloreado de rojo, pero es una convención que puede ser cambiable. Este es un patrón de aspecto duro, el cual crea una tensión que es evidente.

La libre expresión de cada planeta es bloqueada por los otros, creando una lucha interna. La cuadratura en T no es pasiva, sino de una energía estimulante que orilla a las personas a resolver este conflicto.

Cuando estas zonas sensibles se activan en el curso de la vida, una respuesta natural puede que escape o bien que se arraigue. El ápice del planeta, donde los cuadrados se encuentran, representa la unidad para encontrar un camino a seguir. Si Urano está en el ápice, la intolerancia, la destrucción y el discurso radical serán característicos en esta persona, pero con experiencia de vida el potencial está ahí para darle la vuelta a estas características y que lleguen a ser una verdadera fuerza, por ejemplo, para darle un cambio real a la sociedad a través de su ser radical, ya que siempre será parte de su personalidad. Con Venus en el ápice, dependiendo de los otros planetas involucrados, lo que puede ser obvio acerca de la persona es su encanto y sentido de la justicia, aunque los otros planetas con cuadratura en T pueden a veces afectar esto. Y así sucesivamente.

La combinación de los tres planetas que se encuentran juntos en los aspectos duros trae a la persona oportunidades de conocerse a sí misma a través de experiencias fuertes y encontrar la forma más creativa y dinámica de usar la energía. Este patrón de aspecto ocurre con una frecuencia razonable, aproximadamente en 40% de todas las cartas. Si tienes una cuadratura en T eres una buena compañía.

A menos que uno de los planetas sea disociado, este patrón tendrá todos sus planetas en uno de los modos, el cual puede ser cardinal, fijo o mutable en cuadra-

tura T. Este es un buen punto para iniciar la interpretación. Si conoces los patrones sabes cuál es básicamente preparatorio, constante o flexible, y que cada uno tiene un "sabor", lo cual significa que cada planeta puede ser anexado, paso a paso.
- La carta de estudio tiene muchas cuadraturas en T mutable-cardenal que sobreponer, que implican nada menos que seis planetas y el MC (Quirón, Mercurio, Marte, Urano, Saturno y Neptuno). Ver el Capitulo 13.

Gran cruz

Hay al menos cuatro planetas involucrado en la gran cruz. Es el menos común de los patrones de aspecto que llenan la carta natal con cuatro cuadrados unidos cada uno a cada ápice por dos oposiciones. Esto crea un diamante o forma de caja, un patrón cerrado que bloquea la energía en el interior.

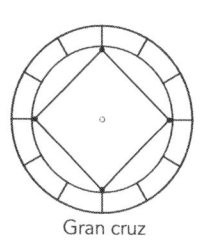

Este no es un patrón de aspecto fácil de tener, ya que es más contenido dentro de sí mismo que una cuadratura en T e indica una vida vivida como un desafío.

Una clave importante para la gran cruz son las oposiciones, las cuales nos traen pruebas frente a relaciones y situaciones exigentes. Es muy probable que tengas encuentros significativos con los demás, oportunidades para conocer y cuidar mejor de ti mismo. A lo largo del camino puede haber periodos en que te sientas loco o presionado, o como si fueras una víctima —algunas veces serás el agresor de ti mismo—; sin embargo, los avances de entendimiento, cuando ocurren, pueden energizarte e inspirarte. Este patrón puede desarrollarse en personas de carácter fuerte, incluso si es difícil de obtener; hay cartas que tienen en su totalidad una gran cruz, pero también tienen un gran trígono, por ejemplo.

Los planetas en una gran cruz, por ejemplo, serán como los que tienen una cuadratura en T: están en un modo que los provee de valiosas percepciones que llegan desde su naturaleza. Una cruz cardenal nos indica un exceso de energía y dinamismo, así como dificultad para relajarse. El desafío aquí será desarrollar autocontrol, paciencia y persistencia. Una cruz fija nos traerá grandes logros gracias a la determinación y tenacidad, aunque aquí el reto está en aprender a comprometerse, en buscar y encontrar nuevas formas de autoexpresión. Con una cruz mutable hay una tendencia a desperdiciar energía, a ser excesivamente influido por otros. Fomentar la habilidad para enfocarse mental y prácticamente puede ayudar a contener mejor esa energía.

- El jugador de tenis Björn Borg tiene una gran cruz mutable-fija.

Gran trígono

Un gran trígono se forma cuando hay tres trígonos juntos que a su vez forman un triángulo equilátero, el cual es usualmente coloreado en azul.

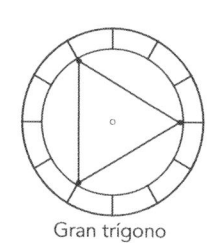

Los tres planetas que forman este patrón están en el mismo elemento, excepto cuando hay un trígono disociado, de manera que una carta tiene un gran trígono de fuego, tierra, agua o aire. Obviamente esto coloca un gran énfasis en dicho elemento, el cual llega aparentemente desde una edad temprana. Así, podemos ver que un trígono es un aspecto que fluye indicando una zona donde nos sentimos cómodos, de talento o de alegría. Se puede llegar a pensar que un gran trígono en una carta mostrará algún tipo de "súper felicidad". Ciertamente, este patrón de aspecto apunta a una sintonía natural con la combinación de los planetas en cuestión, en su signo y posiciones de casa.

Las cartas son lo que son; sin embargo, una concentración sobre un elemento probablemente significará que otro elemento es pequeño o no existe, de manera que será necesario hacer un esfuerzo por expandir ese gran trígono. Si el tipo de habilidad mostrada es nutrir y alentar, esto puede llegar a ser una fuente de felicidad a lo largo de la vida. Si no es así, podría tener un florecimiento más tarde. Los talentos o habilidades pueden ser innatos, pero su verdadero potencial puede tomar muchos años para desarrollarse. Esto ocurrirá, sobre todo, si son dejados de lado en favor de lo que parecen ser las preocupaciones más inmediatas.

Eso es, sin embargo, un patrón de aspecto que cuando es alimentado puede dar mucha satisfacción a la persona y a quienes la rodean.

- El músico de jazz Miles Davis tiene un gran trígono de agua en su carta.

Gran trígono menor

Este patrón de aspecto es conocido como gran trígono menor porque tiene un ligero eco del gran trígono.

Se necesita un poco más de esfuerzo para activar y utilizar más que al gran trígono por sí mismo, pero potencialmente trae grandes recompensas y satisfacciones.

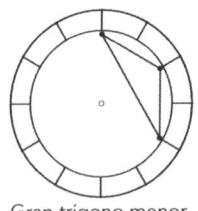

Gran trígono menor

El gran trígono menor consiste en tres planetas: dos sextiles en el mismo ápice del planeta, los cuales están conectados por un trígono. Esto tiene una ligera forma de triángulo, que usualmente se colorea de azul. Los sextiles empujan a activar el trígono y algunas veces se puede lograr más o resolver más a través de un trígono menor que a través de su primo mayor. Cada uno de los tres puntos normalmente está en la misma polaridad, recordando los orbes más pequeños permitidos por los sextiles. La interpretación, al igual que los otros patrones de aspecto, está basada en la combinación del signo, las posiciones de la casa y de los planetas involucrados. Normalmente cada planeta está en diferente modo. El ápice del planeta se enfoca en el patrón.

- El actor Michael Douglas tiene un gran trígono menor.

Cometa

Un cometa es una combinación visual de un gran trígono y un gran trígono menor, logrando la forma de una cometa tradicional. Tiene una oposición desde el ápice de una de las esquinas del trígono para la base de la carta, con dos sextiles encontrándose en ese punto, formando la base de la cometa. Esto normalmente se colorea en azul y la oposición en rojo. El planeta base, en el punto donde se unen los dos sextiles, se dice que es un punto de salida, el lugar donde la energía de la configuración se manifiesta más fácilmente en el mundo.

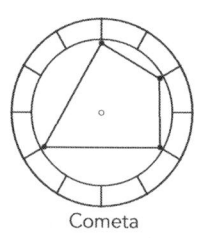

Cometa

Los dos patrones del trígono indican el flujo de energía y el tipo de talentos innatos y con el elemento del gran trígono se sugiere en que área de la vida se verán esos resultados. Más que el gran trígono solo, la oposición nos da el patrón que está al borde del dinamismo, así que es probable que provoque esfuerzo y voluntad para enfrentar los obstáculos. Si el planeta base, por ejemplo, es el Sol, el gran trígono está en el aire y los talentos estarán en las comunicaciones de campo, redes u otras habilidades mentales. El Sol en esta posición sugiere que esta persona brilla de forma natural en situaciones donde las ideas o las conexiones son valoradas, aunque la oposición puede traer inicialmente la resistencia de los demás.

La cometa es generalmente un patrón de aspecto agradable y que algunas veces sea difícil dependerá de los planetas involucrados, combinando el potencial de satisfacción de los logros con el esfuerzo necesario para llegar a ellos.

- La carta de la actriz Julia Roberts contiene dos cometas.

Tareas:

Aspectos principales en tu propia carta o en el estudio de tu cara

a) Cuenta alrededor de tu carta signo por signo, después mira los grados de los planetas y los ángulos en los aspectos para encontrar tus posiciones, cuadrados, trígonos y textiles.

b) Observa el orbe de todos los aspectos, incluyendo las conjunciones, para que puedas ver sus aspectos más íntimos y amplios. ¿Existen aspectos exactos de la definición que se da?

c) Cuenta el número de aspectos que tiene tu carta. ¿Qué aspectos ocurren con mayor frecuencia?

d) ¿Puedes ver los aspectos disociados para el MC en el estudio de tu carta?; ¿tu carta tiene aspectos disociados?

e) ¿Tu carta tiene patrones de aspecto?

7. MIRANDO HACIA ATRÁS Y HACIA ADELANTE

Resumiendo, dibujando juntos y progresando

Una revisión de lo que se ha visto puede ser de gran ayuda en esta etapa, así como ver todo en perspectiva. Ahora estás en el proceso de ser un estudiante de Astrología que piensa por sí mismo. Si continúas enganchado y no has tirado este libro por la ventana, entonces muy probablemente tienes afinidad con la Astrología.

Los fundamentos de la Astrología han sido cubiertos de los capítulos 3 al 6, explicando los cuatros bloques de construcción en que se basa el trabajo de la carta astral (planetas, signos, casas, ángulos, aspectos). Encontrarás tareas prácticas al final de cada capítulo con el fin de consolidar tu aprendizaje. La información seguirá llegando y le dará un refinamiento a todo lo que ya has aprendido. Todo esto empezará en la parte III con el Capítulo 8, donde verás con mayor detalle la forma de combinar todos los elementos de los que ya hemos hablado en capítulos anteriores. De esta forma iniciarás con tu trabajo de interpretación, usando tu propia carta.

En la parte II cada "bloque construido" tuvo su propio capítulo dedicado a un orden que permite explorar cada característica de forma profunda y clara. Por supuesto, el desafío y la diversión de la Astrología no sólo están en familiarse con estos conceptos, sino en desarrollar habilidades para unir todos esos elementos. Este es un proceso que va en desarrollo. También vimos en capítulos separados signos, casas y aspectos, de manera que se dieron ejemplos para que empezaras a combinar diferentes factores.

Si deseas, puedes ver diferentes cartas astrales dando click en la dirección que dimos en la introducción; puedes hacerlo con uno o dos miembros de tu familia o gente cercana a tu vida (¡con su permiso!) e imprimir sus cartas. El entendimiento de ellas lo encuentras en este libro. Incluso puedes darte cuenta de que entender otras cartas de esta forma llega a ser un proyecto interesante y algo que ciertamente despierta curiosidad para aquellos que tienen planetas personales o ascendente en Géminis, o aquellos que tienen otras combinaciones en la carta que indican un deseo de buscar una temprana expansión de ese conocimiento... Sin embargo, si estimas que para ti es bueno considerar sólo el estudio de tu propia carta sin ir más allá, también está bien. A algunos les gustaría conocer las cartas de otros al igual que las de ellos mismos, y la carta de Celeste puede parecerte complicada al inicio del estudio, pero puede ayudarte. Es tu decisión ir más allá, depende de ti, aunque tu manera de pensar puede cambiar después.

Mirando hacia atrás

Desde el inicio, cuando las simples observaciones del cambio de la noche al día parecían corresponder con eventos terrenales, desde ahí hasta hoy día, la Astrología ha recorrido un gran camino, el cual ha evolucionado a lo largo de este largo período de tiempo hasta el sistema dinámico que practicamos hoy, basado en la Astronomía matemática y el entendimiento de la psique moderna. La Astrología continúa en evolución, con un lenguaje moderno que está disponible y que proviene de los viejos documentos, así como de libros previamente traducidos. Muchos de ellos contienen sabiduría y técnicas del pasado que pueden ser hábilmente incorporadas en el siglo XXI.

La singularidad de la Astrología reposa en la forma en que combina las bases astronómicas y matemáticas con un sofisticado sistema de simbolismos desarrollado a través de los siglos. De acuerdo con mi conocimiento, no hay otro sistema de pensamiento que se base en la misma premisa.

Nuestra comprensión del complejo ciclo de patrones formado en el Sistema Solar y en la grandeza de la galaxia continuó para llegar a tener más detalle y profundidad. La Astrología de la actualidad sigue con ello. Además, el significado de los planetas, los signos, las casas y los aspectos principales forman parte de la Astrología natal que, por supuesto, inicia con la carta astral.

Para tener un resumen detallado es necesario primero reducir el todo en sus componentes básicos, al igual que se describe en la primera parte de Astrología decodificada. Familiarizarte con todos los signos, por ejemplo, es naturalmente el siguiente paso después del estudio del significado de los planetas, y así sucesivamente.

Por ahora podemos decir que es verdad que los cuatro bloques de construcción son muy importantes para la Astrología natal y la llave de ellos en las cartas son sus propios planetas. Sin los planetas del Sistema Solar no tendríamos las bases de la carta astral. Todo lo demás —signos, casas, aspectos— está basado en la posición de los "errantes", como alguna vez fueron conocidos. Los planetas simbolizan las unidades esenciales y energías —arquetipos— de nuestra experiencia. La raíz de cada planeta es modificada por el signo (la forma en que un planeta se expresa), su casa (qué parte de la vida de una persona tiene experiencia) y sus aspectos (cómo se ajusta este significado en su interacción con otros planetas). El relato de la danza de los planetas se entreteje a través de los aspectos, signos, casas y dónde caen dichos planetas.

De esta forma, no hay carta que se manifieste con una esencia pura de sí misma: siempre hay algo que es reconocible. Por ejemplo, Mercurio retiene las características de Mercurio no importa qué signo, casa o aspecto tenga. Sigue representando tu mentalidad y estilo de comunicación. Todos los otros factores de la carta pueden no ser compatibles entre sí o influirse entre ellos, de manera que encontramos contradicciones en la carta. La gente se comporta de diferentes maneras en diferentes circunstancias y periodos de sus vidas. Con frecuencia somos un manojo de contradicciones, al igual que se refleja en nuestras propias cartas.

Antes de mirar hacia adelante en la siguiente etapa hay una consideración más que debemos hacer y que quizá abordamos con particular interés en una sección corta del Capítulo 2, cuando discutimos sobre el pensamiento mágico. Este tipo de pensamiento también podría ser descrito como "lógica de la inconsciencia", que no sigue la ruta lineal de la mente racional consciente. Una forma paralela de mirar esto es pensar acerca de cómo tenemos un sueño que contiene cosas del pasado, eventos actuales o proyecciones futuras, a menudo fuera de secuencia temporal. Sin embargo, de inmediato se forma una narración de orden, incluso si no tiene ningún sentido coherente para tu racional despierto en mente y emociones. Este es el lenguaje del inconsciente, donde características aparentemente no relacionadas coexisten. El pensamiento mágico también trabaja a través del lenguaje del inconsciente.

La Astrología es una materia que requiere una apertura de pensamiento que permite ligar conceptos aparentemente desconectados, de manera que se llegue a una comprensión significativa. Es un sistema adivinatorio utilizado para el crecimiento interno o para explorar un periodo de tiempo determinado, como en el tarot, las runas, cartas de los ángeles y cuestiones similares. Sin embargo, la Astrología no es un sistema aislado, ya que en parte es una ciencia, en parte es un arte creativo y en parte es simbolismo puro.

No tengo una clara explicación sobre el cómo o el por qué la Astrología funciona con exactitud. Lo único que te puedo sugerir es que permitas que este concepto entre en tu pensamiento mágico. Verás que es la base del aprendizaje, a medida que avancemos más etapas.

De cara al futuro

Aún hay muchos más pasos que debemos aprender para conocer una carta astral y que no he tocado, pero que me gustaría ampliar con el fin de dar una imagen más detallada de los componentes. El primer paso que me gustaría invitarte a hacer antes de absorber más información nueva, es a desarrollar la idea de cómo empezar a interpretar un planeta en un signo, en una casa y con aspectos para otros planetas. La primera parte de la sección III aborda fielmente este proceso. Es probable que no entiendas estos capítulos en su totalidad y para su comprensión necesites tiempo, practicar y familiarizarte, pero con estas guías puedes empezar.

Practicar el arte de la Astrología involucra el aprendizaje de diferencias, peso y balance de varias partes de la carta; de esta manera llegarás a la interpretación. En cada gráfico hay más información que te ayudará a ser más selectivo y obtener el balance correcto. Estudiar cada bloque de construcción por separado es aprender a combinar todos esos elementos de una manera significativa, de modo que tu habilidad para aprender a interpretar una carta puede tomar forma. Una vez que empieces a conocer y a combinar las partes separadas, definirás los temas de una carta como base para su interpretación, podrás encontrar que las etapas de preparación combinan planetas en signos y casas, y que sus aspectos otorgan una base para hacerlo. El desafío del astrólogo es crear un todo diferente, de manera que decide cuáles son las partes más importantes de la carta basándose en su selección y balance: esto es conocido como la tabla de ponderación.

A pesar de que muchos hilos pueden ser combinados, es posible identificar los más importantes de ellos en la carta en el orden necesario para percibir el trato personal que requiere un individuo. La identificación de los temas constituye la base para interpretar toda la carta, la cual refiere varios puntos que son usados para determinar los temas principales de la carta. Hacia el final de este libro, la carta de estudio habrá hecho referencia a varios puntos que serán usados para ilustrar cómo se determinan los temas importantes. Cada carta tiene un número de temas que revelan pormenores del carácter de una persona. Habiendo identificado estos elementos, se dará una breve interpretación de la carta natal de Celeste no con la intención de cubrir todas las partes de su carta (lo cual de todas maneras es imposible, debido a todo el potencial de información que posee), sino para demostrar cómo se hace. Para ello no es necesario incluir cada detalle en una interpretación. Cada carta es diferente, así que las directrices, en lugar de normas, son la mejor estructura. Practicar Astrología no requiere de fórmulas, sino de conocimiento, de estudio y de ser creativo en ello. Hay alegría en hacer esto, en ejercitar tu propio estilo creativo. Una vez que has dominado el significado esencial de las diferentes partes de la carta, puedes expandir tus bases.

También hay algunas técnicas y particularidades nuevas en los siguientes capítulos, que pueden adicionar color y detalles para los bloques básicos. Siempre hay más técnicas para estudiar en Astrología, pero los límites saturnianos de tiempo y espacio significan que probablemente nunca aprenderemos todo de ellas. De cualquier forma, lo que se ofrece en los siguientes capítulos es información significativa para tu interpretación en general.

Otro punto fascinante acerca de ligar un factor astrológico con otro en la carta es la peculiaridad de cada persona. De esta manera, veremos que el aspecto Marte en cuadratura con Saturno no necesariamente se revela en la misma forma en todas las personas: dependerá del número de variables, así como otros aspectos que pueden ser contradictorios o exagerar la expresión del aspecto, o de qué tanto el individuo ha sido capaz de integrar esta energía, dependiendo de su edad, experiencia de vida o etapa de desarrollo. El significado básico del aspecto sigue siendo el mismo, pero su manifestación puede ser diferente. Aquí es donde la habilidad del practicante de Astrología entra en juego.

A propósito, Marte en cuadratura con Saturno trata esencialmente de bloquear la libre expresión de Marte, de manera que el potencial para ser activo o asertivo es limitado. Esto con frecuencia resulta en energía baja o ansiedad, o en una tendencia a acumular ira no expresada o frustración. Pero esto no quiere decir que tener este aspecto en tu carta signifique que siempre será así: al igual que la gente madura, puedes aprender a manejar tus experiencias. Este es un aspecto que también pone a prueba tu coraje y reafirma tu seguridad interior, lo que te ayudará a seguir adelante aun cuando la vida sea dura.

Te darás cuenta de que te quedas estancado en el significado de algunos planetas, sus posiciones en los signos, casas o aspecto, aunque habrá otros que serán fáciles de recordar para ti. Muchos estudiantes de Astrología topan con eso. No te preocupes si no dominas esto por ahora. Estudiar Astrología es una aventura continua de conocimiento de ti mismo y de otros, que potencialmente puede durar toda la vida.

Resumiendo

Si fuiste feliz estudiando los "bloques de construcción", seguramente estarás más contento de ir a un conocimiento más profundo en la parte III. Hay muchas áreas que te sorprenderán...

Tareas:

MIRANDO HACIA ATRÁS

a) Si no conoces todos los símbolos de los planetas, signos y aspectos, practica a dibujarlos y nombrarlos, de manera que llegarán de forma natural a ti. Hay guías de referencia rápida al final del libro, donde se pueden buscar fácilmente significados olvidados.

b) Relee la sección que quieras recordar con más detalle. Las guías de referencia sólo sirven para lo que necesites recordar.

c) Toma notas mentales o escritas de cualquier cosa que llame tu atención cuando mires hacia atrás. Puede ser útil llevar un bloc de notas o algo similar dedicado a tus estudios.

TERCERA PARTE

SENTANDO LAS BASES

8. PLANETAS EN SIGNOS Y CASA

Cómo empezar a ensamblar la carta en su conjunto

En este capítulo veremos las formas de acercarnos al proceso de combinación de planetas en signos y casas. Empezamos a buscar las formas de combinar estos principios a través de los ejemplos de interpretación que fueron dados después de la descripción de cada capítulo y cada casa en los capítulos 4 y 5, aunque se ofrece sólo una interpretación sin ninguna explicación del proceso utilizado. Únicamente recuerda:

El signo en el cual un planeta cae nos indica cómo se expresa el significado esencial de ese planeta.

Alguna información es visible inmediatamente para algunas cartas. Por ejemplo, en una carta que tiene tres o más planetas en un signo o casa, especialmente si son planetas sociales o personales, identificas de inmediato que la carta lleva una fuerte firma de ese signo. En la carta de Celeste los tres planetas personales están en Géminis, lo que nos muestra que es un signo muy importante para ella. Por supuesto que sigue siendo importante considerar las posiciones de los otros planetas también, ya que eso nos dirá cómo influencian en el balance de toda la carta.

Aunque continuamos enfocándonos en la carta de Celeste, algunos otros ejemplos son tomados de la carta de Robin, dada en la parte delantera del libro en la página 6. Como siempre, mirar tu carta es una excelente forma de aprender también. Además usaré otros ejemplos, algunos de ellos tomados de las cartas de famosos. Sólo diré una palabras acerca de las posiciones planetarias que son ilustradas usando las cartas de los famosos: estas no son, por supuesto, planeadas para transmitir el conjunto de las cartas de esas personas, sino únicamente la colocación particular de los planetas, que también es una referencia. Además, no toda declaración u oración con las que se te invitará a crear varias combinaciones puede aplicar en cada caso para una persona, ¡no importa si son famosos o no!

Un planeta en un signo

Aquí te voy a explicar tres formas posibles de ver la combinación del significado de un planeta en un signo: cada uno se basa en los resultados que se obtienen del anterior. Esto no significa que se tiene que usar un método en cada carta. La primera forma simplemente es una sugerencia para jugar al inicio, mientras que los otros dos son enfoques más estructurados.

Aprender a combinar el significado de los planetas y signos en palabras que tengan sentido es un ejercicio intelectual que implica procesos mentales clave, como el análisis y la comunicación. Sin embargo, habrá otras partes de tu ser a las que también deberás llamar para interpretar. He comparado esto a partir de los cuatro elementos encarnados en ti mismo. Los cuatro elementos se explicaron brevemente en el Capítulo 4 y se dará una explicación más amplia de ellos en el Capítulo 10. Por ahora, empecemos a relacionar los conceptos básicos de esos cuatro elementos para cualidades humanas específicas.

De esta manera, para encontrar o escoger las palabras para describir un planeta en un signo necesitarás usar tu memoria para recolectar la esencia del significado del planeta y signo (agua), tu practicidad para ponerlos juntos de una forma coherente (tierra), y tu creatividad para hacer un salto mental y ser inventivo cuando es necesario (fuego). Al tratar de describir un signo y un planeta con palabras, tú combinarás las palabras mentalmente (aire).

Sólo por diversión, para ser capaz de empezar a ligar planetas y signos juntos en un significado, tal vez te gustaría hacer un pequeño juego:

- Escoge un planeta desde el Sol hasta Saturno y entonces toma uno de los doce signos.
- Después escoge una palabra o cualidad que asocies con ese planeta o ese signo.
- Trata de hacer esto de memoria, para ver qué tanto puedes recordar del significado de los planetas y los signos.

De esta forma puedes empezar a tener una idea básica de la colocación del signo del planeta, antes de considerar algunas formas más metódicas de mirar.

Aquí tienes algunos ejemplos de cualidades para el mismo planeta en un signo diferente, de manera que puedes hacer una comparación entre la forma en que sus significados son expresados:

Mercurio-pensamiento / Cáncer-preocupado = pensamientos de preocupación.
Mercurio-comunicación / Libra-armonía = comunicación armoniosa.

Venus- relacionado / Leo-drama = relaciones dramáticas.
Venus-amor / Escorpión-pasión = amor apasionado.

Júpiter-crecimiento / Tauro-cuerpo = crecimiento corporal.
Júpiter-exploración / Capricornio-responsabilidad = exploración responsable.

Te invito a que trates de hacer las siguientes dos combinaciones. Ambas serán interpretados por ti. Son:

Luna en Piscis
Marte en Virgo

Siguiendo sobre la misma idea, ve lo que puede llegar siguiendo esos planetas en signos; antes mira las interpretaciones dadas abajo.

Hay dos formas más estructuradas para seguir con esto. La primera simplemente es una expansión por encima de los juegos de palabras, pero utilizando el material interpretativo dado anteriormente en el libro.

Cuando juegues con conceptos como los que se mostraron anteriormente, te sorprenderás de la información que absorberás, tal vez sin darte cuenta plenamente.

Aquí hay dos formas nuevas de trabajar con planetas y signos de una forma mucho más sistemática. Estas no pueden ser las únicas maneras de acercarse a los planetas que combinan con los signos, pero ambas son útiles y no demasiado complicadas. El primer método es usar las palabras clave; el segundo es hacer las frases clave. Puedes escoger cualquiera de los dos o ambos, cualquiera que te parezca más útil. Trata de experimentar con los dos para ver con cuál trabajas mejor. Encontrarás la explicación a cada uno más abajo. Tal vez deseas empezar con las palabras clave y continuar con las frases clave, o irte directo a las frases clave, no importa la forma qué elijas, para ambos se requiere que hagas un pequeño salto mental o intuitivo.

Método 1: uso de palabras clave

Habiendo experimentado un poco con juegos de palabras al azar, ahora escoge una carta específica para experimentar. Puedes tomar la posición de un planeta en un signo de tu propia carta o tratar de hacer esto con la carta de Robin (ve la página 6), o usa la carta de otra persona; puede ser la carta de una celebridad que encuentres en internet. Si usas la carta de un famoso que encuentres en la red te sugiero que corrobores los datos en diferentes sitios, ya que no siempre proporcionan los datos correctos acerca de la fecha de nacimiento.

Consulta las palabras clave de los planetas y escoge una o dos. Haz lo mismo con las palabras clave de los signos. Encontrarás las palabras clave en la cima de cada planeta individual y signo en los capítulos 3 y 4. Trata de hacer dos o tres declaraciones de una palabra con ello; dichas declaraciones sonarán un poco extrañas al principio. Incluso es posible que necesites adaptarte a la redacción de esas oraciones para darles sentido: el proceso puede ser comparado con poner dos o tres palabras juntas desde una caja de palabras magnéticas como las que dejas pegadas en la puerta del refrigerador, excepto que no es totalmente al azar que las palabras están asociadas con cada planeta y signo.

En cuanto a conjuntos de combinaciones de palabras, es mejor usar menos que más. Sé selectivo y trata de escoger aquellas que tengan un mayor significado para ti. De manera alterna, haz tantas combinaciones como puedas. Después de eso elige las mejores, lo que eso signifique para ti. Al final, tres o cuatro combinaciones de palabras clave serán suficientes.

Abajo hay dos planetas en signos con los que te sugerí que hicieras el juego de palabras antes de leer esto. Es posible que encuentres otras combinaciones de tus propias dos listas de palabras clave proporcionadas.

Palabras clave para Luna en Piscis (☽♓)
- *Luna*: Instintos, necesidades, emociones, respuestas, nutrición, memorias, el pasado, familia, madre.
- *Piscis*: Compasivo, idealista, soñador, confuso, sensible, ingenuo, psíquico, inspirado.

Significado de las palabras clave de la Luna en Piscis:
Emociones compasivas, crianza sensible, sueños para recordar, idealización de la madre, respuestas confusas, instintos inspirados.

Palabras clave para Marte en Virgo (♂♍)
- *Marte*: Voluntad, impulso, deseo, coraje, supervivencia, inicio, impulso, afirmación, ira, nitidez, lucha y defensa.
- *Virgo*: Prácticamente organizado y mentalmente creativo, amable, busca resultados, atento en silencio, crítico, discriminante, le gusta la regularidad.

Significados de las palabras clave de Marte en Virgo:
Supervivencia organizada, crítica firme, luchador discriminatorio, impulsivamente amable, agudamente observador.

Método 2: crear frases clave

Mira las frases clave más significativas de ambos planetas y signos en la guía rápida de referencia y después haz pequeñas oraciones de la forma que se muestra abajo.

El uso de palabras clave sencillas puede ser más fácil, pero el uso de frases clave proporcionará más profundidad.

Frases clave para Luna en Piscis (☽♓)
- *Luna*: Vida emocional interior, memoria, sentido de pertenencia o seguridad, respuestas instintivas o actitudes inconscientes, necesidad de seguridad emocional, habilidad para adaptarse, capacidad para nutrir y proteger, influencia familiar e influencia de experiencias emocionales del pasado.
- *Piscis*: Muy sensible y compasivo, se mueve fácilmente, intuitivo, podría ser psíquico, puede ser engañado o explotado, propenso a evadirse, en busca de un ideal, romántico, artístico, inspiracionalmente sabio, buscador espiritual, necesita límites claros.

Algunas frases clave para la Luna es Piscis son:
- Instintivamente responde de manera sensible a otros.
- La madre o la familia pueden ser vistos de una manera ideal.
- La adaptabilidad y compasión lo pueden orillar a ser un ser explotado.

- Establecer límites personales mejora la seguridad emocional.
- Busca seguridad en sus creencias espirituales o en el romance.

Personaje famoso con la Luna en Piscis: Coco Chanel, diseñadora de moda y perfumes (19 de agosto de 1883, 16:00 horas. Saumur, Francia)

Frases clave para Marte en Virgo (♂♍)

- *Marte:* Instinto de supervivencia y conciencia corporal, deseos o sexualidad, energía física, fuerza de voluntad, coraje, capacidad de ser asertivo e ira, competitivo, voluntad para luchar y defenderse, nitidez, capacidad de penetración, acciones impulsivas.
- *Virgo:* Crítico y puede ser analítico, útil, amable, quiere servir, con los pies en la tierra, organizado y eficiente, observador, minucioso, puede ser muy crítico con otros o consigo mismo, se inclina al perfeccionismo, muy tímido, no busca el protagonismo, consciente de la salud.

Algunas frases clave para la Luna en Piscis son:
- Refinado para los asuntos sexuales.
- La energía física se mantiene a través de actividades saludables.
- Amable y prácticamente útil, pero puede ser eficientemente competitivo cuando sea necesario.
- El perfeccionismo puede conducir a la ira autocrítica.
- Silencio tenaz.

Personaje famoso con Marte en Virgo: Amelia Earthart, aviadora pionera, primera mujer en volar a través del Atlántico (24 de julio de 1897, 23:30 horas. Atchinson, Kansas, Estados Unidos)

También puedes usar este capítulo para recopilar descripciones, pero si esto forma parte de una lista larga necesitarás algunos ejercicios para elegir o puedes acabar sintiéndote abrumado por la información si vas a interpretar toda una tabla. El uso de frases cortas ayudaría a reunir la información en conjunto para un gráfico.

Un planeta en un signo puede tener muchas manifestaciones, pero estas obviamente necesitan estar dentro de los límites del significado particular del planeta y los signos. Los significados que se dan en la parte II no son exhaustivos de ninguna manera, ya que puedes llegar a otros diferentes por ti mismo. También puedes combinar palabras clave y frases clave. Encontrarás que el uso de ambos métodos te proveerá de nuevas combinaciones de significados.

Siempre puedes regresar a este capítulo y al siguiente cuando empieces a aprender a leer la carta o preparar notas cuando inicies la interpretación de una carta.

Un planeta en una casa

El siguiente paso es ver las diferentes formas de interpretar el lugar de la casa de cada planeta. Recuerda que las casas astrológicas marcan en qué áreas de la vida personal los planetas en los signos son más propensos a ser experimentados. Esta también es una buena forma de revisar el significado de las doce casas (puedes releerlas para más información).

Si la casa que estás viendo tiene tres o más planetas, como la carta de Celeste, verás el énfasis en las casas, lo cual ayudará para evaluar la importancia de estas en la carta. Las áreas de la vida representadas por esas casas pueden ser significativas: tendrán un peso mayor las que contienen más planetas personales.

Mientras aprendes puedes usar el mismo enfoque para planetas en las casas que el que se usa para los planetas en los signos. Puedes usar oraciones pequeñas o frases que contengan el significado de un planeta en una casa.

Método 1: uso de palabras clave

Escoge una o dos palabras clave de los planetas y después de las casas, las cuales encontrarás en la parte superior de la descripción de cada uno en los capítulos 3 y 5. Haz dos o tres frases pequeñas con esas palabras. Te doy dos ejemplos de un planeta en una casa. El primero se tomó de la carta de Robin.

Palabras clave para Sol en la segunda casa (☉2)

- *Sol*: Sentido de identidad, egocentrismo, autoconciencia, centro creativo, padre.
- *Segunda casa*: Valores personales, seguridad material, posesiones y dinero, conciencia corporal, habilidades prácticas, deseos y apegos.

Significados de las palabras clave para Sol en la segunda casa:
Creativo con el dinero, identificación con el cuerpo, conciencia de la seguridad material, fuertes deseos de ego.

Palabras clave para Mercurio en la octava casa (☿8)

- *Mercurio*: Estilo de comunicación, pensamiento, aprendizaje, mentalidad, conexiones.
- *Octava casa*: Conexiones profundas, sexualidad, poder y control, muerte y renacimiento, secretos, sujetos ocultos, investigación, finanzas conjuntas, herencia.

Las palabras clave de Mercurio en la octava casa significan:
Pensamientos secretos u ocultos; pláticas o escritos acerca de situaciones de muerte; comunicación poderosa, aprendizaje sobre herencias, conexiones sexuales.

Nota: Si vas más allá de anotaciones como "pláticas o escritos acerca de situaciones de muerte" verás que eso puede describir experiencias que envuelven a un detective de homicidios, el forense o un escritor de casos de crímenes. Esto es sólo un ejemplo de las muchas experiencias que se pueden definir en esa parte. En cuanto a "conexiones sexuales", podría ser algo actual o sugerir un encuentro con un médico. Aquí puedes dar rienda suelta a tu imaginación, ¡pero ten cuidado de no asumir todo como interpretaciones si te llegas a encontrar con algo similar en una carta! Las palabras clave te ayudan con las manifestaciones de combinaciones, y esa es su importancia.

Método 2: crear oraciones con frases clave

Consulta las descripciones abreviadas de planetas y casas en las guías de referencia que se encuentran al final del libro, tal como lo has hecho antes. Trata de hacer oraciones largas combinando dichas frases, al igual que lo hiciste con los planetas y los signos.

Frases clave para Sol en la segunda casa (☉2)
- *Sol*: Sentido de identidad y de sí mismo, tu individualidad, tu fuerza vital y energía, lo que te anima, percepción, conciencia, vitalidad, fuente de creatividad, sentido de propósito en la vida, experiencia del padre.
- *Segunda casa*: Posesiones, actitud para el rol del dinero en tu vida, experiencias que te dan el sentido de valor o valioso; deseos y sentido de seguridad material, fuentes personales, incluyendo tus talentos y experiencias que aprecias, la relación con tu cuerpo físico, tus apegos a las cosas y a las personas; conciencia de tu cuerpo físico como una fuente de vida.

Personaje famoso con Sol en la segunda casa: Elvis Presley, estrella del rock'n roll (8 de enero de 1935, Tupelo, Mississippi, Estados Unidos.

Frases clave para Mercurio en la octava casa (☿8)
- *Mercurio*: Proceso de pensamiento, mentalidad, cómo te comunicas y aprendes, presentación y conexión con otros, interconexión, movimiento alrededor, transporte.
- *Octava casa*: Experiencias de transformación a través de una profunda conexión emocional con otros, psicología, poder, control, sexualidad o muerte, asuntos sin resolver, eliminando y renovando, secretos y temas ocultos, lo oculto; dinero compartido y fuentes de finanzas y herencias, señales profundas.

Algunos significados para Mercurio en la octava casa son:
Discusiones profundas sobre asuntos intensos; la lectura de libros sobre lo oculto, estudiando psicología, creación de una cuenta bancaria conjunta con otra persona, creación de redes en el corredor de poder, ahondar debajo de las apariencias superficiales y buscando señales.

Personaje famoso con Mercurio en la octava casa: Anthony Burgess, crítico literario y novelista, quien escribió *La naranja mecánica* (25 de febrero de 1917, 12:00 horas, Manchester, Inglaterra)

Un planeta en un signo y una casa

El proceso de tomar a ambos, tanto a signo como a casa, dentro de una cuenta cuando se trata de evaluar el significado del planeta a primera vista puede parecer de enormes proporciones. No he incluido palabras clave en esta sección, para que continúes conociendo de la mejor manera cada uno de los métodos. Por supuesto, no tienes que parar en hacerlo tú mismo, tal vez usando algunos de los ejemplos que se te han dado. Si te quedas con los principios del planeta, signo y casa que te preocupan y continúas con una interpretación temprana simple, encontrarás que ganas práctica con el tiempo.

Continuaremos usando sólo las guías de referencia para las casas y los signos en combinación, así que por favor consulta las frases clave para los planetas y signos como lo hicimos antes. Seguiremos con las frases clave para las casas de los planetas. Como lo sugerimos al inicio, puedes regresar cuantas veces sea necesario a los capítulos 3, 4 y 5.

Una vez que te sientas con la confianza de poner todas las frases juntas, trata de jugar y ser creativo con ellas. Sal de esas frases y dale rienda suelta a la imaginación. No te alejes de los significados esenciales de cada planeta, signo o casa, ya que de no hacerlo así pueden perder el sentido esencial y la interpretación que des podría no tener sentido para la persona a la que le estás haciendo la carta. ¡La expansión de Júpiter es buena, pero Saturno necesita contenerse!

Abajo hay dos ejemplos de un planeta en un signo y una casa como directriz.

Frases clave para Júpiter en Acuario en la décima casa (♃ ♒ 10)

- *Júpiter*: Tu capacidad de crecimiento y expansión, confianza, fe, felicidad y sentido de propósito, oportunismo y "suerte", punto de vista amplio, la búsqueda por el conocimiento y el significado de la vida.
- *Acuario*: Altamente independiente, puede ser rebelde, sentido social agudo, atracción por improvisar circunstancias, opiniones fuertes y habla sin rodeos, ingenioso, planeador del futuro, racional, distante, objetivo.
- *Décima casa*. Tipo de trabajo, ocupación, dirección de vida o carrera, experiencia del padre guía, usualmente de la madre, tu acercamiento al logro y ambición, estatus social, imagen pública, reputación, actitud para la autoridad, la ley, la policía o control de cuerpos, responsabilidad.

Algunas frases clave de Júpiter y Acuario en la décima son:
- Busca propuestas en un trabajo que incluye mejoras sociales.
- De carácter social rebelde que se puede manifestar en contra de la autoridad.
- Conocido como alguien que se apodera de las oportunidades de crecimiento independiente.
- Tener un punto de vista más amplio, planificar el futuro, pueden ser cualidades aprendidas de su madre.
- Amplio conocimiento e inventiva que podría llevar a logros mundanos.

Famosos con Júpiter en Acuario: Meryl Streep, actriz (22 de junio de 1949, 08:05 horas, Summit, New Jersey, Estados Unidos)

George Bernard Shaw, dramaturgo (26 de julio de 1856, 00:40 horas, Dublín, Irlanda)

Mira la combinación como un todo: con base sólo en aquellas tres posiciones del planeta, signo y casa la persona puede ser apta para emplearse a sí misma o para trabajar donde haya libertad. Tal como lo ves, siempre habrá muchas combinaciones en los factores de cada carta. Dichas combinaciones serán válidas y dependerán del resto de la carta y del periodo de vida de la persona.

Los planetas exteriores y las casas

Para los planetas exteriores, y en cierta medida Quirón, las posiciones de la casa tienen un significado más personal, en cualesquiera de esos planetas en que caiga. Recuerda que esto se debe a que el signo en el que se encuentran estos planetas de lento movimiento son los mismos para la generación o una parte de la generación en la que cada persona nació.

Para ayudarte a ver esto en la práctica aquí hay una interpretación de uno de los planetas exteriores en un signo y casa. Se toma de la carta de Robin. Te darás cuenta de que adapté el significado de Sagitario de una forma menos personal y más descriptiva de los antecedentes de experiencia de aquellas personas que estaban colocadas en Neptuno. Tengo una interpretación de esta posición considerando la descripción del planeta, signo y casa en sus respectivos capítulos, al igual que la interpretación concisa dentro de los pequeños test que se han dado en cada capítulo, que nos han servido para mostrarte cómo puedes expandir tu interpretación cuando te sientes listo. Sin embargo, para empezar a hacer tu primera interpretación sugiero que continúes haciendo frases simples y trabajando de manera inicial con las palabras clave.

Palabras clave para Neptuno en Sagitario en la quinta casa (Ψ ♐ 5)

- *Neptuno:* Disolviendo los límites, fundirse, perder el ego, imaginación, fantasía romántica, habilidad psíquica, escapismo, confusión, traición, compasión, amor incondicional y universal, espiritualidad, Dios, la inconsciencia colectiva.
- *Sagitario:* Búsqueda del significado de la vida a través de los viajes, la filosofía, estudio, imaginación y visión, las cosas no llegan fácilmente, amor a la libertad, mente abierta, inquietud, tomador de riesgos.
- *Generación de Neptuno en Sagitario:* nacidos entre 1970 y 1984; son idealistas espirituales; muchos de los que vienen de países occidentales han abierto los horizontes de la comprensión religiosa a través de sus viajes a tierras orientales para buscar respuestas. Un intercambio de puntos de vista culturales se ha expandido en el mundo en general, como consecuencia de ello. Un sentido de libertad, voluntad para tomar riesgos e inquietud pueden caracterizar este periodo.

- *Quinta casa:* Cómo juegas, te diviertes y disfrutas, es decir: amores, lugares de entretenimiento, actividades de placer, niños, libre expresión, creatividad personal, fe en ti mismo, confianza.

Algunas oraciones con frases clave para Neptuno en Sagitario son:
- El goce de la vida tendrá calidad Neptuno/Sagitario (ya que Sagitario está en la cúspide de la quinta casa; ver Regencias en el Capítulo 11); puede ser en diversos elementos, como ir al cine, equitación, estudiar filosofía o desarrollar habilidades psíquicas.
- Los niños pueden abrirte un significado en la vida y despertar el amor incondicional.
- Por tu falta de compromiso tienes libertad para divertirte, aunque debido a ello algunos pueden traicionarte o puedes llegar a sentirse confundido por la misma situación.
- Tomar riesgos en las aventuras amorosas puede motivar una fantasía romántica.

Generalmente Neptuno en la quinta casa es altamente imaginativo, probablemente en una forma artística; con seguridad es un soñador. Algunas veces esto puede significar una inclinación a dejarse llevar por un amante o por una historia de mala suerte. Desarrollar más su parte selectiva ayudaría a proteger a este Neptuno compasivo.

Usando la energía de tu propia carta natal de la quinta casa acerca de las actividades de placer, te animo a seguir jugando con las ideas y posibles interpretaciones. Preparar a tu mente puede ser una actividad agradable, pero la intuición y emociones también juegan un papel muy importante en el desarrollo de tus habilidades astrológicas.

No tengo una tarea específica para este capítulo, ya que sólo se han incluido sugerencias y descripciones acerca de los métodos que puedes usar para interpretar tu propia carta, las de tus amigos o la carta de alguna otra persona que conozcas.

9. COMBINACIONES

Mezclando planetas, signos, casas, aspectos

Cuando interpretamos los aspectos de una carta, ese es el significado principal de los planetas y estos toman la mayor importancia, cualquiera que sea la naturaleza de los aspectos que conecten con ellos (cuando hago una referencia a los "dos planetas" puedes asumir que esta descripción también incluye a un planeta y un ángulo). Sin embargo, por supuesto que también es relevante cualquier vínculo que conecte con un cuadrado, un trígono o algún otro aspecto: el tipo de aspecto naturalmente alterará la facilidad para interpretar, es decir, el aspecto nos dirá cómo se expresa la persona en su vida diaria. Sin embargo, el punto central, en términos de mirar a las cartas como una fotografía simbólica de la persona, es observar si cada planeta está conectado de alguna manera.

Para mostrarte qué significa esto es necesario que regreses al Capítulo 7. Al final del capítulo doy un ejemplo de la cuadratura de Marte en Saturno, que habla "esencialmente acerca de cómo Saturno bloquea la libre expresión de Marte", lo cual puede hacer que este aspecto haga sentir una batalla constante, a veces, para hacer las cosas. Si este aspecto fuera un trígono aún habría presión para lograr ubicar a la persona en Marte con Saturno, ya que Saturno busca un resultado tangible. Sin embargo, Marte en trígono con Saturno indica una capacidad e incluso un gozo por trabajar duro o poner energía (Marte) dentro de un proyecto como una meta o un logro que puede ser alcanzado (Saturno). De esta forma se alcanza el significado esencial de ambos, Marte y Saturno, en combinación con las formas básicas de la interpretación que se conectan con los aspectos.

Un planeta sin aspectos —es decir, un planeta que no tiene aspectos principales para otro planeta— se encuentra fuera del resto de la carta y es más difícil de integrar. Un ejemplo es el Sol en la carta de Celeste. Si miras el aspecto de las casillas en su carta una vez más, verás que no tiene aspectos principales de otros planetas para su Sol. Así es como se define a un planeta sin aspectos. Los aspectos para los ángulos desde un planeta sin aspectos no cuentan para este caso en especial. El significado de los planetas sin aspectos será explicado en el Capítulo 10.

De esta forma, el proceso por el cual se llega a la interpretación de un aspecto es el siguiente: toma algunos de los ejemplos dados anteriormente en el Capítulo 6, mirando primero los significados fundamentales de cada planeta a través de las frases clave, y después los aspectos particulares para ver el tipo de conexión que los planetas tienen unos con otros. También se da un ejemplo de un aspecto planetario. Combinar aspectos con signos y casas es el siguiente paso. Los aspectos en sí mismos transmiten una buena cantidad de información y el signo y la casa en que los planetas son colocados también nos proporcionan información.

Aspectos entre los planetas exteriores

Los aspectos que se producen en una carta entre los planetas exteriores no son personales, sino colectivos, y pueden durar por décadas en algunos casos. No deberían estar considerados en un nivel personal en la carta al interpretar los elementos juntos. Ejemplos en común de planetas exteriores para muchas personas nacidas en la segunda mitad del siglo XX son:

- Neptuno con sextil en Plutón (♆⚹♇)
  Este aspecto se produce desde 1940 hasta finales de los años noventa y se repite en algunos períodos del siglo XXI.
- Urano en oposición con Quirón (♅☍⚷)
  Este puede contar como un semiaspecto de un planeta exterior, a pesar de que Quirón no es estrictamente un planeta exterior, y se produjo desde los inicios de los cincuenta hasta finales de los ochenta.

Ninguno de las anteriores condiciones se mantuvo tal cual en estos aspectos de manera permanente. por lo que no estarán en las cartas natales de muchas personas nacidas durante esos largos períodos de tiempo, aunque la mayoría de las cartas de la gente las tendrá. Además habrá momentos en que Urano se encuentre con Plutón y algunas veces con Saturno en oposición con Quirón.

Donde Urano está en oposición con Quirón en particular, se convierte en una influencia personalizada —como sucede en la carta de Celeste con Mercurio—. Esto ocurre cuando el aspecto también envuelve a un planeta personal, como Júpiter y Saturno. Saturno es un planeta social-par que debería considerarse cuando está aspectado con Urano, Neptuno o Plutón en la carta, ya que Saturno trae en sí el ámbito más personal.

En el caso sólo del sextil de Neptuno con Plutón puedes ignorarlos sin problema.

Uniendo los aspectos

Palabras clave

Estamos usando los mismos métodos básicos para que lleguen a ser familiares con los aspectos, al igual que se hizo con la combinación de los planetas y signos, o planetas y casas, con una adición importante: la naturaleza de los aspectos en sí misma también necesita ser considerada y aquí hay palabras clave para aspectos, que pueden ser usadas para empezar una interpretación.

Escoge dos planetas de tu carta, de la de alguien más o simplemente toma dos que te llamen la atención. Después piensa en una palabra que te conecte con cada planeta, sin buscar su significado, si es posible. Trata de vincular esos planetas desde tu memoria en su significado esencial. Ya que esta parte la vimos en el capítulo anterior, tal vez no tengas problemas. Coloca las dos palabras juntas y haz una frase con ambas que conjuntamente resuman el vínculo. En los ejemplos de abajo usamos cada planeta y ángulo; yo he usado sólo uno de los significados de cada uno, aunque por supuesto hay muchos otros.

> Marte: guerra / Júpiter: dios = guerra santa = luchando por creencias.
> Sol: identidad / Mercurio: comunicación = identificación con comunicación = conversador.
> Luna: familia / Urano: independencia = independencia familiar = desarrollo de la individualidad.
> Mercurio: expresión / Quirón: herido = discursos heridos = dificultades con la expresión.
> Saturno: disciplina / Plutón: intensidad = disciplina intensa = resistencia.
> Venus: amor / Neptuno: ideales = amor ideal = idealismo romántico.
> Luna: educación / Ascendente: primera impresión = otros perciben a una persona educada.
> Sol: yo esencial / MC: dirección de vida = dirección de vida, una parte esencial de sí mismo.

Ahora trata de añadir una breve descripción de los aspectos. Si no puedes recordar palabras clave para los tipos de los principales aspectos, a continuación se proporcionarán algunos ejemplos. Aquí hay algunos sencillos que utilizan la misma descripción breve de cada planeta, como anteriormente se ha hecho para algunas de las combinaciones.

Marte en cuadratura con Júpiter (♂□♃)
Marte: guerra / Cuadrado: desafío / Júpiter: dios = batalla dura por las creencias.

Marte en trígono con Júpiter (♂△♃)
Marte: guerra / trígono: flujo / Júpiter: dios = persuadiendo a otros por tus creencias.

Venus en conjunción con Neptuno (♀☌♆)
Venus: amor / Oposición: dualidad / Neptuno: ideales = dividido entre el amor y los ideales; idealizando a otros = amando un ideal.

Luna en sextil con Urano (☽✶♅)
Luna: familia / Sextil: esfuerzos recompensados / Urano: independencia = independencia temprana de, o con, la familia = la libertad emocional es importante.

Si expandes estas ideas más allá de las frases limitadas y sigues usando palabras clave de acuerdo a las descripciones del planeta en el Capítulo 3, tal como lo hiciste con los planetas en signos y casas, puedes ir expandiendo tu vocabulario astrológico. Con las frases clave para los planetas y aspectos dados en las guías rápidas de referencias podrás construir un entendimiento más profundo de los significados de los aspectos. Al igual que hiciste con los planetas en signos y casas, es preferible que selecciones aquellas frases que sientas que son más significativas, si así lo deseas. Obtener la capacidad de evaluar todo lo que se necesita lleva tiempo y si prácticas —tal vez con cartas de tus amigos— tus habilidades y entendimiento crecerán de manera natural.

Como lo dijimos en el capítulo anterior, los cuatro bloques de la carta pueden ser entendidos de manera más amplia que con tan sólo ver una o dos palabras clave solas, aunque las palabras clave son un buen inicio.

Los aspectos planetarios dan un contenido profundo y complejo que ayuda a definir el tipo de persona. Hay tres partes que ayudan a definir los aspectos: cada uno de los dos planetas primeros, seguidos por los aspectos entre ellos. Esto significa que hay aspectos un poco más multifacéticos que un planeta en un signo o en una casa. Para combinarlos de manera magistral se requiere dar un salto mental un poco más grande, que parte del proceso de colocar de manera directa las palabras clave juntas para trasladar dichas palabras a una percepción que tenga significado. Descomponer los elementos de esta manera, como se ha sugerido en este capítulo, y formar frases ilustra el método de interpretación para los aspectos.

Frases clave

Para llegar a interpretaciones más profundas podemos regresar a las guías rápidas de referencia para obtener un resumen, como se sugiere en el Capítulo 8, y si es necesario consulta las partes correspondientes de los capítulos previos. Vamos a ir un paso más allá, combinando diferentes piezas e información y desarrollando tus habilidades. Para el primer ejemplo tendremos a Mercurio en cuadratura con Plutón.

Palabras clave para Mercurio en cuadratura con Plutón (☿□♇)

- *Mercurio:* Proceso de pensamiento, mentalidad, cómo comunicarse y aprender, relaciones y conexiones con los otros, creación de redes, cómo se mueve en el mundo, transportación.
- *Plutón:* Rompimiento y transformación, final y renovación, compulsión, uso o abuso de poder y control, obsesiones, el poder de la sexualidad, intensidad, muerte y renacimiento —simbólica o actual—, asuntos secretos o enterrados llevados a la superficie, limpieza profunda.
- *Cuadrado:* Conflicto interno, tensión, esfuerzos, resistencia, a la defensiva, falta de realismo, exageración, búsqueda de resultados, cuadrados estrechos para crecer, aprendizaje, y búsqueda de tu fortaleza interna.

Algunos significados clave para Mercurio en cuadratura con Plutón son:
- Discreción en la forma en que comunican los pensamientos hacia los otros (tendencia a engancharse), consideran guardar un secreto cuando es necesario.
- Aprender sobre el poder a través del ejercicio en uno mismo.

- Puede llegar a ser obsesivo con otra persona o con una idea y ser demasiado contundente.
- Comunicación intensa, empuja para llegar al fondo de las cosas, perspicaz.

Personaje famoso con Mercurio con cuadratura con Plutón en sus cartas: Lewis Carroll, autor de Alicia en el país de las maravillas (27 de enero de 1832, 03:45 horas, Daresbury, Inglaterra). Carroll escribió (Mercurio) acerca del mundo subterráneo (Platón) que está lleno de retos (cuadrado).

Aquí hay otros tres ejemplos extraídos del capítulo Los aspectos, los cuales han sido descompuestos en varios componentes para mostrar cómo se llega a una interpretación. Siguiendo con la filosofía de ir construyendo tus habilidades de interpretación poco a poco, iniciaremos de manera simple con los aspectos de los planetas. Los signos y casas en los planetas han sido colocados de manera natural en un contexto que provea significado. Más adelante en este capítulo usaremos más ejemplos para ilustrarlo.

Aquí no encontrarás guías de referencia, pero sí una lista de elementos importantes al final del libro; de la misma forma en que te he dejado tareas por capítulo, aquí podrás ver diferentes maneras de expresión para los significados clave de los planetas. El significado de cada aspecto es dado con una interpretación para ayudarte.

La breve explicación que se dio en el Capítulo 6 es reproducida aquí, y usamos números para identificarlos.

Luna en conjunción con Mercurio (☽☌☿) (tomado del Capítulo 6)
1. El pensamiento racional se combina intrínsecamente con emoción e intuición.
2. Hablador, cambios rápidos de humor.
3. Memoria retentiva y una lengua rápida, bromista, cuentista.

- *Conjunción:* los dos planetas actúan como unidad, el significado de ambos se funde en uno solo. De todos los aspectos, la conjunción es el más poderoso elemento de una carta natal.

Llegando a una interpretación
1. La racionalidad pura de Mercurio es combinada con las respuestas emocionales de la Luna a través de la conjunción. Esto significa que el proceso de pensamiento natural de la persona no es enteramente lógico y que tiene tintes emocionales. Al mismo tiempo, las reacciones emocionales de la Luna deben matizarse con una habilidad relativamente clara para comunicar (Mercurio). Esto podría indicar que esta persona es capaz, a veces, de analizar sus emociones, y se puede poner de pie de nuevo después de una experiencia emocional agitada y comunicar cómo eso le hace sentirse.

2. Locura y cambios de ánimo mejoran con la rapidez de Mercurio, a lo que se agrega la adaptabilidad de la Luna. De esta forma, cuando los pensamientos e ideas ocurren para alguien con este aspecto hay una tendencia instintiva para compartir con otros lo que llega a la mente. Como esto ocurre frecuentemente el resultado es una persona que charla constantemente, lo que también depende en ocasiones del humor de dicha persona.
3. Como la Luna se asocia con la memoria y Mercurio es un motor rápido que piensa rápidamente, escuchará cuentos y bromas que con frecuencia repetirá para otros. Esta combinación puede significar que la persona tiene talento para divertir a otros. También puede significar que "el chisme" es una actividad placentera para ellos.

Personaje famoso con la Luna en conjunción con Mercurio en su carta: Whoopi Goldberg, comediante y actriz (13 de noviembre de 1955, 12:48 horas, Nueva York)

Marte con Sextil en Urano (♂⚹♅) (tomado del Capítulo 6)
1. Prefiere actuar de manera independiente, bajo sus propias ideas.
2. Inquieto, le gusta estar ocupado o mantenerse en movimiento.
3. Tiene el coraje para moverse fuera de los convencionalismos.

- Sextil: buenas corrientes de energía, disfruta los desafíos, se necesita un mayor esfuerzo para lograr el máximo potencial, tiene un aspecto armónico con un toque dinámico, se puede trabajar para conseguir algo real.

Aterrizando la interpretación
1. La energía y la fuerza de voluntad de Marte fluyen bien con la independencia de Urano, lo que resulta en actitudes o ideas originales, incluso radicales. Es probable que haya placer en poner esas ideas en acción.
2. Ambos, Marte y Urano, comparten cualidades de velocidad e inquietud. Marte puede ser impulsivo, Urano puede actuar de manera inesperada. Hay una necesidad de poner toda la energía a trabajar, con la finalidad de seguir reinventando la rueda y disfrutar el proceso.
3. Ambos planetas también pueden mostrar coraje, el coraje que se tiene cuando hay convicción de hacer las cosas de manera diferente. Comportarse de maneras que sorprendan a los demás o de alguna forma que rompan las reglas sociales, así como seguir sus propios patrones, marca la diferencia de esta persona en relación con otras.

Personaje famoso con Marte en sextil con Urano en la carta: Agatha Christie, escritora de historias de crimen y dramaturga; escribió 67 novelas (15 de septiembre de 1890, 04:00 horas, Torquay, Inglaterra)

Marte en Oposición con Neptuno (♂☍♆) (extraído del Capítulo 6)
Esta colocación se da para mostrar lo diferente que es un planeta (en este caso Marte) y cómo puede ser experimentado con la influencia de otros factores en la carta.
1. Dificultad para levantarse por sí mismo, permite que otros lo lleven.
2. Dificultad para convertir sus sueños en realidad, ha experimentado la sensación de tener al mundo en contra de él.
3. Defiende a aquellos que ve menos capaces, tiene tendencia a ayudar a los demás.

- Oposición: llegan a estar separados, trata de reunir, se proyecta sobre otros, falta de coordinación o inhabilidad para resolver conflictos, se percibe como una persona de carácter dividido.

Aterrizando la interpretación
1. Marte en una carta tiene una energía cobarde cuando aparece de manera pura, es parte del ego (junto con el Sol) y se defiende a sí mismo. Neptuno es opuesto, preocupado por la falta de límites y pérdida del ego. Con esta oposición una persona con "energía en Marte" se proyecta frecuentemente en otras personas, quienes le parecen más fuertes. El resultado es dificultad para creer en sí mismo, lo cual se manifiesta en baja autoestima y falta de confianza en sí mismo.
2. Sueños y visiones llegan fácilmente a esta persona, pero hasta que no desarrolla una mayor seguridad interior es probable que tenga períodos de pérdida de valor o de baja energía, los cuales no ayudan a hacer que sus sueños se conviertan en realidad. La imaginación es un punto fuerte en esta persona y podría derivar esa cualidad hacia las artes o negocios relacionados con la belleza.
3. De una forma positiva es compasiva y tiene deseos de servicio, y cuando obtiene una idea más clara de los límites (tal vez con ayuda) puede encontrar mucha satisfacción en ayudar a otros.

Personaje famoso con Marte en oposición en Neptuno en la carta: Elizabeth Taylor, actriz y estrella de la pantalla grande, icono de Hollywood. Ella también estuvo asociada con las causas humanitarias (27 de febrero de 1932, 02:00 horas, Londres, Inglaterra)

Combinando los cuatro bloques: planetas, signos, casas y aspectos
Hemos empezado a explorar cómo combinar los planetas en sus signos y casas. Aquí vamos a retomar cuestiones que van más allá del ejemplo. Ocuparemos la carta de Robin, y después le agregaremos los aspectos. De esta forma veremos cómo la interpretación se construye desde las características por separado y percibiendo las formas en que cada factor modifica el significado de base de los planetas sin alterar la esencia fundamental del significado. Esto puede sonar un poco complejo

en teoría, pero te voy a dar un ejemplo en un marco que serás capaz de seguir: el Sol en la carta de Robin.

Podrás así reforzar tu entendimiento, paso a paso, como si estuvieras viendo una nueva receta. Al inicio es muy probable que añadas los pesos e ingredientes tal y como la receta lo indica, pero llegará un momento —con repetición, tiempo y experimentación— en que, poco a poco, evolucionarán tus métodos de acuerdo con lo que más te convenga.

Las frases de las guías rápidas de referencia sólo serán usadas para el signo del Sol y casa en este ejemplo. Por otro lado, viendo esta colocación global explicaré a través de frases cortas cómo se pueden combinar las diferentes partes. El signo o casa de todos los diferentes planetas involucrados en los aspectos del Sol no es necesario que se incluyan aquí por separado, aunque mencione una casa o la posición del signo de un planeta involucrado en el caso. Como hay una serie de aspectos del Sol, me centraré en los principales, considerándolos como los más importantes.

Robin
El Sol en Libra, segunda casa (☉♎2)
Cinco aspectos principales: Sol en trígono con la Luna en conjunción con Quirón; Sol en sextil con Júpiter, en conjunción con Urano; Sol en cuadratura con Neptuno. (☉△☽☌⚷; ☉⚹♃☌♅; ☉□♆)

Primera impresión

Mirando a este planeta en la carta con el fin de formar una impresión en conjunto, parece que Robin tiene un Sol en general bien colocado y bien aspectado, lo cual nos sugiere que tiene un buen sentido de identidad personal. Él es Libra, con su combinación única de posición por casa y aspectos para su Sol.

El aspecto más difícil para el Sol de Robin es posiblemente su cuadratura con Neptuno: desde Neptuno es difícil alcanzar y disolver el ego (Sol). En ocasiones este aspecto podría no llegar a consolidar su confianza. También te darás cuenta de que la órbita del Sol en cuadratura con Neptuno es amplia y que este aspecto disociado posiblemente significa que no es demasiado poderoso, aunque es muy probable que llegue a provocar una experiencia. Este aspecto también es matizado por trígonos y sextiles. El Sol en trígono con Quirón es el aspecto más estrecho para el Sol, con una órbita menor a un grado. La Luna en conjunción con Quirón también es disociada, pero esto puede ser una fortaleza por la cercanía del Sol en trígono con Quirón.

En donde la habilidad de la Astrología entra por su cuenta es aquí, es en donde la evaluación de la cantidad del único lugar del Sol en Neptuno puede influir en los aspectos más armoniosos con el Sol. Esto puede llegar a ser más claro mirando cada parte con más detalle. Para darte una idea de cómo combinar los dos "múltiples" aspectos del Sol de Robin —el Sol en sextil con Júpiter y en conjunción con Urano, y el Sol en trígono con la Luna y en conjunción con Quirón— incluí una interpretación de las dos conjunciones.

En el caso de una situación donde un planeta provoca el mismo aspecto para dos o más planetas en una conjunción, con frecuencia es más holístico en términos de una experiencia personal para hacer frente a un aspecto duplicado como si fuera uno solo. Cuando se empieza a ver esto puede parecer que es muy complicado, pero he descompuesto la interpretación en partes y te la presento de una forma abreviada:

Signo y casa: frases clave de las guías rápidas de referencia
- *Libra*: Ama la armonía, la belleza, la paz y el balance, puede ser todo por separado, justo y dispuesto a compartir, no le gusta estar solo, no le gustan los conflictos, se le dificulta tomar decisiones claras, es amistoso.
- *Segunda casa*: Posesiones, actitud para otorgar un rol al dinero en tu vida, experiencias que te dan un sentido de valor o valioso, deseos y sensación de seguridad material, recursos personales, incluyendo tus talentos y las experiencias que más aprecias, tu relación con el cuerpo físico, sus apegos a las cosas y a las personas.

Algunas frases clave para el Sol de Robin en Libra en la Segunda casa son:
- Valora las circunstancias armoniosas y aprecia a sus amigos.
- Se siente cómodo cuando tiene seguridad material, y comparte sus recursos.
- Experiencia de inseguridad o falta de autoestima si no hay algo íntimo en su vida por un largo periodo.
- Puede aferrarse a las posesiones que representan belleza para él.
- Se retira emocionalmente de situaciones conflictivas.

Evaluación de los aspectos del Sol
Sol en trígono con la Luna ☉△☽

Trígono: armonía, de fácil expresión, buena corriente de energía, talentos y habilidades naturales.
- Cabeza y corazón trabajan juntos como regla general, tienen habilidad para encontrar una solución armoniosa en situaciones de conflicto, de manera interna o externa.
- Un balance emocional ayuda a aceptar que no se puede cambiar nada del pasado.
- Las experiencias de la infancia provocan una actitud ante la vida que estabiliza y hace que otros lo valoren.

Sol en trígono con Quirón ☉△⚷

Quirón: extraño y rebelde, el sanador herido de cuerpo y alma, el guía sabio o maestro, encontrando su único camino.
- Buscando su propio camino en la vida, desarrollando su fortaleza interna a través de posibles desafíos emocionales tempranos.
- Muestra su potencial para ayudar, curar o guiar a otros usando su propia experiencia.

- Experiencias de sí mismo de alguna manera diferentes a los demás, individualista en silencio.

Luna en conjunción con Quirón ☽☌⚷
- Sensible y vulnerable, probablemente aprendió en su juventud a protegerse a sí mismo emocionalmente.
- Puede estar a la defensiva y esconderse hasta cierto punto, pero tiende a proteger a los que ama.
- Intuitivo, algunas veces psíquico, fuerte sentido del pasado y cercano a la familia, especialmente a la madre.

Colocando estos multiaspectos juntos: Sol en trígono con la Luna en conjunción con Quirón ☉△☽☌⚷
- Una infancia estable; sin embargo, puede haber tenido problemas; pruebas emocionales, pero buen potencial para llegar a un acuerdo con el pasado.
- Es posible que haya estado cerca de los padres en la infancia, a pesar de que probablemente hubo algunas circunstancias difíciles; tiene un fuerte deseo de seguir su propia dirección.
- Podría ejercer una capacidad de curación intuitiva de algún tipo con base en sus experiencias, en la vida personal o profesional.

Sol en sextil con Júpiter ☉⚹♃
- Un enfoque optimista de la vida puede hacer que parezca que Robin tiene suerte; sin embargo, es su actitud positiva y sobresaliente lo que a menudo da resultados positivos.
- El interés por el aprendizaje significa que le gusta tomar cursos o planear viajes.

Sol en sextil con Urano ☉⚹♅
- Abierto a la innovación, con posible interés en materias inusuales o enfoques que le pueden atraer a desarrollar algún tipo de habilidad técnica.
- Disfruta teniendo la libertad de encontrar su propio estilo; es probable que se resista a que le digan lo que debe hacer si no ve sentido en ello.

Júpiter en conjunción con Urano ♃☌♅
- Abraza lo nuevo. Puede encontrar placer en situaciones donde la vida es excitante y los horizontes lejanos le llaman, tanto en el ámbito mental como en el físico.
- La tendencia de Júpiter para ampliar lo que toca puede crear situaciones en las que se enfrente a cosas demasiado rápido o rompa demasiadas reglas (Urano).

Una vez que tengas una idea de cada aspecto separado que ha sido involucrado, dividiéndolo de esta forma y, combinando estas interpretaciones, quiere decir que hemos hecho más de la mitad del trabajo. Se requiere ahora un pequeño salto para entender cómo poner todo junto, lo cual llegará con la práctica (sé que ya he dicho esto antes, ¡pero sigue intentándolo!).

Sol con Sextil en Júpiter en conjunción con Urano ☉⚹♃☌♅
- Sociable, optimista e inventivo, dispuesto a gastar su tiempo en aprender habilidades que le sean útiles, puede encontrar sus propios talentos individuales para explorar nuevas posibilidades.
- Habilidad para generar ideas creativas y entusiasmo por la experimentación.
- Funciona mejor, y lo sabe (Sol), cuando tiene libertad para proponer sus propias ideas o desarrollarlas con otros; aventurero e independiente, tiene que estar consciente de los límites cuando sea necesario, con el fin de sacar lo mejor de sí mismo.

Sol en cuadratura con Neptuno ☉□♆
- Puede experimentar dudas sobre sí mismo, lo que lo debilita, y puede llegar a sentirse inferior, especialmente en la juventud; capaz de llegar a ser engañoso o engañado.
- Sensible, de gran corazón y compasivo, puede llegar a tener poco tacto y ser aprovechado o estar excesivamente influenciado por otros.
- Un idealista y soñador, que no siempre tiene los pies en la tierra, o tan realista como sea necesario; sin embargo, tiene capacidad para una visión de conjunto que puede inspirar la creatividad.

El Sol en la carta general de Robin
- Probablemente prefiere estar en una sociedad, pero es probable que tenga un círculo de amigos que se preocupan por él y sepan quién es (Sol en Libra 2). Él, a su vez, cuida de ellos y de su familia.
- También prefiere seguridad material y es probable que esté dispuesto a trabajar por ello (segunda casa).
- Su talento para el conocimiento tecnológico o para dar orientación en su carrera puede ser parte de la construcción de su seguridad y el desarrollo de su propio estilo (Luna en conjunción con Quirón 10).
- Puede disfrutar viajar y también puede buscar expandir su conocimiento de diferentes maneras a través de la realización de diversos cursos de formación, le gusta la diversión y la aventura, así como una vida estable cuando sea posible (Sol en aspecto con Júpiter y Urano, segunda casa del Sol).
- Valora la honestidad, pero puede tener tentación de evadir o mentir en algunas situaciones —en dilemas internos—. Establece límites personales importantes (Sol en cuadratura con Neptuno).
- Es conocido por los demás como una persona sensible, constante y bastante tranquila, con una racha de independencia, que por lo general no se sobrecarga a sí mismo con una vida muy ocupada.

Tomando esto en cuenta

Este análisis bastante detallado del Sol de una persona otorga un marco apropiado para abordar la tarea de combinar los diferentes factores para llegar a una interpretación significativa. Por supuesto que no siempre podemos este sistema de lectura de una carta: el método descrito anteriormente es un enfoque muy completo, pero puede adaptarse a algunas y a otras no. Pero lograr un estilo bastante estructurado de recopilar el material significa que será poco probable que las características significativas de la tabla se pierdan. Es quizá sorprendente que un astrólogo hace una evaluación inicial con sólo ver una carta nueva, pero sin una estructura clara él o ella pueden perder por completo un aspecto u otro del significador gráfico ("significador" es un término general para cualquier elemento gráfico utilizado en las interpretaciones).

Como otra parte de la Astrología natal, después de haber visto las muchas combinaciones de información en una carta, aprenderás a escoger los factores más importantes. Como has notado ya, existe mucha información en una carta y el astrólogo tiene que ver hasta el último detalle, aunque esto podría ser abrumador, incluso para el astrólogo más vivo con varios planetas en Virgo. Por eso si bien es necesario analizar los factores de tiempo, tanto el astrólogo como el cliente podrían morir de aburrimiento en el proceso.

De manera que "discriminación" es una palabra clave en el trabajo astrológico. Esto será discutido con mayor detalle en el Capítulo 13, en las notas de la tabla y los temas.

Un punto final:para interpretar patrones de aspecto como el gran trígono o cometa, sigue las mismas pautas de descomponer cada factor en sus partes separadas. Con frecuencia las interpretaciones de los patrones de aspecto se enfocan entre los planetas mismos y menos en los signos y casas involucrados, aunque éstos también tienen importancia (nada carece completamente de importancia en la Astrología, lo cual es una de las razones de que la gente se queda con ella: siempre hay algo más que aprender, y esto incluye el aprendizaje para ser selectivo). Los elementos y modos son útiles para entender los patrones de aspecto (ver capítulos del 6 al 13).

Hay patrones de aspecto en ambas cartas, en la de Celeste y en la de Robin. El espacio aquí no permite la interpretación de todos los elementos, pero la cuadratura en T de Celeste será analizada en los capítulos 13 y 14.

La tarea para este capítulo se incluye en los ejercicios propuestos en el texto anterior.

En los siguientes tres capítulos veremos algunos factores nuevos relevantes en la carta y consolidaremos con mayor detalle las partes de la carta que analizamos en en capítulos anteriores, pues son conocimientos que deben expandirse.

10. DESEQUILIBRIOS

Mostrando tu singularidad

Es verdad que no existe una carta que tenga un equilibrio perfecto, con todos los factores igualmente balanceados. Todas las cartas tienen un cierto desequilibrio: un énfasis o alguna falta en una u otra área. Este hecho es una de las formas más importantes en que las cartas natales revelan la individualidad de una persona, diciéndonos cómo él o ella se separan de los demás. El desequilibrio en nuestra carta nos empuja a llenar los vacíos y a luchar por la integridad en algún nivel profundo. Al hacer una evaluación de una carta para la interpretación, los astrólogos se dan cuenta de lo que falta, así como de lo que está presente.

Aquí consideraremos la distribución del número de factores de la carta y sugeriremos maneras de evaluarlos en un gráfico. Esta es una parte importante de empezar a pesar los elementos, es decir, a evaluar la orientación principal de un gráfico. La ponderación de la carta es un instrumento básico para la selección de los significadores más importantes para la interpretación. Las áreas en las que puede ocurrir un desequilibrio notable son las siguientes:

- Elementos, modos y polaridad.
- Planeta sin aspectos o fuertemente aspectado.
- Posicionamiento de los planetas en la rueda de la carta.

Lo que falta o hace énfasis en las historias

Un elemento o modo que no contiene planetas, o sólo uno, o sólo un ángulo, es usualmente a lo que los astrólogos se refieren cuando dicen que el modo o elemento es "débil". Esta es una de las formas centrales de información que contiene una carta y puede ser fácilmente evaluada al inicio. Los desequilibrios de una carta pueden indicar desafíos en la vida y también logros extraordinarios. Una persona podría no encontrar el punto medio, pero puede tener mucha energía en un área particular de su vida, de hecho, podría darse a conocer por ello, o incluso convertirse en un experto.

Cada parte de la carta contribuye a entender la totalidad, inclusive lo que aparentemente es débil. De hecho, lo débil o las partes que faltan tienen una fuerte influencia sobre nosotros, generando energía y unidad. A menudo lo que falta en la carta motiva a una persona a escalar montañas, crear obras de arte o literatura, o música, visualizar un inmenso coraje o tener éxito en los negocios, el deporte, o la restauración la lista es interminable. Esto puede convertirse en una obsesión, lo que puede producir resultados positivos gracias a los esfuerzos que se realizan.

Los desequilibrios de una carta son sin duda los más obvios en el carácter de una persona ya que resultan, en mi experiencia, desigualdades en los elementos o modos. Esta información le da al astrólogo un sentido inmediato del balance de una carta. Los planetas sin aspectos, si es que hay alguno en la carta, también evidencian eso. La distribución desigual de los planetas en los diferentes sectores de la rueda de la carta puede ser menos obvia en términos de un comportamiento compensatorio o desconectado.

Conforme sigamos este capítulo recordarás el principio "como es arriba, es abajo" incorporado dentro del pensamiento mágico. He relatado un fenómeno físico, tal y como veremos en las descripciones ampliadas de los elementos, para los estados psicológicos del espejo que tenemos todos dentro.

Si la carta tiene un área dominante, entonces esas cualidades serán marcadas para una persona de una forma y para otra se verán en el carácter y estarán asociadas a sus circunstancias. La energía que se muestra normalmente fluirá y será natural para la persona. Sobre todo, tal vez se dé por sentado como parte de una experiencia individual de ser para él o para ella.

Una parte fuertemente destacada en la carta significa, de manera automática, que hay una falta en alguna otra parte de la carta. La zona menos dominante también suele ser un área importante de la personalidad de una persona. Una pregunta que surge aquí es: si el área de la falta se enfatiza también con un área dominante, ¿cómo puede distinguir el astrólogo entre los factores dominantes y los que faltan? Hay varias maneras en que una sección que falta puede ser mostrada en sí, pero hay tres principales, las cuales son:

- Un sentido de desconexión en la zona en cuestión.
- Una compulsión compensatoria para dominar esta área de la vida.
- Una tendencia a ser dominado por la parte ausente.

Una cualidad que alguien rechaza o desdeña en otros, o niega en sí mismo, puede ser enterrada en las partes ausentes de su propia carta. La gente importante en su vida puede actuar como una especie de compensación a esas faltas. Práctica y experiencia son la clave para reconocer y distinguir una parte de énfasis de una parte ausente en los patrones de comportamiento de alguien. Cuando existe una brecha significativa en la tabla, el nivel de sobrecompensación, de preocupación obsesiva o de una fuerte negación puede ser sorprendente. Observaremos que hay una tendencia a irse a los extremos en cuestiones elementales.

Al igual que en el ejemplo podrías saber (y de manera secreta podría disgustarte) que realmente tú no eres una "persona de ideas", sino que eres bueno contribuyendo a que las ideas de otros ocurran. Podrías casarte con una persona que tiene miles de ideas, pero se le dificulta ir más allá de su inspiración original. Esto significa que muchas de sus ideas no verán la luz del día hasta que te conozca. Una de las formas en que se muestra esto en la carta es cuando hay falta de aire pero tienes una tierra fuerte (hay muchas otras posibilidades, ésta es sólo una).

Elementos, modos y polaridad retomada

Mirar los desequilibrios en los elementos, modos y polaridad en las cartas nos otorga bases sólidas para la interpretación. Por tanto, aquí ampliaremos las explicaciones que se dieron anteriormente. Con el fin de evaluar el equilibrio u otros factores, puedes contar el número de planetas en la carta para ver cuántos están en cada uno de los elementos: fuego, tierra, aire o agua; y en cada uno de los modos: cardenal, fijo o mutable. La polaridad se obtiene después de esto.

Al contar los planetas usa solamente los siete tradicionales, desde el Sol hasta Saturno, más el ascendente y el MC. No cuentes los nodos, Quirón, Urano, Neptuno ni Plutón. Esto se debe a los periodos orbitales largos y al cambio de signo relativamente lento de los planetas exteriores. Los nodos no son planetas, de manera que no se incluyen aquí. Los planetas personales, los sociales y los ángulos cambian los signos sólo relativamente rápido, de manera que todos ellos contarán. Hay un cierto desacuerdo sobre el número de puntos a dar para cada planeta o ángulo. Algunos astrólogos reconocen la importancia primordial del Sol y la Luna, ya que nos dan dos puntos de luz. Algunos le darán menos importancia a Júpiter y Saturno. Para evitar este tipo de complicaciones, sugiero que al llegar a esta etapa uses el procedimiento de dar un punto a cada uno de los siete planetas y cada dos ángulos que estés evaluando, lo que nos da un total de nueve puntos en ambos elementos y modos de balance. Si un elemento o modo no contiene planetas o ángulos, o sólo uno, entonces se dice que carece de ello o tiene ese punto débil. Un número de planetas en el mismo elemento o modo usualmente en los últimos tres, indica fortaleza. Verás que es más fácil sumar los modos y los elementos por separado. La forma normal de la evaluación de equilibrio de la carta es combinar el elemento más fuerte con el modo más fuerte. Para ello veamos el equilibrio de Robin a continuación:

	Fuego	**Agua**	**Aire**	**Tierra**
Cardenal	Aries ♈	Cáncer ♋	Libra ♎	Capricornio ♑
Fijo	Leo ♌	Escorpión ♏	Acuario ♒	Tauro ♉
Mutable	Sagitario ♐	Piscis ♓	Géminis ♊	Virgo ♍
	Masculino	Femenino	Masculino	Femenino

He reproducido esta tabla del Capítulo 4, Los signos del Zodiaco, por la facilidad de sus referencias.

La polaridad de la carta, la cual se logra a través de la elaboración del balance elemental de lo masculino-femenino puede verse con mayor facilidad una vez que los elementos han sido considerados para el gráfico en cuestión. El número de planetas en fuego y aire son agregados juntos para ver la polaridad positiva. Lo mismo sucede con los planetas en agua y tierra con el fin de ver la polaridad negativa. La polaridad simplemente nos da una indicación inicial básica de receptividad-pasividad (femenino) o extroversión activa (masculino). Algunas veces la polaridad es equilibrio 5-4, y no tiene un significado particular.

Contando los planetas: elementos de Robin, modos y polaridad
Elementos
Fuego = 5 (Venus, Marte, Júpiter + ascendente, MC)
Tierra = 2 (Luna, Mercurio)
Aire = 1 (Sol)
Agua = 1 (Saturno)

Modos
Cardenal = 2 (Sol + MC)
Fijo = 5 (Luna, Venus, Marte, Saturno + ascendente)
Mutable = 2 (Mercurio, Júpiter)

Polaridad
Positivo 6, negativo 3

En total, podemos ver que en la carta de Robin predominan el fuego y lo fijo, como elemento dominante y modo, respectivamente. Carece de agua y aire, pues sólo tiene un planeta en cada uno. Esto significa que su carta tiene la firma global de Leo, que es apropiado, ya que tiene ascendente en Leo y dos planetas personales también en Leo. Algunas veces esto pasa: un signo global puede resultar ser uno que no se evidencia en la carta, que al parecer no tiene valor.

Elementos: fuego, tierra, aire, agua
En la antigüedad, y más en los tiempos de la magia, se decía que los cuatro elementos contenían todo lo que hay en la Tierra. La mayoría de los astrólogos hoy en día pueden reducir esta amplia vista, pero muchos de ellos estarán de acuerdo en que los elementos siguen siendo una potente herramienta para la interpretación y para evaluar la forma en la cual una carta es pesada. Tomándolo de forma literal, cada uno de los elementos es esencial para la vida en la Tierra.

Los elementos también tienen un poder inmenso y nos ordenan al respecto. Piensa en compartir la fuerza del agua de un tsunami con el poder de una cascada; el impacto de un gran deslizamiento de la tierra con las llamas del fuego; y la lava ardiente de un volcán con los vientos que circulan en un huracán. Por supuesto que estas posiciones son extremas, pero nos sirven para ilustrar qué tan pequeños somos frente a los elementos, de manera literal. Las emociones también pueden tener la misma fuerza dentro de nosotros, en nuestra propia escala.

En Astrología los elementos tienen un significado psicológico o mágico, aunque también pueden tenerlo a niveles físicos. Sistemas de interpretación tales como brujas modernas, paganos o quienes trabajan con el tarot también otorgan a los elementos un gran valor.

Los símbolos básicos de los cuatro elementos son los triángulos. La estrella de seis puntos está formada por la integración de los cuatro elementos, revelando que es un símbolo del pensamiento mágico antiguo o bien que "todas las cosas están en una sola". Por supuesto que este es un símbolo usado en el judaísmo, en la estrella de David.

Fuego

Para sobrevivir, la gente necesita luz y calor, que viene de nuestra estrella ardiente, el Sol, o de provisiones hechas por el hombre, tales como la calefacción central o bombillas de las luces. El fuego suple esta energía crucial, pero en todas las formas, el fuego necesita ser controlado. Si puedes pensar en alguna o varias formas de fuego actual empezarás a ver cómo esto puede cambiar el significado literal a través de ilustrar ciertas emociones, carácter, rasgos o estados psicológicos (lo que también aplica para los otros elementos). Puedes pensar en el número de ejemplos que gustes, aunque aquí te hemos facilitado algunos.

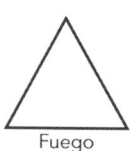

- La llama de una vela puede servir para iluminar el camino o proporcionar ambiente.
- El fuego del hogar ardiendo brillantemente, para dar la bienvenida en una noche de invierno.
- Un incendio forestal que destruye, abre sin embargo el camino para el nuevo crecimiento.
- Caen rayos de la nada.

El fuego es energía pura y natural, así como fuerza que anima a la vida. Los signos de fuego son todos, de diferentes formas, energía personificada, y comparten cualidades de generosidad, pasión (emociones encendidas) y un fuerte deseo de aferrarse a la vida. El fuego puede ser dramático e impredecible, como un rayo. Esto se relaciona con las impulsivas y espontáneas palabras o acciones de Aries, Leo y Sagitario, que pueden llegar a ser molestos para las almas más sensibles.

Dominio
Como un gran incendio se extingue por sí mismo con el tiempo por falta de combustible, un dominio del fuego en una carta puede indicar agotamiento, si se va a los extremos. La energía salvaje y la inspiración de las personas con muchos planetas en fuego no son muy de la tierra, aunque su entusiasmo, ideas y alegría pura de vivir a menudo atraen a otras personas más prácticas, a quienes pueden inspirar de

alguna forma. La gente que es dominada por el fuego puede aprender a moderar sus pasiones y a conservar sus niveles de energía, su natural confianza en sí mismo, su fe en la vida. Y su pensamiento creativo puede fluir de una manera positiva para inspirar a otros. Al igual que un corazón de fuego, al igual que el fuego del corazón, una fuerte presencia de signos de fuego en una carta nos dirá que su energía es acogedora y agradable.

Ausencia
Un fuego débil, con sólo uno o ningún punto, nos mostrará muchos caminos posibles. Habrá falta de confianza, dificultad para hacerse muy visible o periodos de energía baja. Esta persona puede tener dificultades con todo lo relacionado con la fe, aunque de igual forma podría dedicar mucho tiempo a darle importancia a este tema. Por el contrario, a veces puede tener reacciones aparentemente dramáticas, como si el fuego se hubiera escondido esperando el momento oportuno para salir y llegara todo en un momento. Como si fuera un mecanismo de compensación, esta persona podría dedicarse a una carrera que le demande mucha creatividad, tal vez a actividades como el juego o algunas otras que requieran de aventuras, lo cual puede llegar a convertirse en una compulsión-adicción. Cabe la posibilidad de una participación apasionada en una causa que a veces domina su vida. Las personas con un bajo fuego suelen ser atraídas por gente más ecuánime.

Tierra

Es un elemento con el cual, literalmente, caminamos, y desde donde se deriva nuestra sustancia. La Tierra está en sintonía con los ritmos naturales de la vida, y cae instintivamente en rutinas regulares que nos dan seguridad. Es el elemento que más entiende la necesidad de un ingreso para nutrir y cuidar el cuerpo, y para sobrevivir y adaptarse a las demandas del mundo real. La Tierra es predominantemente pragmática y los signos de tierra: Tauro, Virgo y Capricornio, suelen desarrollar una serie de valores personales que incluye una buena dosis de sentido común.

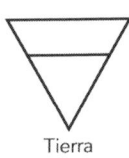

El elemento de la tierra toma forma tangible en todo lo que nos rodea y en todas las circunstancias materiales que la gente necesita para vivir. Algunas de sus formas son:

- El mundo natural.
- Estructuras creadas, como los edificios y las ciudades.
- Dinero y valores.
- El cuerpo físico, actividad física, alimento.

La Tierra nos contiene a nosotros al igual que el cuerpo sostiene al espíritu.

Dominio
Una carta dominada por la Tierra nos indica una persona muy enfocada en los aspectos prácticos de la vida. Puede haber inclinación para tomar la vida exactamente como ella la encuentra o inclinar la visión hacia el mundo materialista. Con frecuencia encuentra soluciones buenas y factibles para la mayoría de los problemas. Esta persona casi no valora la imaginación, lo poco práctico o las ideas abstractas.

Las personas que tienen fortaleza en la Tierra le dan seguimiento a su dinero y posesiones, y por lo general odian gastar en exceso o quedarse sin comida. Son generosos y amables, amantes de la paz y confiables. Sólo creen en aquello que puede ser comprobado, de manera que tienen un exceso de precaución, por lo tanto, suelen padecer posesión y una mirada estrecha. La Tierra es atraída por otro tipo de elementos que pueden aligerar sus actitudes y ampliar sus horizontes.

Ausencia
Una persona que tiene escasez de Tierra, con sólo un planeta o ningún planeta en ella, es alguien que casi no tiene conexión con la Tierra. Esto puede tomar muchas formas, como ser una persona desconectada de sus necesidades físicas; necesidades de comer, por ejemplo, olvidando alimentarse durante horas cuando está involucrada en otro ejercicio, a pesar de que probablemente disfrute de la comida. Estas personas podrían no darle importancia al trabajo que realizan, o podrían sentirse incompletas en su carrera; también podrían tener problemas de dinero. Al no estar conectada a tierra puede provocar falta de fiabilidad y ser una persona errática en los tiempos que se propone para realizar cualquier proyecto. Con frecuencia no se ven a sí mismos, o podrían no tomar algo en serio. Como compensación, puede haber necesidad de verter niveles extraordinarios de energía en el logro de una ambición, que incluso se puede convertir en una obsesión.

Algunas personas que no tienen Tierra pueden llegar a ser exitosas, ya que tienen un impulso interno que las hace luchar porque sienten que no tienen nada. Sin embargo, la elaboración de las rutinas del día a día y las necesidades prácticas de la vida pueden llegar a hacer que este individuo se evada. Lo ideal para este tipo de personas es encontrar a alguien para hacer frente a esos detalles, y algunos hacen exactamente eso. Para estas personas la vida tendrá dificultades hasta que aprendan a valorar las necesidades de su cuerpo e incorporar dicho valor a las rutinas diarias de su vida.

Aire

Montañas y colinas, donde el aire es claro y fresco, a menudo son lugares valorados por los signos de aire de Géminis, Libra y Acuario. De manera que es durmiendo con la ventana abierta a los signos de aire normalmente les gusta el aire como se comparte el aire, por supuesto, de manera que esa es la forma que tiene este elemento de conectarse con el mundo. El temperamento de un signo aire puede variar inmensamente, desde lo templado hasta lo ardiente, y al llegar a tener temperaturas extremas se tiene dificultad para respirar como cuando escalas montañas altas y el aire cada vez es menor. El aire puede tomar muchas formas, a veces es refrescante y en ocasiones destructivo. Puedes pensar en el significado de algunas formas de aire para ti mismo, pero aquí te damos un par de ejemplos.

- Una suave brisa en un día de verano, un día perfecto.
- Un viento fuerte que casi te barre los pies.

Dominio
Cuando una carta tiene muchos planetas en un signo de aire es muy probable que esa persona viva en su cabeza, que tenga una mente rápida o tienda hacia el desprendimiento de su pensamiento. El aire es positivo, elemento masculino y normalmente tiende al razonamiento, fresco y objetivo, capaz de desactivar situaciones emocionalmente cargadas. El pensamiento abstracto y lógico es natural para estos signos, ya que las ideas les fascinan. Tener en la vida a personas a quienes verdaderamente les gusta compartir las ideas es fundamental para las personas de aire. Sin embargo, la plática o el chisme llegan fácilmente a ellos y tienen necesidad de experimentar un encuentro real con el otro para sentirse completos. Uno de los talentos principales de los signos con aire es crear redes, conectarse con el otro, una persona con otra. El aire construye puentes de comunicación, disfruta aprender lenguajes, hace malabares con varias bolas en el aire al mismo tiempo y puede ser talentoso en el comercio de servicios y bienes. Planificar por adelantado y resolver las cosas es un verdadero placer para el aire. Tipos más emocionales pueden encontrar a veces el aire frío o distante; estas personas con frecuencia racionalizan sus sentimientos.

Tratando de entender a la gente tipo aire, encontramos que son personas amables y serviciales. Tienen habilidad para tomar la información general y dar un paso atrás, lo cual es muy útil para preparar reformas a gran escala, pero no tanto en una situación personal. Las personas de aire suelen formar relaciones con las personas más apasionadas. Esta persona tendrá que luchar para vivir realmente sus emociones en lugar de analizarlas.

Ausencia
La ausencia de planetas en aire indica que hay dificultad para tener una perspectiva clara y objetiva. Las personas que tienen poco aire o el que muestran es escaso, son personas que no ven fácilmente en su interior o analizan las situaciones con calma antes de sacar conclusiones. Podrían carecer de interés por lo abstracto, lo puramente técnico o temas académicos. Pero por otro lado lanzarse a uno de estos mismos temas puede ser una acción compensatoria, fuertemente motivada por alguien más, en un esfuerzo para dominar tal ansiedad. Los maestros universitarios y similares no tienen aire en sus cartas.

Agua

Más que ningún otro elemento, el agua puede cambiar radicalmente su forma: es capaz de ser líquido, sólido o gaseoso. Esto, por supuesto, está relacionado con nuestra vida emocional, y los signos de agua, Cáncer, Escorpión y Piscis, tienen estados emocionales complejos, ya que son muchos y variados. A continuación mostramos una pequeña lista de las formas que puede tomar el agua.

- Los océanos, los lagos.
- Ríos, cascadas, lluvia.
- Vapor, nubes.
- Hielo, nieve.

Estoy segura de que puedes, con un poco de reflexión, pensar en más formas que el agua puede tomar, y es divertido pensar a qué emoción corresponde cada forma. Por ejemplo, la ira es como un geiser, ya que expulsa agua a varios metros en el aire ¿o acaso la ira es más parecida a los rápidos de un río estrecho, burbujeando con furia sobre las rocas grandes? De cualquier modo, es muy probable que la ira sea una combinación de agua y aire. O bien, ¿si el amor se viera reflejado en la profundidad del mar?, ¿o acaso la alegría es parecida a una exuberante cascada o a un lago profundo?

Naturalmente, el agua fluye alrededor de los obstáculos, y ese es su patrón, el cual constantemente cambia. No se puede sostener y al igual que el fuego necesita ser controlada y contenida. Un agua sin control o una emoción sin control puede ahogarnos. El agua es tan capaz de destruir la vida como de mantenerla viva. Las emociones nos elevan hasta el éxtasis o nos llevan a caer en las profundidades, nos mueven hasta las lágrimas y nos conectan con otros de manera física a través de la empatía y la compasión. El agua es receptiva, y al igual que las ocultas profundidades de los océanos es capaz de mantener sus sentimientos escondidos o guardar un secreto.

Dominio

Quien tiene una mayoría de planetas en signos de agua, significa que son personas propensas a los cambios de estados de ánimo. Se preocupan por los problemas en el mundo o el sentir de un amigo. Otras almas menos emocionales, como las de tipo aire, pueden sentirse sofocadas por el dominio de una persona agua; irónicamente, con frecuencia encuentran la forma de relacionarse una con la otra. Sin embargo, a pesar de encerrarse profundamente en su interior, hay una inmensa fuerza de carácter en este tipo de personas y la lealtad les permite encontrar una rápida amistad, que les hace proporcionar apoyo y un oído atento.

Ausencia
Una ausencia del elemento agua con frecuencia nos muestra una desconexión involuntaria de los sentimientos e incluso se puede decir que la persona llega a ser distante o simplemente es alguien que no expresa claramente lo que siente por dentro. Con frecuencia esto se manifiesta con un desconocimiento total de nuestro interior, o se siente incapaz de rastrear su origen. Esto puede llevarlo a la evasión: y encontrará la forma de realizar conductas evasivas, como adicciones o trastornos de la alimentación, actividades criminales o negación. En diferentes momentos esto también puede mostrarnos períodos de estar totalmente abrumados por la emoción y no abrirse a la razón. Pueden llegar arrebatos repentinos de ira o llanto o alegría, incluso silvestres, que pueden parecer extremos, o pueden presentarse sentimientos desconocidos que son empujados al interior y más tarde se manifestarán en depresión. Hay una tendencia marcada a empujar a todos y a todo muy lejos mientras se está en este estado mental, ya que la persona siente que nada puede llegar a ella. Es un estado emocional compulsivo y aparentemente incontrolable. Esto ocurre sólo cuando hay escasez de agua, pues cuando sucede lo contrario hay una expresión fácil de las emociones.

Modos: cardenal, fijo, mutable
Cardenal
Si una carta tiene los modos equilibrados, es decir, tres puntos en cada uno, nos indica una persona que se siente cómoda con los tres puntos y que no hay uno que tenga más importancia que otro.

Los signos cardenales, Aries, Cáncer, Libra y Capricornio, son los que hacen que las cosas funcionen, que brincan cuando sus emociones están comprometidas, pero pueden tener dificultades para mantener el impulso. Estos cuatro signos caen al inicio de cada estación de las temporadas de la Tierra. El paso del Sol a través de Aries marca la primavera; el paso por Cáncer el verano; el paso por Libra el otoño, y el paso por Capricornio el invierno. Esto, por supuesto, ocurre de manera inversa en el Hemisferio Sur.

Con frecuencia el inicio de cada estación en la calidad cardenal nos trae energía fresca y un sentido de nuevas experiencias por llegar. Esto ocurre incluso en el invierno, aun cuando podrías sentir baja energía en dicha temporada. Todos los signos cardenales tienen este tipo de energía.

Dominio
Los signos cardenales podrían indicar una tendencia a iniciar proyectos nuevos o a entusiasmar a otros, lo cual harían proyectando mucha energía y unidad. El cómo hacerlo no es un problema, pero puede haberlo en la realización de lo que se empezó a no ser que también haya planetas en signos fijos.

Ausencia

Esta persona suele no buscar una posición de líder, prefiere funcionar como soporte o seguir a alguien más que lo lidere; en su vida y oportunidades tiende a conspirar para llegar a posiciones en las que existe una obligación o una necesidad irresistible de hacerse cargo o iniciar un proyecto.

Fijo

Los signos fijos son Tauro, Leo, Escorpión y Acuario, signos que se corresponden con el periodo medio de cada estación, donde ya todo se ha puesto en marcha, se ha establecido y va progresando de manera constante. Es el caso del cierre gradual hacia abajo de la estación de crecimiento en el otoño, el periodo de dominio del invierno, de la vida de las plantas florecientes en la mitad de la primavera, o bien del crecimiento en el verano; todos los signos fijos tienen la cualidad de ir hacia adelante. A veces tanta persistencia parece ser demasiada para su tiempo y pueden llegar a sentir que nunca se detendrá. Piensa en los efectos de las severas condiciones climáticas, tales como una larga ola de calor, lluvias continuas o nevadas repetidas.

Dominio

Muchos signos fijos nos indican a una persona que a través de la determinación o el sentido de responsabilidad lleva el día conforme ve la situación. Muy probablemente son vistos por otros como personas confiables y sus opiniones son muy solicitadas. En las relaciones son capaces de hacer compromisos. Sin embargo, esta persona es lenta a la hora de tomar decisiones y puede llegar a ser obstinada, o es difícil que cambie de idea una vez que ha dejado algo establecido.

Ausencia

Una ausencia de signos fijos indica que es una persona naturalmente abierta y adaptable. Puede tener reputación de ser una persona poco confiable, o cambiar de opinión constantemente. Esta circunstancia aparecerá en cuanto esta persona no pueda poner excusas y tenga el reto de asumir la responsabilidad de una situación o un compromiso.

Mutable

Los signos mutables traen cambios para estabilizarse. Simbolizan el movimiento de las situaciones que están llegando a su fin y un cambio de marcha para el siguiente paso. Todos los signos mutables tienen esta cualidad: Géminis, Virgo, Sagitario y Piscis son signos que fluyen con cierta inquietud colocada en un periodo de transición de un año antes de la próxima temporada que será lanzada. Es una cualidad de ambos, tanto de los nuevos como de los viejos mutables. Parecen tener un pie en cada campo, por decirlo de alguna manera. Todos los signos mutables son flexibles, adaptables y abiertos a los cambios, pero también pueden estar dispersos o a veces ser poco confiables, o incluso llegar a prometer más de lo que realmente pueden llegar a manejar.

Dominio
Tener muchos signos mutables en la carta es seguir con la corriente, permitir que la vida tome a este individuo en diferentes direcciones. Relajadas y con una actitud abierta, con frecuencia son personas populares debido a su adaptabilidad y su enfoque tranquilo frente a la vida. Algunos pueden considerar que tienen una tendencia a tomar responsabilidades a la ligera, y quienes tienen autoridad ven a este sujeto como poco confiable.

Ausencia
Una ausencia de signos mutables significa que para esta persona es difícil doblegarse, cambiar su mente u opiniones de manera sencilla, o iniciar un nuevo proyecto. Habrá ocasiones en las que será capaz de adaptarse a las circunstancias y llegará a ser importante, al igual que si aprende a ser abierto.

Planetas sin aspectos

Si un planeta no está ligado a otros planetas por aspectos principales, entonces se dice que es un planeta sin aspectos. Un planeta sin aspectos no está integrado con el resto de la carta. Esto tiende a manifestarse de dos formas principales (de cualquier manera, este planeta es destacado en el gráfico): una persona con un planeta sin aspecto tiene un sentido de ausencia de energía en el planeta donde hace falta, es decir que a quienes les ocurre esto se sienten desconectados de una parte de sí mismos, como si dicha parte no perteneciera a ellos; o, por otro lado, hay un sentido de urgencia por enfocarse en esa área. Un planeta sin aspectos trae consigo una energía poderosa que puede dominar la personalidad y manifestarse de cualquier forma en diferentes periodos, como si estuviera desconectado o demasiado enfocado o incluso ambos al mismo tiempo.

Un ejemplo nos puede ayudar a clarificar esto: Marte es el planeta de los guerreros, de los que se levantan por sí mismos, de quienes luchan en su esquina, del nivel de la energía física o de la forma de expresar la pasión, los deseos o incluso la ira. Si tu Marte no tiene aspectos es muy probable que con frecuencia te sientas incapaz de experimentar plenamente o de expresar tu Marte, hasta después de un largo periodo. Poner límites claros y no permitir que otros te invadan o dominen será complicado. Esto podría ser una puerta abierta para permitir que otros se aprovechen; o que simplemente ocurra así, lo cual no siempre se ve a simple vista; o bien, no saber cómo responder a ello. Un sentimiento de ira por haber sido pisoteado puede tomar un día o dos a veces mucho más tiempo hasta lograr bajarte la energía. Así que cuando te des cuenta de que esto está pasando puedes llegar a explotar con ira, lo cual llega a sorprender a varios; o bien puedes llegar a enojarte realmente, pero interiorizarás tus sentimientos.

De manera alterna, un Marte sin aspectos sugiere una persona muy ocupada, quien siempre está activa y parece que tiene energía de sobra para seguir adelante, lo cual desemboca en un comportamiento compulsivo. Otra de las formas en que se le aprecia es como a una persona enojada, que parece estar en un pozo sin fondo de temperamento, a menos que de manera consciente reconozca su comportamiento y aprenda a controlarlo.

Para tener un mejor entendimiento de un planeta sin aspectos hay que considerar el signo y la ubicación de la casa, ya que será útil para buscar áreas de la vida en que dicho planeta puede manifestarse.

Hay diferentes maneras en las que un planeta sin aspectos puede comportarse, pero los principios siguen siendo los mismos. Se opera por separado del resto de la carta hasta que la persona empieza a reconocer sus patrones de comportamiento y hace esfuerzos para integrarlos. Es probable que la persona se acerque a quienes tienen las cualidades que a ella le faltan.

Planetas multiaspectados

Por el otro lado, algunas cartas tienen un planeta o más que está aspectado a casi todos los demás planetas o el ángulo en el gráfico. Por supuesto que habrá un énfasis en dicho planeta y actúa como punto focal. Los aspectos para este planeta pueden ser combinados, algunos fluctúan entre los trígonos y los sextiles, y algunas cuadraturas rígidas en oposición. En cierto sentido, no importa qué tipo de aspectos tenga: en general, esto indica que la persona está muy consciente de su conexión con las cualidades del planeta en cuestión. Un stellium, especialmente cuando forma una conjunción múltiple, es un ejemplo de un potente conjunto de aspectos, y eso será muy evidente en el gráfico.

Distribución planetaria

Hemisferios y cuadrantes

La rueda de la carta puede ser separada en cuatro hemisferios diferentes. El hemisferio norte está abajo del horizonte, el hemisferio sur está arriba. La división de la tabla verticalmente en las cúspides de las casas 4 y 10 nos da el hemisferio oriental a la izquierda y el occidental a la derecha, dividiendo la carta en cuatro cuadrantes. Hay casas 1-3, 4-6, 7-9, y 10-12, que son los cuadrantes de 1-4, respectivamente.

Para evaluar la distribución de todos los planetas simplemente hay que compararlos señalando su posición alrededor de la carta. Para este ejercicio se deben ocupar todos los planetas, pero no los nodos o Quirón. Esto es sólo para los elementos y modos con los que puedes contar los siete planetas tradicionales, del Sol a Saturno, por razones que se han explicado en dicha sección. Al echar una mirada a la carta, al igual que sugerimos en el Capítulo 2 al inicio de tus estudios astrológicos, la distribución planetaria es obvia. A veces todo un hemisferio, o uno o más cuadrantes, serán ocupados. Si este es el caso, en el gráfico se ponderarán los sectores ocupados, con una posterior falta en las zonas deshabitadas.

Los planetas personales o sociales generalmente tienen un poco más de significado que los planetas exteriores en términos de la distribución de la carta, cuando estás evaluando el equilibrio. También se puede dar el caso de que los planetas están razonablemente distribuidos alrededor de la carta; en ese caso se dice que no tiene un énfasis en particular.

La distribución nos da un punto de vista sobre la orientación en la vida de una persona, la cual puede ser modificada por las ubicaciones planetarias más específicas. Esto es de gran utilidad al empezar a leer la carta, ya que de aquí obtenemos la primera impresión.

Hemisferio Norte-Sur

Si la mayoría de los planetas están bajo el horizonte en las casas personales de la 1 a la 6, la persona tendrá una esencia introvertida. Esos seis hemisferios del norte nos hablan del desarrollo personal, se enfocan en la vida privada y la persona en sí misma. Para esta persona el mundo exterior, que corresponde a las casas de la 7 a la 12, es de menor importancia. Esto no significa que el individuo no tenga función alguna en el mundo, pero su orientación naturalmente es subjetiva. Es muy probable que le surjan desafíos externos, cuando él en realidad necesita una vida tranquila.

Cuando haya un énfasis sobre los planetas que están en las casas de la 7 a la 12, encima del horizonte en el Hemisferio Sur, naturalmente la persona estará más inclinada al desenvolvimiento con el mundo. Temas sociales y circunstancias exteriores que ocupan su mente. Y suele haber aversión a examinarse a sí mismo, lo que podría indicar desafíos en lo individual, con diferentes situaciones que requieren justamente eso.

Hemisferio Este-Oeste

Cuando la mayoría de planetas caen en el sector Este de la carta, entre las casas 10-3, esta persona será en gran medida autorreflexiva, con una tendencia natural a evaluar sus propias experiencias para obtener sus propias respuestas. A lo largo de los años es probable que sea visto como un patrón a descartar, o al menos así podría parecer. El Hemisferio Occidental menos habitado, de las casas 4-9, con frecuencia nos trae temas de relaciones, como si fuera una zona menos cómoda.

Si la mayoría de los planetas están en el Oeste, significa que muchas situaciones de importancia en la vida de una persona llegan a través de otros. Las relaciones son una parte natural de la vida. Sin embargo, ser capaz de percibir sus reacciones internas claramente, o ver las de otros, es mucho más complicado para quienes tienen pocos o ningún planeta en el Este. Para muchos de ellos el desafío será la confianza en sí mismos.

Cuadrantes
Primer cuadrante: casas de la 1 a la 3

El enfoque de este cuadrante es uno mismo. Quienes tienen mayoría de planetas en estas casas tienden a reflexionar sobre sus experiencias y la forma en que afectan a su personalidad, de manera física o mental. La búsqueda para encontrar un conjunto de valores personales y perfeccionar el modo de pensar en la búsqueda del desarrollo de sí mismo se dedica a lo individual.

Si no tiene planetas en este cuadrante, la persona con frecuencia parecerá que está atrapada en las demás o en desarrollar su energía creativa, pero no estará muy preocupada por sus reflexiones interiores. La imaginación será muy activa en esta persona y la búsqueda de sus deseos o valores en la vida puede ser una preocupación.

Segundo cuadrante: casas de la 4 a la 6

Aquí el enfoque está en desarrollar las formas de expresión de uno mismo. Con una conciencia del pasado, familiar o historia personal, la persona con muchos planetas en las casas de la 4 a la 6 se esfuerza por expresar los talentos personales. Trabajar por pulir dichas habilidades es un objetivo.

Si no hay planetas en el segundo cuadrante, identificar en qué áreas se encuentra la creatividad personal es una fuente de preocupación para esta persona. Es probable que vean en su pasado, en su familia o en su herencia genética para darse una idea sobre en qué son buenos. Una vez identificado esto, el individuo puede tener dificultades para encontrar la mejor forma de expresar sus talentos creativos, ya que suele tender al perfeccionismo.

Tercer cuadrante: casas de la 7 a la 9

Aquellos que tienen mayoría de planetas en el tercer cuadrante buscan expandir su conciencia más allá de las relaciones, especialmente con aquellos que son cercanos. Por lo tanto, formarán relaciones de todo tipo por años. Aprenderán a entender las diferentes realidades que viven otros, lo cual será una aventura fascinante para esta persona, ya que instintivamente sabe que esto aumentará su propio conocimiento de la vida.

Para quienes no tienen planetas en las casas 7 a la 9 es indicativo de que experimentan la relación con los demás y que la búsqueda de una filosofía personal de vida es un área de crecimiento. Hay muchos periodos en la vida en que esta persona le da un poco de significado a las relaciones, o la amistad para ellos llega a través de otra persona. Los desafíos pueden surgir en la búsqueda del verdadero valor de la amistad.

Cuarto cuadrante: casas de la 10 a la 12

Las casas de la 10 a la 12 tienen que ver con el lugar de la persona en el resto del mundo, con los temas sociales o la actitud para la espiritualidad; así es como se percibe. Quien tenga muchos planetas aquí encontrará muchas experiencias en la participación de movimiento que son más grandes que él mismo. Tienen una gran conciencia de la sociedad, de la comunidad, o creencias que le aportan color a su punto de vista sobre la vida, y muy probablemente les trae oportunidades para contribuir a alguna causa o movimiento.

Un cuarto cuadrante vacío o semivacío nos indicará que probablemente habrá situaciones en las que la persona cuestionará su enfoque sobre su participación en las cuestiones mundanas o sociales. A veces puede encontrarse en medio de una preocupación humanitaria, social o espiritual que no busca.

La distribución planetaria en la carta de Robin

Hemisferios: un planeta sobre el horizonte, nueve planetas abajo = un claro énfasis en el Hemisferio Norte, bajo el horizonte. Siete planetas en el Este, tres en el Oeste = influencia oriental.

Hay una inclinación obvia hacia la vida interior con muchos planetas bajo el horizonte. También hay una orientación hacia las experiencias personales y el aprendizaje, con una mayoría de planetas en el Este. Una Luna prematura, sólo en el horizonte, sugiere un carácter especialmente sensible.

Primer cuadrante = seis planetas; segundo = 3 planetas; tercero = cero planetas; cuarto = un planeta.

Claramente, el énfasis está en el primer cuadrante, con un enfoque en el segundo. Esto tiene un eco por encima, en consideración con el énfasis en el hemisferio. Como el tercer cuadrante está desocupado y el cuarto contiene sólo un planeta, la carta se enfoca en el conocimiento de sí mismo, con un aprendizaje a reflexionar internamente sobre sus experiencias. La carta de Robin indica que le da una importancia menor al mundo exterior. Esto no significa que prefiera estar en casa o que no se preocupe por el mundo. Sin embargo, sí sugiere que probablemente se inclina a ser más cuidadoso en lugar de llenar su vida con actividades.

Tareas:

Registra esta información para el estudio de la carta de Celeste y de tu propia carta, viendo punto por punto:

a) Cuenta la distribución de planetas en cada hemisferio y cada cuadrante, para todos los planetas excepto Chiron: un total de diez puntos.
b) Cuenta la polaridad, elementos y modos, da un punto por cada uno, y ten en cuenta a los más fuertes y débiles. Cuenta sólo Sol-Saturno y puedes dar un punto para el ascendente y el MC: un total de nueve puntos. Puedes chequear los resultados de Celeste en el Capítulo 13.
c) Evalúa el resultado de tu propia carta. ¿Esto tiene sentido para ti? Guarda tu registro de Celeste lo necesitarás después.
d) Toma nota de los planetas que están fuertemente aspectados o sin aspectos.

11. LA IMPORTANCIA DE LOS REGENTES

Reglas de los gobernantes

El concepto de los gobernantes planetarios se ha mencionado varias veces en los capítulos anteriores. En este capítulo vamos a recapitular y ampliar la gobernación, mirando de nuevo a lo que significa y cómo ver esta parte importante de la Astrología natal. Como ustedes saben, a cada uno de los planetas, excepto al planetoide Quirón, se le asigna un signo del Zodiaco, a veces los signos a los que se dice gobierna, por lo que cada signo tiene un planeta regente. Cada planeta es compatible con la señal o señales que gobierna, y es especialmente "fuerte" cuando está en este signo, también conocido como en su propio signo.

Cuando se coloca un planeta en su propio signo, esto fortalece el impacto de ese planeta en un gráfico y es notable a la hora de sopesar la tabla de interpretación.

Por ejemplo, si Júpiter en una tabla se encuentra en Sagitario o Piscis, se dice que está en su propio signo. Tradicionalmente, hay todo un sistema de signos compatibles e incompatibles de los planetas, sobre todo para los clásicos o tradicionales (Sol, Luna Mercurio, Venus, Marte, Júpiter y Saturno), pero me centraré sólo en la regencia planetaria de cada signo como lo particularmente significativo.

Desde el inicio de este sistema, desde hace mucho tiempo, el Sol y la Luna como los planetas más importantes tuvieron sólo un único signo para gobernar. Son el signo del verano del Hemisferio Norte, que por supuesto es el invierno del Hemisferio Sur. La Luna gobierna a Cáncer y el Sol rige a Leo. Los otros cinco planetas clásicos gobiernan dos signos cada uno, que casi suman los doce signos regidos por los siete planetas visibles. Este sistema fue lanzado un poco en desorden, debido al descubrimiento de los tres planetas exteriores. A Urano, Neptuno y Plutón se les fueron asignando sus regencias gradualmente durante varios períodos de tiempo, cada vez que sus significados surgían. Estos tres planetas se convirtieron en los modernos *cogobernantes* de Acuario, Piscis y Escorpión, respectivamente. Los gobernantes mayores tradicionales son Saturno, Júpiter y Marte para estos signos, en ese orden, como se ilustra en la siguiente tabla.

Tabla de Gobernación del Zodiaco	
Planeta regente	**Señal/Simbolo**
Sol ☉	Leo ♌
Luna ☽	Cáncer ♋
Mercurio ☿	Géminis ♊ / Virgo ♍
Venus ♀	Tauro ♉ / Libra ♎
Marte ♂	Aries ♈ / Escorpión ♏
Júpiter ♃	Sagitario ♐ / Piscis ♓
Saturno ♄	Capricornio ♑ / Acuario ♒
Urano ♅	Acuario ♒
Neptuno ♆	Piscis ♓
Plutón ♇	Escorpión ♏

Debido a que el sistema anterior se ha incrustado en el pensamiento astrológico, algunos signos tienen una regla tradicional y moderna. Algunos astrólogos sólo utilizan uno o los otros planetas dominantes, el tradicional o el moderno. Pero me he dado cuenta de que considerar a ambos gobernantes da una imagen más completa, que honra la tradición del pasado, pero también abarca el enfoque moderno. La Astrología es un tema que se adapta y amplía con un ojo en su pasado.

Los planetas regentes son una parte importante de la base de la interpretación de la carta, suministran información vital. El signo de cada cúspide de la casa tiene un planeta regente y es en esta área que son particularmente importantes, como veremos a continuación. Los gobernantes planetarios y las señales que gobiernan se interpretan brevemente a continuación y te dará una idea de los tipos de conexión entre ellos.

Regencias de los signos del Zodiaco

Sol rige a Leo Como nuestra estrella central, que nos da la luz y el calor, el Sol nos sostiene y es la principal fuente de vida. Provee para la creación continua de nueva vida aquí en la Tierra. Leo es el signo al que más le gusta estar en una posición central y ser visible. La manera de expresarse de Leo suele ser individualista y creativa, aunque puede pecar de sobreextender su confianza o su orgullo en sí mismo. Con su espíritu indefectible, el Leo gobernado por el Sol reparte cariño y afecto, pudiendo elevar a los que le rodean. El arquetipo del principio rector y el padre también se asocian con el Sol.

Luna rige a Cáncer La Luna ofrece el cielo de la noche con la luz misteriosa y romántica para casi la totalidad de cada mes, y tiene efecto gravitacional directo sobre las mareas del mar. El signo de agua de Cáncer, con sus cambios de humor emocionales, a menudo se siente afectado por las fases de la Luna, sobre todo la

Luna llena, lo que puede aumentar su sensibilidad. Se dice que el romance tradicionalmente florece bajo la luz de la Luna. La naturaleza femenina de ambos, Cáncer y la Luna, está a la vez también conectada con el pasado, con la memoria y la vida familiar, y sobre todo con la crianza y el principio arquetípico de la madre.

Mercurio rige a Géminis y Virgo El dios veloz Mercurio es muy adecuado para el papel de gobernante de estos dos signos. En su rol de intermediario, con un ingenio travieso que se adapta a las circunstancias en las que se encuentra, el mercurio es un excelente comunicador.

A Géminis le encanta la creación de vínculos entre las personas, ver las maneras en que cada una podría aprender o beneficiar a la otra. La mente activa de Géminis está llena de ideas y raramente pierde las palabras.

Virgo es el lado más estable de la naturaleza flexible de Mercurio, siendo más terrenal y práctico, pero capaz de adaptarse a las circunstancias cambiantes o replantear su estrategia cuando sea necesario.

Venus rige a Tauro y Libra El amor sostiene a la diosa Venus. El amor de la gente, la belleza, el arte, la naturaleza, la música. Ella es una influencia sensible, en sintonía con sus necesidades físicas, la protección de sus recursos materiales y la búsqueda de la armonía a través de sus relaciones. Venus necesita amor y seguridad, que no siempre son compatibles.

Tauro aprecia que la diosa de la belleza se preocupa profundamente por las criaturas y las plantas del mundo natural. La comodidad física y material, el ingenio práctico y un conjunto de valores fuertes sostienen la necesidad de seguridad de Tauro.

Libra prefiere una existencia pacífica, donde sus relaciones sean armoniosas y pueda mantener un equilibrio entre las diferentes partes de su vida. La mítica Venus no siempre ha logrado esto en sí misma y podría ser propensa a los celos cuando estos se cruzan en su camino. Del mismo modo, para el libra la "guerra" puede surgir en materia de relaciones amorosas cuando se siente amenazado.

Marte rige a Aries y Escorpión Marte es el dios de la guerra, cuyo propósito primordial es defender, luchar y sobrevivir. La fuerza que le caracteriza se expresa también a través de su energía sexual y la capacidad para sembrar una nueva vida.

Aries y el dios Marte comparten la energía característica luchadora. El signo expresa un valor y un entusiasmo similar para la vida, pero al ser humano a veces lo puede forzar demasiado. No hay duda, sin embargo, de la capacidad de Aries para valerse por sí mismo y abrir el camino.

La conexión de Escorpión con Marte es más sutil, proporcionando la profundidad y el poder que estabilizan y mantienen la energía ardiente. El poder interior simbolizado por Marte cambia de heroísmos visibles a un mortal deseo oculto de batalla. La tenacidad de Escorpión proporciona una influencia sustentadora para Marte y fortalece su voluntad de sobrevivir.

Júpiter rige a Sagitario y Piscis El líder de los dioses en el clásico mito de Júpiter fue una figura más grande que la vida, llena de energía y bondad expansiva, pero el dios también está dispuesto a estirar el poder de su cargo y romper las reglas cuando le conviene personalmente. El planeta Júpiter tiene cualidades de generosidad y visión sabia, deseos de viajar por el mundo o explorar creencias y filosofías.

Sagitario se alinea bien con la unidad magnánima que caracteriza a Júpiter, el gusto de abrazar una amplia variedad de experiencias y la tendencia a la exageración. Él puede ser a la vez sabio e irresponsable, o poco realista sobre lo que puede lograr; sin embargo, alegremente continuará expandiéndose.

Piscis refleja más el aspecto espiritual de Júpiter. Mientras Sagitario tiende a explorar ideas religiosas sin necesidad de comprometerse, Piscis es innatamente consciente de otras realidades, aunque a veces no del todo: una tendencia al escapismo, ya sea para su propia protección o la evitación, puede crear malentendidos, pero también puede traer visiones internas.

Saturno rige a Capricornio y Acuario Estricto, pero justo; autoritario y metódico, Saturno entiende fronteras e impone limitaciones donde se necesitan estructuras. Al dios Saturno se le conoce a veces como el Viejo Padre Tiempo, lo que representa el paso de los años y de hecho el paso de los siglos. Saturno es paciente y dispuesto a construir poco a poco de ser necesario. Este planeta es terrenal y práctico y no es conocido por manifestaciones emocionales.

Capricornio encaja con su regente, tiene muchas cualidades de Saturno. Es un signo femenino que acepta la necesidad de tomarse un tiempo para alcanzar un logro. El rigor de Capricornio para quienes lo siguen y aceptan sus reglas en realidad puede tener una actitud muy cariñosa. Rara vez llega a ser emocional abiertamente y en ocasiones puede parecer distante; incluso llega a considerar que mostrar las emociones es de mal gusto.

Acuario es menos evidente y adaptado a su planeta regente tradicional; tal vez se ajusta mejor a su gobernante moderno, Urano. Sin embargo, Acuario, a pesar de sus actitudes radicales, puede ser muy firme y uniforme e inflexible en sus puntos de vista. En este sentido, Acuario tiene afinidad con Saturno, al igual que habilidad para separarse y estar al margen.

Urano corregente de Acuario El creador, dios del cielo del clásico mito, es poderoso y lejano, teniendo una visión general de su elevada posición sobre la Tierra. Las personas no le importan tanto a Urano como el principio de un nuevo enfoque, modo de pensar o cambio social. Es innovador, propenso a interrumpir, y puede ser bastante insensible.

Acuario, por el otro lado, mientras tiene ideas fuertes acerca del progreso de la sociedad como él la ve, generalmente es amigable y valora al individuo. Sin embargo, el "colectivo" signo de aire de Acuario puede ser muy frio, ya que piensa en el bien de la mayoría. Acuario también es perturbador y excesivamente racional, aunque es mucho más fijo en sus actitudes que Urano. Acuario no parece tener una orientación para ambos, el Saturno tradicional y el Urano moderno como planetas regentes, en diferentes formas.

Neptuno corregente de Piscis Como gotitas de agua mezcladas para manifestarse como un gran movimiento de cuerpos de agua que son los océanos de la Tierra, así este planeta es como si tuviera ambos poderes complacientes. Psicológicamente, tiene la orden de la mente inconsciente no sólo de individuos, sino del gran inconsciente colectivo de todos los seres. Escondidas en las profundidades de la verdad del dios del mar Neptuno, muchas criaturas tan aterradoras como hermosas reflejan los pensamientos y emociones más oscuras, así como las visiones inspiradoras de los seres humanos.

Piscis es un signo que vive en sus profundidades internas ocultas, tal vez mucho más que ningún otro signo. Esto puede hacer que Piscis esté sujeto a dificultades periódicas de confusión, ilusiones o decepciones, mientras lucha por equiparar esta orientación interior con las realidades de un mundo material exigente. Sin embargo, Piscis a menudo se basa en el gran ingenio de sus creaciones para agitar las emociones de los demás. De alguna forma, Neptuno parece un regente más apto de este signo que su regente tradicional, que es Júpiter; sin embargo, es verdad que los dos signos representan una profunda fe en el Universo. A Piscis le atrae esta espiritualidad como base de la vida, e incluso puede conocerla con un nombre diferente.

Plutón corregente de Escorpión Tal vez porque Plutón es el más lejano del Sistema Solar, este planeta está personificado en el mito del dios del inframundo, también profundamente enterrado y remoto. Ciertamente hay un profundo e intenso significado de este planeta que amenaza con abrumar a quienes no están en sintonía con esta energía. Al igual que los planetas exteriores, Plutón es impersonal, gobernando durante largos períodos de tiempo en el que se producen cambios humanos irrevocables. Lleva consigo muchos secretos, como el gran misterio de la muerte o el de la reproducción sexual.

Escorpión parece estar bien adaptado con su gobernante moderno. Sin embargo, el regente tradicional de Marte tiene su mérito, representa el espíritu de este signo profundamente emocional. Plutón se engancha en las profundidades ocultas de Escorpión y no acepta más las apariencias superficiales que hace su planeta moderno regente, con el deseo incesante de buscar respuestas. Tampoco es ajeno a la necesidad de desenterrar misterios y sacarlos a la intemperie.

¿Qué regentes planetarios incluir?

Ahora que hemos visto a los planetas regentes de los signos como parte importante de la forma en el gráfico en su conjunto, la pregunta que debe surgir es: ¿cuáles son los más importantes? Algunas opciones necesitan ser hechas con el fin de dar contención a la longitud y la complejidad potencial de un gráfico. Una buena regla general es incluir la regencia mencionada en la página 99, y las demás sólo si hay un énfasis en cualquier carta en particular en las áreas de la vida que puedas sentir que son relevantes. Por ahora te sugiero que te adhieras a lo siguiente: **ascendente, Sol, Luna, MC.**

Mientras nos familiarizamos con los regentes, necesitamos ser conscientes de cada planeta natal en su signo y que es regido por otro planeta, el cual normalmente es diferente al signo. Por ejemplo, en el estudio de la carta, el regente de ambos, el ascendente y el Sol, es la Luna en Géminis, y la Luna rige a Cáncer. La luna es a su vez gobernada por Mercurio en Géminis, en este caso, ambos son en realidad en el mismo signo, Géminis, y como Mercurio está en su propio signo, la secuencia se detiene allí.

Cada regla planetaria en una secuencia de regentes se conoce como *dispositor*. En realidad es otro nombre que se le da a las regencias. De manera que el Mercurio de Celeste es el dispositor de la Luna, el cual es el dispositor del Sol. En algunas cartas hay un dispositor final, cuando todas las regencias terminan en el mismo planeta, lo que obviamente refuerza ese planeta. Esto no pasa en todas las cartas, no en todas las cartas existe un dispositor final. Posteriormente, en este capítulo veremos la relevancia de los regentes de la casa en la cúspide también. Al principio esto puede parecer como parte de un laberinto interminable de conexiones y es fácil sentirse un poco ido inicialmente, cuando se trata de seguir todas las piezas que enlazan a otra parte de la carta. Los dispositores o regentes planetarios, sin embargo, pueden ser un medio para vincular a los planetas que de otra manera no tendrían ninguna conexión entre sí. No obstante, es posible seleccionar los tipos más relevantes e importantes de regencias, que todavía te darán información valiosa que necesitas utilizar para una interpretación. No siempre es necesario analizar cada planeta sobre una carta en términos de regencias, o dispositores, de los signos que haya. En la mayoría de los casos es suficiente con ser capaz de entender cada signo en el planeta, casa y aspectos con eso ya tienes muchas información, sin necesidad de tener que interpretar también su gobernante. Ten en cuenta que ver dónde está colocado el regente planetario ya añade información útil.

Los cuatro regentes que asumen un especial protagonismo en la toma de una evaluación inicial de cualquier gráfico son los planetas que rigen el ascendente, el Sol, la Luna y el MC. Por ahora nos concentraremos en estos cuatro regentes. El signo y la casa del regente planetario también tienen relevancia algunas veces. En ocasiones el mismo signo o casa se repetirá cuando se mira a los regentes, que colocan un énfasis natural ahí. Por ejemplo, si una carta tiene planetas o ángulos en ambos Géminis y Virgo, habrá un énfasis en la carta en Mercurio que rige ambos signos, el cual ayudará cuando se lleguen a evaluar las partes más importantes de un gráfico.

Los regentes del descendente y el IC también tendrán alguna importancia cuando consideren las áreas de la experiencia de la vida representadas por los ángulos.

El regente de la carta

Un uso particularmente importante de la regencia es considerar el regente planetario del signo en el ascendente. Este planeta es conocido como el regente de la carta. El signo ascendente en sí marca el tono de la primera impresión de una persona, como ya se mencionó en el Capítulo 5. El signo regente de la carta y la casa asume el significado más importante y este planeta siempre necesita estar incluido en la evaluación de una carta. El ascendente y su regente son componentes clave en la interpretación de una carta junto con el Sol y los signos de la Luna y sus regentes. Es común hablar de toda la carta como "es regido por" el planeta que rige al ascendente. Si el signo naciente tiene una regencia planetaria dual, entonces ambos planetas son los regentes de la carta y ambos merecen ser considerados.

Con ascendente Cáncer, como en el estudio de la carta, el gráfico, por supuesto, es regido por la Luna. Para un ascendente en Leo, como ocurre con Robin, el regente de la carta es el Sol; para Géminis o Virgo el ascendente es la carta es regido por Mercurio, y así sucesivamente.

Un ejemplo de un planeta solo regente
• Ascendente Sagitario, carta regente Júpiter en Tauro, sexta casa.

Una persona con un ascendente en Sagitario enfoca su vida de una forma animada y con la mente abierta, y es probable que tenga una amplia gama de intereses. Es generosa por naturaleza, aunque tiende hacia la inquietud y puede ser difícil de precisar a una actividad o una idea a la vez, como el mundo para ellos está lleno de posibilidades interesantes, viajes y filosofías.

La carta regente en Tauro tiene un efecto expansivo que se estabiliza en Júpiter y esta persona puede tomar la vida de una forma más moderada que apresurada. El ascendente en Sagitario podría ser si Júpiter no se colocara en un signo de tierra. La sexta casa colocada en el regente agrega más allá que la influencia de la tierra, y hay probabilidad de ser organizado con sus finanzas, o de planear aventuras que vayan más allá del tiempo y algunos otros detalles de prácticas similares.

Un ejemplo de corregencias
• Escorpión ascendente, corregentes Marte en Piscis quinta casa y Plutón Escorpión doceava casa.

El enfoque de la vida está reservado, mientras observa agudamente lo que está pasando. Más inclinada a tratar de entender a los demás que revelar mucho acerca de su propia vida interior, esta persona es muy emotiva e intensa, pero suele ser capaz de mantener las emociones bajo control. El ascendente en Escorpión es tranquilamente fuerte e inclinado al secreto y muy capaz.

Marte como el regente de la carta no está naturalmente en casa cuando está en Piscis y puede tener dificultades para ser asertivo. Sin embargo, la combinación sugiere una naturaleza muy compasiva (nota: la carta de Celeste tiene a Marte en Piscis, aunque no en la quinta casa). En la quinta casa Marte está más en su elemento. Esto podría ser la forma en que el lado creativo del individuo se manifiesta: ellos deben mostrar cualidades de creatividad y sensibilidad, un talento con doble agua, más una casa de fuego.

Con el regente moderno de la carta, Plutón, en su propio signo de Escorpión, va más allá de la influencia escorpiónica, incluso aunque Plutón es generacional. Plutón en la doceava casa contradice la influencia de Marte en la quinta, los corregentes de un signo no siempre producen el mismo efecto.

La doceava casa sugiere retirarse del mundo de alguna forma. En el mismo punto en la vida estas personas se sienten atraídas a retirarse del mundo desde el punto de vista de la transformación de sí mismas. Pero las emociones fuertes de Marte pueden estallar de vez en cuando.

El regente Sol

El regente planetario del Sol siempre es significativo, por lo que es bueno mejorar el análisis del significado de este planeta central. Para este y los otros regentes importantes el mismo procedimiento se siguió como se muestra arriba.

Para ilustrar el regente del Sol veremos el Sol de Robin, pero desde la perspectiva del regente del Sol. Habría aún más información sobre este importante planeta si estuviera haciendo una interpretación de su carta.

- Sol está en Libra, segunda casa.
- El regente del Sol es Venus.
- Venus está en Leo, primera casa.
- Venus está en Leo, primera casa.
- Venus tiene un número combinado de aspectos, incluyendo la conjunción con Marte.

Ya que aquí no se trata de los aspectos, no los voy a incluir en la interpretación, con una excepción: su conjunción con Marte, pues es imposible separar por completo a Venus de esta conjunción. Esto, por supuesto, es la naturaleza de las conjunciones. Ya vimos el Sol de Robin en Libra en la segunda casa en el Capítulo 10, por lo que aquí sólo se dará un breve resumen.

Prefiere las situaciones amorosas y sus amigos son apreciados (Libra, 2). Le disgusta el conflicto y trata de evitarlo. Busca la seguridad material y se siente incómodo e inseguro si es amenazado, lo cual posiblemente baja su sentido de autoestima.

Venus en conjunción con Marte y Leo en la primera casa es una posición energética como el regente del Sol. Venus en Leo ama la vida y en la primera casa probablemente le gusta estar en el centro de las cosas. De hecho, Robin podría llegar a sentirse fuera de lugar si no está en el centro de lo que esté pasando. Venus en conjunción con Marte en la primera casa, especialmente en el dramático signo de fuego de Leo y en el fuego natural de la casa de Aries, es una conjunción que nos trae guerra y paz en la vida de una persona.

Es probable que el apacible Libra será arrastrado a batallas, o tal vez a desacuerdos debido a la influencia de Marte en su Sol regido por Venus. Pero también es muy probable que sea más capaz de levantarse por sí mismo debido a su propio punto de vista, que cualquier otro Libra lo haría normalmente. A través de la colocación de su regente de Sol gana el potencial de afirmarse a sí mismo cuando sea necesario. Venus en conjunción con Marte en este signo y casa probablemente le da un cierto encanto y calidez, incluso si algunas veces es más contundente en sus diálogos, que otros a menudo encuentran entrañable.

Incidentalmente, parece que Venus y Marte están en el eje (el punto superior de la cuadratura en T o gran trígono menor), pero si miras en los orbes verás que de hecho es Marte el que hace la cuadratura en T, así como Venus está fuera del orbe con Urano y Júpiter.

La Luna y los regentes MC

Los principios descritos anteriormente se aplican de la misma manera tanto a la Luna como al MC. Al igual que otras luminarias, la Luna es igualmente importante en el gráfico, de manera que su regencia podría estar integrada en la interpretación de la carta como un todo. Se llega a la misma forma que en cualquier regencia y pueden ser analizados en cuanto a la regla de gráfico y el sol. Lo mismo se aplica para los regentes del MC, como el otro ángulo principal.

Para darte un ejemplo a partir de una muestra aleatoria: si la Luna natal está en Libra, entonces el regente de la Luna sería Venus. En este ejemplo, Venus está en virgo en la séptima casa.

Si el MC está en Capricornio, entonces el MC-regente sería Saturno. En este ejemplo, Saturno está en Acuario en la onceva casa (nota: Ve la tarea al final del capítulo).

Regencias de las casas

Porque cada casa tiene un signo en la cúspide, los regentes de los signos también rigen la casa. Las regencias planetarias de las casas son útiles porque complementan el entendimiento de una carta, que debe ser incluido como algo que importa, por supuesto.

Son particularmente importantes en las casas que están desocupadas, ya que nos proveen de información vital acerca de aquellas casas que tienen ausencia de planetas.

En el Capítulo 5: Las casas, hay una explicación acerca de las casas que frecuentemente tienen más de un signo.

Para una mejor forma de pensar, cuando valoramos las regencias de las casas siempre usamos el regente del signo zodiacal sobre la cúspide de la casa. En un nivel más avanzado puedes escoger tomar el segundo signo dentro de la cuenta, pero es innecesariamente complicado en esta etapa. Si sigues esta guía de la regencia, o del regente dual, cada casa será más clara.

La carta de Robin es usada para demostrar cuestiones que van más allá de las regencias. Su gráfico tiene seis casas que están ocupadas por planetas. Los he listado de una forma clara:

- Leo ascendente marca la cúspide de la casa 1, la cual tiene dos planetas, Venus y Marte. Ningún planeta es ascendente como el orbe si es muy grande (Venus está a 14 grados lejos del ascendente).
- Las casas 1, 2, 3, 4, 5 y 10 están ocupadas por los planetas.
- Las casas 6, 7, 8, 9, 11 y 12 están desocupadas.

Para el propósito de considerar cualquier casa que esté ocupada, sólo cuentan los planetas, de la misma forma que cuentan los hemisferios ocupados. Donde las casas contienen un planeta o varios hay un énfasis natural y la atención se pondrá ahí. Todas las casas ocupadas nos dicen una historia, no importa que presenten sólo un planeta o muchos. Naturalmente, la interpretación de los planetas en una casa es parte del enfoque de una casa, la cual es mezclada en la cúspide del signo de la casa y su gobernante.

Una concentración de planetas en una casa se destaca la primera vez que los ves en la carta, y como era de esperarse esta área de la vida tiene una prominencia particular en la vida de la persona. Probablemente el individuo haya tenido que repetir esas experiencias de vida en diferentes formas, que reflejan el significado de esa casa.

Por ejemplo, en la cuarta casa en una carta que contiene un número de planetas, habrá en enfoque en la cuarta casa para la vida en familia, relaciones familiares, tal vez un interés en la ascendencia o la historia en general, y así sucesivamente, dependiendo de dónde caen los planetas particulares. En diferentes periodos de la vida de una persona emergen distintas formas de esta combinación. Si dicha casa tiene a Virgo en la cúspide y la cuarta casa es regida por Mercurio, que también está situado en la cuarta casa a través de Libra, entonces en la vida familiar temprana la lectura pasó a formar parte de su placer y los libreros formaban parte de su mobiliario, o uno de los padres está involucrado en trabajos que requieren de mente (Virgo cúspide/Mercurio regido por la cuarta casa), o la persona puede llegar a ser un editor independiente que trabaja desde casa y disfruta entreteniendo a otros desde su casa o teniendo citas (Mercurio en cuarta casa de Libra); estas son algunas de las posibilidades.

Casas desocupadas

Dado que cada parte del gráfico tiene un significado, ¿cómo vamos a evaluar una casa deshabitada? Es importante recordar que el hecho de que no haya planetas en una casa no significa que esa área no es importante en nuestra vida. Es sólo que es una persona que tiene el enfoque puesto en otra casa, en aquellas casas que tienen planetas en ellas, y que le da un énfasis menor a las casas desocupadas. Esas casas, como parte de la carta, contribuyen a entender el todo y es necesario que figuren en la interpretación de la carta, como veremos más adelante.

Que en una carta no haya planetas en la décima casa, por ejemplo, no significa que la persona no tenga una carrera o una dirección en la vida. Puede significar que el trabajo de la persona está más enfocado a ganar dinero, a recibir el ingreso necesario y esa es su vocación; o bien que tiene más interés en su trabajo diario, o que dedica un periodo, o periodos, de tiempo a no trabajar por cualquier razón, o hay muchas otras formas de interpretarlo. Necesitas tomar todas esas consideraciones dentro de la carta, especialmente el regente planetario de la décima casa. Para algunas personas con la décima casa desocupada, podría haber un factor compensatorio, como un Capricornio MC, un dominio de la tierra o algunas otras casas de tierra en la carta, o Saturno aspectando el MC, que en cierta forma compensa las ideas anteriores con respecto a tener una décima casa deshabitada.

Una casa vacía es, así como lo puedes ver, un significado que se da a partir de su planeta regente y la señal del propio gobernante y la casa. Tomemos una de las casas desocupadas de Robin, su sexta casa, con su cúspide regente Saturno en Escorpión en la tercera casa, para ver las combinaciones.

- Capricornio en la cúspide de la sexta casa: una combinación de una doble tierra sugiere que la casa de Robin tiene rutinas diarias, servicio y conciencia de la salud, la conciencia es una parte natural de su vida. Sugiere una habilidad para regular su trabajo y los deberes de la casa y mirar después a sí mismo en el curso normal de la vida.
- Sexta casa regida por Saturno en Escorpión adiciona una cierta intensidad de la inclinación de Robin hacia el control de los niveles de energía (Capricornio) para que no se comprometa demasiado a la vez y quizá podría ser muy apasionado (Escorpión) acerca de los compromisos que emprende (sexta casa).
- Sexta casa regida por Saturno en la tercera casa indica que se siente más cómodo cuando planifica los días ocupados, ya que él sabe dónde está. Puede ser una persona que hace listas, inclinado a tomar notas (tercera casa). Probablemente le gusta ver los resultados de sus actividades, su pensamiento es muy práctico.

Este es el inicio del aprendizaje sobre cómo combinar diferentes factores de la carta, y vamos a continuar practicando más adelante. Los aspectos de los regentes no están incluidos por ahora y se pueden quedar fuera, ya que estos se tendrán en cuenta más adelante. Los aspectos que rigen los planetas pueden parecer algo adicional a la información compleja que hemos dado ya, aunque hay otra forma de verlos. El arte de practicar Astrología es probablemente mejor descrito como la creación de una imagen de piezas unidas, como armar un gran rompecabezas hasta llegar a un todo coherente. A diferencia de un rompecabezas, este todo tiene una inmensa habilidad de expandirse, y lo que los astrólogos tratan es de obtener una imagen lo suficientemente clara para ser capaces de entender a una persona, así como sus habilidades y contradicciones.

Cada parte, o factor, cuenta, aunque si estos se añaden desde el principio sólo pueden generar confusión. Sin embargo, cuanto más se trabaja con la absorción de cada factor y luego se le incorpora, se obtiene una imagen más completa. El siguiente capítulo contiene las últimas novedades significativas antes de que se coloquen todas juntas.

Tareas:

a) ¿Qué planeta(s) rige(n) tu carta? Trata de interpretar tu propia carta en signo y casa.
b) Mira los regentes de las casas de tu propia carta, ve si puedes identificarlos todos.
c) Toma una casa desocupada de tu carta, toma nota del signo en la cúspide y encuentra el signo regente y casa. ¿Piensas que el regente te ayuda a entender la casa?
d) Hay dos ejemplos que se dan para la Luna y para el MC, regente y signo/posición de la casa de sus respectivos regentes (ve *La Luna y sus regentes MC*). Hay que tener una interpretación de estos dos. Usa las frases claves de la guía de referencia, si necesitas ayuda.

12. ALGUNOS SIGNIFICANTES EXTRA

Refinando tus interpretaciones

El tipo de interpretación de carta astral al que puedes acceder desde sitios en internet de Astrología, ya sea gratis o como una descarga pagada, seguramente incluyen mucho del material que hemos cubierto hasta ahora. Usualmente contienen breves interpretaciones generadas por computadora de planetas en signo, planetas en casa y aspectos entre planetas. Algunos de estos tipos de interpretación son mejores que otros, desde luego, e incluso algunos intentan juntar las diferentes partes de la carta astral para formar una especie de síntesis. Cuando eres principiante, estas interpretaciones computarizadas pueden resultar de mucha ayuda, ya sea porque muestren qué tan reveladora puede ser la Astrología, o tal vez porque disparen tu entusiasmo por saber más acerca de la Astrología.

Pero a dichas interpretaciones empacadas les suele faltar sutileza, profundidad o explicaciones de algunas de las influencias en la carta, que le dan un contexto más significativo y rico en detalles. Cuando estás aprendiendo cómo hacer la carta por ti mismo, como lo estás haciendo ahora, una interpretación razonablemente básica de una carta puede lograrse con cierto detalle usando el material que hemos cubierto hasta el momento: los cuatro bloques de construcción (planetas, signos, casas y ángulos, y aspectos); polaridad, elementos, modos; áreas de énfasis y desbalances; y autoridades. Algunos de estos factores serán raramente incluidos en las interpretaciones computarizadas.

Tus interpretaciones se beneficiarán enormemente, no obstante, expandiéndolas aún más al incluir los extras aquí explicados. Las áreas cubiertas en este capítulo son:

- Nodos de Luna; llamados el Camino del Destino por algunos astrólogos.
- Aspectos menores; existen otros cuatro aspectos que son usados comúnmente.
- Movimiento retrógrado; una explicación de esos planetas en una carta que tiene este símbolo anexo ℞, que es el símbolo usado para mostrar que un planeta es retrógrado.

He nombrado estos factores como "extras", pero en realidad cada uno ofrece refinamientos de las energías y símbolos de la carta y provee conocimientos invaluables. Muchos astrólogos practicantes utilizarán todos, o la mayoría de estos factores tanto como los que hemos cubierto con anterioridad. Estos extras han sido dejados de lado hasta ahora, para que tuvieras primero algún conocimiento de Astrología el cual es quizá sorprendentemente vasto a estas alturas del libro y estuvieras desarrollando ya las habilidades necesarias para encontrar rasgos importantes en una carta. Siempre hay más métodos que puedes usar para mirar una carta, más habilidades que puedes agregar y más técnicas para refinar o confundir tu conocimiento aún más. He elegido la corta lista de arriba para factores extras en la carta porque muchos astrólogos los ocupan para un gran efecto.

Los nodos de la Luna
☊ (Nodo norte)
☋ (Nodo sur)

En tiempos ancestrales se pensaba que un gran dragón se estiraba a través del cielo, con su cabeza cayendo en el nodo norte y su cola en el nodo sur. En los intervalos semestrales, cuando ocurren eclipses regularmente, el dragón devoraba al Sol o a la Luna. Los nodos de la Luna siempre están involucrados en eclipses solares o lunares. El nodo norte era conocido como la cabeza de dragón y el nodo sur como la cola del dragón, y el fenómeno de los eclipses era visto con temor en muchas culturas cuando se oscurecían tanto el Sol como la Luna. Esto era visto como un evento antinatural y frecuentemente el dragón necesitaba ser aplacado, quizá mediante rituales o sacrificios. Los eclipses, aun cuando ahora somos conscientes de cómo se producen, son todavía asombrosos a la vista. Como los eclipses solares, que ocurren en ciertas Lunas nuevas, son tan raros de ver ya que sólo ocurren en limitadas bandas de espacio cada vez, es comprensible que aquellos que puedan viajen para observarlos. Los eclipses lunares no son tan dramáticos, pero aun así vale la pena verlos. Los eclipses lunares ocurren en Luna llena, aproximadamente cada seis meses, y son visibles por la noche a través de una amplia área de la Tierra. Recomiendo que les prestes atención si aún no lo haces.

Los nodos de la Luna son los puntos de intersección en el espacio cuando el camino del Sol el eclíptico[8] y el camino de la Luna se juntan. Porque la órbita lunar no es paralela con la órbita de la Tierra, pero inclinada ligeramente en un ángulo de 5 grados de la Tierra, un punto de intersección de las dos órbitas siempre está viajando hacia el norte y el otro punto siempre está viajando hacia el sur. Los nodos norte y sur son un eje y están directamente opuestos uno del otro. La velocidad de movimiento de los ejes nodales varía un poco cada día y es sujeto de diferentes fuerzas gravitacionales, así que es común promediar el movimiento de los ejes, lo que se conoce como el movimiento medio. El movimiento de los nodos medios siempre es retrógrado, lo que significa que se mueven "al revés" a través de los signos, tardando casi 19 años para completar un ciclo completo. El movimiento retrógrado es discutido más adelante en este capítulo.

El significado astrológico de los nodos lunares es como sigue:

[8] Para recordarte que la eclíptica es la trayectoria aparente del Sol en un año a través de todos los signos, como se ve desde la Tierra. En realidad, es el camino de la ronda anual de la órbita de la Tierra al Sol. Los nodos de la Luna se mencionan por primera vez en el Capítulo 2.

El nodo norte (☊) en un signo y una casa en una carta representa tu profundo propósito en la vida y es orientado hacia el futuro.

El nodo sur (☋) en el signo y casa opuesta representa tu pasado personal, de dónde vienes en términos familiares, ancestrales y experiencias previas. También muestra reacciones o modos de actuar que te son naturales y patrones familiares de comportamiento.

Los aspectos de los Nodos también tienen significado, pero no serán cubiertos aquí. Los aspectos más significativos de los nodos usualmente son vistos como conjunciones planetarias en cualquier extremo, o una cuadratura en ambos extremos.

Los nodos no operan independientes, sino como un eje lo que afecta a un nodo, también afecta al otro, de manera similar a los otros dos ejes de ascendente-descendente, o MC-IC. La manera en que percibes los significados generales de los ejes nodales dependerá en cierta medida de tus creencias personales en la vida. Para aquellos que piensan en términos de vidas pasadas y reencarnación los nodos representan un patrón *kármico* de experiencias y comportamientos de vidas pasadas (nodo sur), y el propósito espiritual subyacente para esta vida (nodo norte)[9].

Para aquellos que son menos inclinados a pensar en términos de vidas pasadas, la posición del nodo norte indica las áreas mayores en que puedes crecer y aprender como individuo a lo largo de tu vida, a la par que encuentras maneras de absorber y aceptar tu pasado. El nodo sur muestra tus experiencias tempranas y tus antecedentes; su origen es frecuentemente inconsciente o está sepultado debajo de la superficie de tu conciencia.

El reto ya que muchas veces se experimenta como un reto mostrado por la posición del eje nodal es para que crezcas y evoluciones como persona, para avanzar en tu vida y no "estancarte" en el pasado. Es frecuente que se activen las posiciones nodales en tu carta mediante las relaciones importantes en tu vida y tus interacciones con esa gente. En *sinastría*, una técnica astrológica más avanzada usada para explorar relaciones entre personas, los nodos de una carta frecuentemente aspectan los planetas pares de la otra persona y a veces esto funciona en ambas vías. Se cree que esta es una de las razones por las que este eje a veces se conoce como el Sendero del Destino, porque parece haber un vínculo entre tu posición nodal y tus relaciones con personas importantes en tu vida. Puedes también ver el nodo sur representando comportamientos habituales, cómoda familiaridad, talentos latentes y a veces inercia; contrario a tu propio desarrollo (nodo norte) y potencialmente ganando nuevo conocimiento y el sentido de satisfacción que acompaña los logros, especialmente si costó mucho trabajo.

---

[9] La palabra Karma es un término usado en algunas regiones del oriente y significa un ciclo de causa y efecto. Lo que se hizo en la encarnación pasada (nodo sur) es desarrollar o cambiar en esta vida (nodo norte).

La historia cuenta que un astrólogo anónimo pero muy estudiado, alguna vez dijo: "Si tuviera sólo tres minutos para hablar con la persona acerca de su carta hablaría acerca de sus nodos", lo que es una indicación de qué tan significativos son para los astrólogos. Afortunadamente, suele haber mucho más tiempo que eso cuando se mira la carta de alguna persona, ¡y ahí está el resto de la carta entera que también contiene significado! Es importante recordar que, aun con lo significativos que son los nodos, actúan la mayor parte del tiempo como una influencia de fondo cuyos significados emergen con el paso del tiempo y son con frecuencia sólo aparentes al ganar perspectiva después de una serie de eventos. ¡La mayoría de nosotros no vivimos nuestras vidas pensando constantemente acerca de nuestros propósitos más hondos! Pero de vez en cuando, al conocer a una persona significativa, una interacción con un miembro de la familia o un amigo cercano que genera un impacto u otra experiencia trascendente, el significado de los nodos surge y emergen patrones de experiencia.

Los nodos a través de los signos

Las siguientes descripciones son breves y se dirigen a la esencia del significado, enfocándose en el propósito o reto de cada combinación nodal. Hay mucho más de lo que puede decirse, pero esto te dará los inicios de una idea de cómo interpretar los nodos.

Los nodos en los signos son una parte esencial del carácter de la persona.

Los nodos en las casas muestran en cuáles áreas de la vida su significado es particularmente activado.

Como con otros factores en las cartas, los nodos necesitan verse como parte de una persona entera y que puede haber otros lugares que pueden compensar o enfatizar su significado.

Hay sólo seis combinaciones, pero la dirección en la que el eje caiga es significativa. Cada eje nodal se trata acerca de esforzarse hacia el nodo norte sin rechazar el sur. A lo largo de tu vida puedes balancearte entre periodos cuando reaccionas instintivamente (nodo sur) y periodos cuando la vida parece impulsarte a hacer algunos cambios (nodo norte). Para la mayoría de la gente el nodo sur es con frecuencia más evidente en la juventud y puede ser relativamente inconsciente. Conforme una persona madura las interacciones con otros, o la dinámica de eventos, traerán consigo oportunidades para aprender acerca del nodo norte. Esto no siempre es fácil, ¡pero a veces es emocionante e inspirador!

Los ejes Aries y Libra
- Valorar a los otros, la abnegación contra el egocentrismo, desarrollar confianza en sí mismo.

Encontrar el balance entre lograr un sentido más claro de ti mismo como individuo confiando en tus decisiones; y dándote cuenta de la tendencia de identificarse a uno mismo en otros. (♈☊/♎☋)

Aprender acerca del compromiso y libremente dar tu tiempo, energía y cuidado a otros, mientras ganas una perspectiva más balanceada de tu fuerte ego y los deseos personales que te dirigen. (♎☊/♈☋)

Los ejes Tauro y Escorpión
- Valores personales, seguridad interior, crisis emocionales, energía controlada, aprender a dejar ir las cosas y superarlas.

Desarrollar amor por la Tierra natural y confiar en la abundancia del Universo para proveer seguridad, encontrando tus propios valores; dejar ir a la ira, el apego a los dramas emocionales o dependencia de otros. (♉☊/♏☋)

Aprender acerca de la independencia emocional y la autodisciplina, y tu capacidad de transformación interna; amar a las personas, las pertenencias y hábitos sin posesividad, y manteniendo una sintonía con el mundo físico. (♏☊/♉☋)

Los ejes Géminis y Sagitario
- Libertad y compromiso, comunicación con los otros, reconocimiento de los límites de expansión.

Aprender cómo enfocarse sobre uno mismo, comunicando claramente y no emprender mucho, y volverse consciente de tus expectativas de libertad que no siempre permites a otros; respetando a los demás y aplicando una amplia visión para su beneficio. Refrenar tu espíritu salvaje en ambientes sociales, aprendiendo a honrar tus responsabilidades. (♊☊/♐☋)

Durante la juventud no es fácil encontrar tu dirección en la vida, ya que muchas áreas te interesan y puedes distraerte fácilmente. Aprendiendo que ser proactivo en todo no siempre es productivo. Desarrollando una filosofía flexible que involucre ganar una perspectiva más amplia. (♐☊/♊☋)

Los ejes de Cáncer y Capricornio
- Deberes, responsabilidades y obligaciones, familia y carrera, crianza, control, entendimiento del valor de la privacidad y el valor de la honestidad.

Aprender a extender amor y cariño hacia ti mismo y hacia los demás, y experimentar las necesidades emocionales de otros a través de relaciones cercanas con familia y amigos; ganando conciencia de tu tendencia a expedir lineamientos éticos y supervisar a todos. (♋☊/♑☋)

Hay una tendencia a drenar la energía de otros con tus problemas emocionales y te puede resultar difícil dejar de ser dependiente. La madurez emocional y el respeto propio vienen a través de tomar responsabilidad de uno mismo y de lo que haces. (♑☊/♋☋)

Los ejes de Leo y Acuario
- Orgullo, voluntad, desarrollar la singularidad, independencia, humanitarismo, liderazgo.

Desarrollar un sentido de ti mismo sin egocentrismo, pero evolucionando más allá de tus raíces, te abre posibilidades de liderazgo. Fuertes principios de independencia y justicia pueden llevarte a realizar importantes cambios en la sociedad. (♌Ω/♒☋)

Hay una necesidad de balancear la tendencia de dominar y el apego a ser visto en los círculos correctos, con una actitud humanitaria en la que no eres tú el centro. Dar espacio a la opinión de otros y ser parte de un grupo por un beneficio mayor pone el orgullo personal en perspectiva. (♒Ω/♌☋)

Los ejes de Virgo y Piscis
- Compasión, sanación, discriminación, criticismo, flexibilidad, ser una víctima o un mártir.

Aprender a experimentar la compasión sin abrumarse y empatía que pueda discriminar. Adquirir el arte de aceptar a los otros y saber tus propios límites. Práctica de la sanación y procuración del cuerpo te aterriza. (♍Ω/♓☋)

La flexibilidad necesita ser desarrollada junto con la habilidad para confiar el botín de la vida, en vez de preocuparse. Verte a ti mismo apartado y separado de otros bloquea tu flujo de vida; la tarea es que pares de hacer juicios o de convertirte en una víctima. (♓Ω/♍☋)

Los nodos a través de las casas

El eje nodal es aún más personalizable considerando su disposición en las casas y los aspectos de los nodos. Las casas indican las áreas de vida donde encontrarás situaciones y circunstancias en las que los nodos serán experimentados tanto internamente como a través de eventos. El nodo norte nos alienta hacia nuevos entendimientos y el nodo sur nos jala de regreso hacia las experiencias pasadas. Cada combinación de casas resumida abajo puede leerse en cualquier dirección, dependiendo de la posición de los dos nodos.

Casas 1-7/7-1 (posiciones del nodo norte se dan primero)
- Yo contra ti. Matrimonio, pareja y relaciones cercanas con otros, y buscar o mantener quién eres fuera de tus relaciones íntimas.
- No sacrificarte a ti mismo en un deseo de ganar aprobación, pero desarrollando habilidades de liderazgo y cooperando con otros. Puede haber problemas parentales que resolver a través de relaciones personales.

Casas 2-8/8-2
- Juegos de poder, secretos escondidos, y situaciones financieras o emocionales de dependencia de recursos de otras personas o valores pueden emerger, lo que evoca la necesidad de encontrar los tuyos.

- Parece haber una predisposición a los excesos o extremos, ya sea en el plano físico, material o emocional. Las oportunidades ocurrirán en la vida para ejercer el autocontrol y una fuerte voluntad seguramente es necesaria.

Casas 3-9/9-3
- La acumulación de conocimiento en amplias áreas te fascina y puedes desarrollar habilidades naturales de maestro para tu beneficio, pero también para el de otros.
- Diseminar información es una fortaleza, pero puedes gastar tus energías y tener conflictos con tus compromisos. Agudizar tus habilidades comunicativas le añadirá profundidad a tu entendimiento.

Casas 4-10/10-4
- El enfoque recae entre cumplir las necesidades de tu familia y aceptar tus antecedentes a la par de realizarte en términos de tu dirección personal en la vida.
- Encontrar el hogar correcto donde puedes asentarte es un paso gigante para ganar más madurez emocional y construir una carrera satisfactoria.

Casas 5-11/11-5
- Hay una atracción por desarrollar tu destino propio y único e incrementar su creatividad. El involucramiento con grupos con un objetivo común puede ser una distracción, aunque también una fortaleza.
- Es importante volverse disciplinado y concentrado en tu presente tanto como soñar y proyectar tu futuro. Tu imaginación puede traer nuevas ideas a otros si se enfoca en ellos en vez de sobre ti mismo.

Casas 6-12/12-6
- La necesidad es aprender a confiar que te encuentras en el lugar correcto, no importa donde estés psicológicamente. Una habilidad sanadora puede surgir del experimentar una enfermedad personal o familiar, o dificultad, pero necesita ser desarrollada conscientemente.
- Con frecuencia te sientes poco apreciado y para combatir esto se necesita un reajuste de valores. Desarrollar habilidades prácticas y creativas, priorizando tus circunstancias materiales tanto como tus sueños, enriquecerá tu sentido de propósito.

Los aspectos menores

Aparte de los cinco aspectos mayores (conjunción, oposición, trino, cuadrante y sextil), sobre los que ya conoces, aquí hay varios otros aspectos significativos usados comúnmente en la Astrología natal. Estos son usualmente conocidos como menores, aunque no todo astrólogo los definiría a todos de este modo. Hay cuatro aspectos "menores" que son considerados como importantes:

Semicuadrante ∠
Sesquicuadrante ⛼
Semisextil ⚺
Quincuncio ⚻

Algunos astrólogos consideran que el semicuadrante y el sesquicuadrante se hallan en un rango de importancia en algún punto entre los aspectos mayores y los menores. Es probable que tengas algunos de estos en tu carta. Mira en la cuadrícula para ver cuál de estos contiene tu carta. Puede que tenga sólo uno o incluso ninguno, pero la mayoría de las cartas tiene al menos algunos de los siguientes cuatro aspectos.

Aspectos	Círculo dividido por	Grados de separación	Símbolo	Orbe
Semicuadrante	Ocho	45°	∠	2°
Sesquicuadrante	Ocho	135°	⛼	2°
Semisextil	Doce	30°	⚺	2°
Quincuncio	Doce	150°	⚻	2°

De estos cuatro, probablemente el menos importante es el semisextil, aunque esos deberían aún ser notados siendo parte de la carta. En muchas instancias los semisextiles actúan como un respaldo para más factores mayores en la carta, en vez de tomar el centro de atención por sí mismos. Pero si un planeta tiene menos o ningún aspecto, un semisextil puede proveer un vínculo que ayude a integrar a ese planeta en la carta.

Donde me refiero a dos planetas, esto aplica también al planeta y el ángulo. Porque esos aspectos no son mayores, la órbita permitida es muy pequeña. Esto es particularmente importante de notar para el sesquicuadrante, que es 135° entre planetas, y el quincuncio, que es entre dos planetas que están a 150° de distancia. Si las orbitas no se mantienen chicas, estos dos aspectos pueden casi chocar entre sí.

En la carta de Celeste hay unos cuantos aspectos menores. Si consultas la carta y la cuadrícula las verás. Aquí están:

☉ ∠ ☽   Sol semicuadrante Luna.
☽ ∠ Asc   Luna semicuadrante ascendente.
☿ ⚺ ♃   Mercurio semisextil Júpiter.
♃ ⚻ ♄   Júpiter quincuncio Saturno.
♃ ⚻ ♅   Júpiter quincuncio Urano.

No hay sesquicuadrantes en su carta.

He dado un ejemplo de dos de los aspectos menores para darte una idea de cómo pueden combinarse. Saturno y Urano están en una conjunción suficientemente cercana para que ambos estén un quincuncio con Júpiter, así que realmente estos dos aspectos se juntan y se convierte en Júpiter quincuncio Saturno conjunción Urano, un aspecto de tres planetas.

Todos los aspectos están basados en dividir el círculo de la carta en varios nombres, como se explica en el Capítulo 6. El semicuadrante es la mitad de un cuadrante y es fácil ver cómo divide el círculo en ocho partes, cada una de 45° de largo. En el caso del sesquicuadrante, la división del círculo en ocho es menos fácil de ver. Este aspecto es un cuadrante y medio, y de hecho divide el círculo en 3/8, ocho siendo el número raíz entero.

Ambos aspectos provienen de aspectos de dos series y están asociados de cerca con el cuadrante mismo. Hay algunas pistas para hallar estos aspectos fácilmente en la rueda de la carta, abajo.

Un principio similar aplica a los semisextiles, que claramente dividen el círculo en doce, ya que es de la misma longitud que la longitud de un signo (30°). Un quincuncio es la longitud de cinco signos y divide el círculo en 5/12. Lo peculiar de la fracción, e incluso su asociación con doce como el número raíz entero, puede contribuir a su significado.

Estos cuatro aspectos están basados en números que son múltiplos de dos o tres cuando se reducen al número primario más bajo: 8 es 2 x 2 x 2, y 12 es 2 x 2 x 3. Recordando que el número dos representa retos, entonces como puedes imaginar, todos estos aspectos tienen un elemento de "rigidez". El número tres es un número que fluye, no obstante, suaviza el efecto del quincuncio y el semisextil hasta cierto alcance.

Semicuadrante y sesquicuadrante: ∠, ⚼

- Tensión.
- Dos planetas a 45° o 135° de distancia.
- Órbita 2°.

Estos dos aspectos están relacionados al cuadrante y ambos representan un esfuerzo de menor intensidad para reconciliar las cualidades discrepantes de cualquiera de los dos planetas unidos por estos aspectos. Si están a sólo 1° o menos de distancia, estos aspectos pueden a veces asumir cualidades más cercanas al significado de un cuadrante. No deben ignorarse cuando se evalúa el balance de una carta.

Los símbolos

Si miras de nuevo los símbolos para estos dos aspectos, el que corresponde al semicuadrante es de hecho una mitad de cuadro de 45°, aunque un semicuadrante trazado a mano es normalmente dibujado como una mitad de cuadro con ángulos rectos. Un modo fácil de ver un semicuadrante es contando un signo y medio alrededor de la carta desde un extremo del aspecto. Un planeta en un extremo del aspecto tiene 30° + 45° desde el planeta hasta el otro extremo del aspecto, y abarca un octavo de los 360° de un círculo.

El símbolo para el sesquicuadrante es un cuadrante más la mitad de un cuadro (90° + 45°), lo que hace en total 135° grados. A veces es más fácil ubicar este aspecto como dos planetas separados uno de otro por un trino más la mitad de un signo (cuatro signos = 120° + 15°).

Semicuadrante

El semicuadrante muestra tensión y un poco de resistencia al cambio, o dificultad a ser flexible, dependiendo de los planetas involucrados. Existe comúnmente una lucha por lograr resultados por sus esfuerzos. Puede a veces sentirse cómo sin importar el trabajo duro es difícil superar un punto muerto, como si "algo" pareciera bloquear el progreso. Este aspecto a menudo es poco menos que consciente y es posible que aparentes bloqueos sean una resistencia interna a permitir que ocurran cambios, aun cuando conscientemente la persona pueda ver que esto sería positivo. Esta resistencia puede ser miedo en su base, o al menos reticencia para encarar un conflicto.

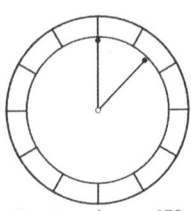

La naturaleza de los aspectos basados en el número dos en general, de cualquier forma, usualmente está para seguir persistente en tratar de resolver un problema, a pesar de las frustraciones que te hacen sentir irritable. Los semicuadrantes proveen una determinación para rebasar obstáculos, especialmente cuando tienes un sentido de propósito. Dan un pequeño empuje extra para lidiar con la vida diaria y se pueden lograr resultados visibles mediante esfuerzos continuos.

Ejemplo de la carta de estudio de Celeste,
Sol semicuadrante Luna ☉∠☽

Cualquier aspecto entre las dos luminarias es importante, especialmente como en este caso, cuando casi no hay aspectos de otros planetas.

Esto indica que la seguridad emocional de Celeste (la Luna) no concuerda con el sentido de quién es, su identidad (Sol). Lo que ella desea o busca (Sol) a veces no es lo que ella en realidad necesita (Luna), así que se encuentra insegura respecto a cuál camino tomar. Es probable que siga tratando de resolver esa duda interior, la que pudo surgir en su niñez. El aspecto sugiere un conflicto parental. Pudo haber intentado muy duramente de cumplir las dispares expectativas de ambos padres y quizás aún carga esta lucha internamente. A lo largo de sus relaciones adultas, seguramente encontró oportunidades de integrar este conflicto interno.

Sesquicuadrante

Además de tener un nombre mucho más largo, el sesquicuadrante comparte algunas cualidades similares con el semicuadrante. Aunque hay algunas diferencias más. En vez de experimentar progreso estando bloqueado, este aspecto puede a veces traer situaciones donde todo se cae justo cuando el fin se ve cerca, dependiendo cuáles planetas formen el aspecto. Estos eventos son relativamente menores, ¡aunque no parezca así en el momento! Naturalmente, esto puede generar el efecto de hacerte sentir inefectivo, resentido o simplemente molesto.

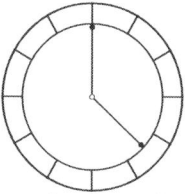

sesquicuadrante 135°

Los sesquicuadrantes en la carta parecen estar ahí para probar tu paciencia y ayudarte a poner las cosas en perspectiva. A veces existe la tendencia de reaccionar muy rápido cuando las situaciones no salen como quieres. Aunque al desarrollar cualidades de serenidad y tolerancia frente a circunstancias complicadas, y dada la cualidad inherente de la persistencia en esos aspectos, el resultado que esperas puede regularmente lograrse.

Un ejemplo.
Mercurio sesquicuadrante Urano ☿⚼♅

Con este aspecto, saber que otros entienden lo que tú comunicas es particularmente importante para ti. Sin embargo, a veces olvidas pasos al explicar algo. Seguramente eres una mente que se mueve rápido (Mercurio) y no eres la persona más paciente en el mundo (sesquicuadrante Urano). Algunas de tus ideas pueden ser muy radicales o brutas para algunos, pero pueden resultar inspiradoras para otros. Hacer un esfuerzo consciente por desacelerar el modo en que te expresas ante algunas personas mejorará tus habilidades comunicativas, aunque aquellos con una actitud intelectual similar seguirán tus saltos mentales.

Semi-sextil y Quincuncio: ∠, ⚻

- Fricción, incompatibilidad.
- Dos planetas a 30° o 150° de distancia.
- Órbita 2°.

Ambos aspectos conectan planetas que no comparten elementos o modos. El semisextil une signos adyacentes, que normalmente difieren unos de otros. Si miras el Capítulo 4 en los signos, hay una breve comparación entre un signo y el signo precedente en cada descripción. Es igualmente cierto que el signo siguiente es muy diferente.

Este también es el caso de los quincuncio también conocidos como inconjunciones, los que unen signos que no tienen nada en común unos con otros. Piensa en el contraste, por ejemplo, entre Cáncer y Acuario (agua cardinal y aire fijo), o

Sagitario y Tauro (fuego mutable y tierra fija). Cada combinación está apartada por cinco signos, tomando la ruta más corta, en quincuncio por signo.

Semisextil

Quizás incluso más que el semicuadrante, este aspecto suele no ser muy consciente para la mayoría de nosotros. Sus efectos son más sutiles que la mayoría de los demás aspectos, siendo más internalizado. El semisextil manifiesta una fricción menor o irritación entre dos planetas, o entre medios intereses, cosas que nunca lograste del todo, pero con un poco más de atención consciente lograrías completar.

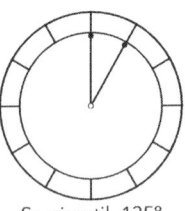

Semisextil 135°

Es la habilidad a la que menos tiempo le dedicaste, o el vecino con el que no tienes mucho en común más allá del saludo convencional, tienes muy poco que ver con este vecino. Los semisextiles suelen originarse cuando se evalúa la carta como un todo, a menudo como una adición a los factores astrológicos de los que constan los temas de la carta. Hay dos cortos ejemplos abajo, con o sin otros aspectos en la carta.

Carta de estudio de Celeste.
Mercurio semisextil Júpiter ☿ ⚻ ♃

Esto sugiere que Celeste puede tener una tendencia inconsciente a exagerar (Júpiter) su proceso mental y su discurso (Mercurio), y que ella se expresa bien mediante historias o en una actitud poética de expresión. Esta habilidad natural para exagerar o tener un despertar más consciente podría incluso ser utilizada en algún modo en su vida laboral, como ambos, Mercurio y Júpiter, tienen aspectos con el MC, así como un número de otros aspectos.

El ejemplo dado a continuación no es de una carta de estudio, sino de otra carta. Se muestra para ilustrar un semitextil con ningún otro aspecto hacia ningún planeta.

Ejemplo.
Marte semisextil Plutón ♂ ⚻ ♇

Con ningún otro aspecto de otros planetas hacia Marte, este semisextil asume más importancia, aun cuando es un aspecto menor. Plutón añade profundidad y poder a la ferviente y salvaje energía de Marte en un signo adyacente, pero también ofrece la posibilidad de controlar actividades y dirigir esa energía de una manera efectiva.

Quincuncio

A primera vista este aspecto puede parecer el más difícil de integrar de los aspectos menores. Un quincuncio puede compararse con lanzar una bola curva, o apuntar hacia un blanco pero fallarlo puesto que no está exactamente donde tú creías que estaba. Hay una incomodidad acerca del quincuncio, al intentar conectar dife-

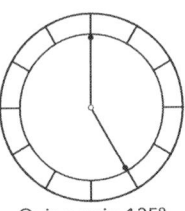

Quincuncio 135°

rentes partes de ti mismo que no encajan bien. Los efectos no son dramáticos sino fastidiosos. Reflejan áreas de ti mismo donde estás inclinado a dispersar tus energías o a actuar en un modo errático o inefectivo. Estos rasgos de carácter relativamente menores pueden hacerte sentir irritado acerca de ti mismo a veces.

El problema para varios con este aspecto es que los planetas en cada extremo reflejan áreas de experiencia muy disímiles. Un par de ejemplos te darán cierta indicación.

La intensa naturaleza exploradora de un planeta en Sagitario, por ejemplo, debe integrarse de algún modo con la sólida practicidad de un planeta en Tauro. Un cariñoso y sensible planeta en Cáncer necesita compararse con la fría racionalidad de un planeta en Acuario y viceversa. No debe sorprendernos que los quincuncios a menudo causen irritabilidad. Pero ajustándose uno mismo a estas dispares demandas internas puede producir mayor efectividad y autodisciplina.

Ejemplo.
Saturno quincuncio ascendente ♄ ⚻ Asc

Existe cierta desconfianza que sientes al conocer a nuevas personas o nuevas situaciones (ascendente), y tiendes a esperar hasta que estás seguro de ti mismo (Saturno), no importa cuáles sean los signos. La falta de confianza te hace vulnerable y puedes aparentar introversión. Muy adentro tienes expectativas de rechazo, enraizadas desde más temprano en tu vida. Construir la creencia y el valor a través de relaciones de confianza te ayudará a ser más confiado.

Movimiento retrógrado ℞

La carta de Celeste tiene cuatro planetas retrógrados, marcados por el símbolo de arriba al lado del símbolo del planeta, grado y minuto. Probablemente notaste esto hace algún rato, pero toma un momento ahora para encontrarlos en su carta. Los tres planetas más alejados, todos son retrógrados: Urano, Neptuno y Plutón, más Saturno. Los demás lugares en la carta donde ves el ℞ símbolo es junto a ambos nodos medios, como mencioné antes, los cuales son siempre retrógrados, así que no se cuentan aquí.

Cualquier planeta en una carta puede estar en su periodo retrógrado, que dura lapsos variados de tiempo, dependiendo del planeta. Sólo el Sol y la Luna nunca son retrógrados. Dicho de manera directa, el movimiento retrógrado es una ilusión óptica. Tanto los astrónomos como los astrólogos lo saben. Los planetas, como se ven desde la Tierra, aparentan dar la vuelta y viajar "al revés" en sus órbitas por un periodo de tiempo antes de viajar "derecho" nuevamente. La Astrología es un lenguaje simbólico y el movimiento retrógrado tiene un significado simbólico, tal y como lo tiene el Sol en un signo.

Desde el punto de vista heliocéntrico de la realidad física, los planetas viajan constantemente hacia adelante en sus órbitas (i.e. "derecho"), como nosotros. Aparentan ante nosotros volverse retrógrados solamente cuando la Tierra está tomada por uno de los planetas inferiores (Mercurio o Venus) viajando más rápido que nosotros, o cuando la Tierra domina a un plantea superior, viajando más aprisa que ese planeta. Puedes comparar el movimiento retrógrado con la ilusión de un coche que al ser rebasado por un auto más veloz aparenta ir de reversa.

La razón de que el Sol nunca es retrógrado desde nuestro punto de vista es porque su órbita aparente alrededor de nosotros es, por supuesto, de hecho nuestra órbita alrededor de él. Estamos viajando en la misma parte del espacio: estamos en la eclíptica. La Luna tampoco puede ser retrógrada vista desde la Tierra, porque es nuestro satélite y está viajando junto a nosotros en la eclíptica. Los planetas retrógrados más significativos en una carta son los tres planetas personales: Mercurio, Venus y Marte. Mercurio se vuelve retrógrado tres veces por año durante casi tres semanas cada vez; con Venus es menos frecuente, siendo retrógrado sólo una vez durante seis semanas cada 18 meses; y para Marte es aún menos frecuente, promediando un periodo retrógrado de dos y medio meses sólo cada dos años, más o menos.

Júpiter y Saturno son ambos retrógrados durante cuatro meses de cada año, y Urano, Neptuno y Plutón durante poco menos de la mitad de cada año. La órbita de Quiron y el pasaje a través de los signos es tan irregular que sus periodos retrógados varían inmensamente.

En menor medida, los periodos retrógrados de Júpiter y Saturno son relevantes en términos de significado, pero el significado retrógrado de los planetas exteriores y Quiron probablemente no tiene importancia personal, ya que esos planetas son retrógradas en las cartas de todos los bebés nacidos en esos periodos. Así que sólo el Saturno retrógrado de Celeste necesita ser considerado.

Existe una escuela astrológica de pensamiento que, sin embargo, mantiene que hay cuatro tipos o más de planetas retrógrados en una carta, incluyendo planetas exteriores.

Las personas son propensas eventualmente a encontrar y seguir un camino que es peculiarmente único para ellas; uno que quizá las lleve en una dirección distinta de la que se considera la "norma" en la sociedad de la que provienen.

En general, los planetas retrógrados tienden a ser experimentados más interna que externamente. El desarrollo de estos planetas en la juventud se da de manera muy personal y reflexiva, que no es muy obvia. Es como si el individuo necesitara tiempo para absorber las maneras potenciales en que él o ella pueden usar mejor estas partes de su personalidad. Para algunos, el significado de sus planetas retrógrados puede no emerger hasta la edad adulta, o incluso hasta que alcanzaron un cierto nivel de madurez. Talentos latentes y habilidades pueden manifestarse más tarde en la vida, quizá después de profundizarse la experiencia.

Mercurio ℞ es un pensador profundo y reflexivo, quien no revela información personal fácilmente. Quizás en parte por esa razón, esta persona puede sentirse incomprendida o pensar que sus habilidades no son enteramente reconocidas. Suele sintonizarse en niveles intuitivos de entendimiento o conceptos abstractos que otorgan una perspectiva muy individualista.

Venus ℞ puede formar profundos apegos hacia las personas menos imaginadas, en el proceso de descubrir lo que el amor significa para ella. Esta persona puede no encontrar realización personal en una relación íntima hasta más tarde en la vida. Sus valores son propensos a ser altamente subjetivos y puede no conformase con aquellos del mundo a su alrededor. Puede probablemente ser creativa en maneras originales y silenciosas, aún sorprendiéndose ella misma.

Marte ℞ tiende a empujarse a sí mismo hasta quedar exhausto, encontrando verdaderamente difícil el poder relajarse, lo que puede resultar en quejas físicas. La tranquilidad externa puede enmascarar resentimientos internos o inconscientes, lo que puede explotar a veces. Hay dificultad al confrontar conflictos desagradables sin previo aviso. Este es un Marte contemplativo que necesita marcar límites para poder manejar su energía física y sexual con destreza.

El significado de Júpiter y Saturno retrógrados añade información extra para tomar en cuenta cuando se evalúan ambos planetas en una carta como un todo. Ambos pueden ser más personalizados al considerar también el signo, aspectos y especialmente la casa natal.

Júpiter ℞ se inclina a pasar tiempo formando y refinando una aproximación personal a la vida ahondando más en las creencias espirituales o filosóficas que disfrutando placeres hedonistas. Júpiter retrógrado tiende hacia la seriedad, sobre todo, si es un planeta directo, y puede ser un sabio consejero para otros en sus años de madurez.

Saturno ℞ conforma las estructuras de la vida como lo hace un Saturno directo. Pero así como la naturaleza de la retrogradación inclina al individuo hacia sí mismo y a ser reflexivo, también este Saturno es propenso a imponer más estructuras en el sujeto. En la práctica esto puede significar que este individuo puede sufrir de culpa real o imaginaria, y puede ser demasiado autocrítico. Lo que más quiere es ganar control de sí mismo y encontrar este sentido de seguridad desde dentro.

Con este capítulo hemos completado todos los bloques de construcción y partes extras de la carta astral que necesitas para interpretar una carta de nacimiento. En el resto del libro nos enfocaremos en cómo poner todo junto. Esto, claro, es un proceso de aprendizaje también, pero no hay nuevas técnicas qué estudiar.

Tareas:

a) Mira tu propio eje nodal. Piensa acerca de si esto resuena en tu experiencia propia de vida. O si hay más detalles que puedas agregar a la breve explicación dada. (¡Recuerda el proceso de pensamiento mágico!)

b) Mira tu propia carta para ver cuáles aspectos menores tienes y si puedes darles sentido incluso abiertamente.

c) ¿Tienes planetas retrógrados, especialmente Mercurio, Venus o Marte? ¿Crees que tienen algún significado personal para ti?

d) Mira a la carta de Robin y nota sus aspectos menores. Dejando de lado los aspectos del eje Nodal, hay cinco:

☉ ⚼ ♄
☽ ⊼ ♆
☿ ∠ ♄
♄ ⊼ ⚷
♆ ⚹ As

Intenta interpretarlos.

13. NOTAS DE LAS CARTAS Y TEMAS

¿Qué se destaca?

El proceso de hacer una interpretación de una carta junta, haciendo un acopio de los factores que consideres más relevantes o importantes en toda la unidad que podría darle sentido y que sea útil para el dueño de la carta, es algo fascinante. No importa qué tan compleja pueda parecer una carta, cada una puede ser entendida a través de sus partes y componentes paso a paso, y permite que la imagen o la historia de esa persona emerjan.

Para ello se requiere dar un salto certero desde las palabras básicas e ideas coherentes. Los métodos descritos en los capítulos 8 y 9, donde hacemos palabras clave o frases, te sirven de base para hacer esto. Un método similar puede ser aplicado para darle sentido a toda la carta. Para ello usarás notas que elaborarás en este capítulo. Practica con otras cartas, eso te ayudará muchísimo, y obtén ayuda de otros, también, ya sea en la red o en algún grupo local de Astrología, si es que existe tal organización en tu área. Si no es así, siempre puedes iniciar uno y apoyarse unos a otros mientras aprenden.

Con base en mi propia experiencia, creo que con todo lo que has leído ya has obtenido el entendimiento suficiente para leer una carta y eres capaz de hacer una interpretación sincera, incluso si fuera demasiado simple. El método que te sugiero es que, por supuesto, no sólo te enfoques a interpretar cartas, también ve a otros autores y astrólogos y revisa la manera en que ellos lo hacen. Te invito a que veas otros trabajos para que veas sus sugerencias e instrucciones, así como la información relevante que se ha dado aquí en los capítulos previos.

No debes tratar de integrar todas las contradicciones en la personalidad de un individuo, sólo trata de observar bien qué te dice toda esa información. Existen inconsistencias en el carácter de todos, que se compensan con otras cuestiones, esto podría ser un trabajo complicado. La mayoría de nosotros tenemos conciencia de nuestros conflictos internos. Sin embargo, para tener contacto con ellos podemos hacer uso de la Astrología. Es importante no olvidar que cada persona tiene herramientas y habilidades que podrían ser mejoradas o realizadas de mejor manera. La mayor autoconciencia al ver la carta de nacimiento es abrir las puertas y darse cuenta que tienes opciones para elegir.

Por lo tanto, es importante no asustarse por aparentes oposiciones, ya que ciertamente nos indican desafíos o facetas de una personalidad. Todos somos capaces de tratar una situación en particular de alguna forma y de comportarnos de manera diferente en la misma situación, pero en un tiempo diferente. El que hagamos esto no quiere decir que estamos teniendo una mala interpretación. Una persona puede ser muy generosa y abierta en una situación y ser muy estricta en otra similar, incluso puede llegar a ser muy temperamental, sorpresivamente nerviosa o enojada en alguna ocasión, y así sucesivamente. El comportamiento contradictorio algunas veces pareciera indicar que es una persona que no tiene carácter. Este tipo de inconsistencia se puede encontrar en la carta de nacimiento.

En este capítulo vamos a explorar el proceso para preparar la interpretación de una carta haciendo notas en la carta de Celeste. La mayor parte de los factores que trataremos ya han sido visto en capítulos anteriores e ilustrados también, más bien, ahora daremos las interpretaciones, con la excepción de la breve interpretación que se ha ofrecido en parte en los capítulos 5 y 12.

Siempre es una buena idea hacer algunas notas durante la preparación de la interpretación, ya que hay una buena cantidad de información para reunir, y tener notas para referirse al hablar con alguien acerca de su carta hace que sea mucho más fácil. Para estar seguro, tu intuición y sentimientos estarán activos, pero no hay un sustituto real para la preparación por adelantado. No trates de confiar sólo en tu intuición.

Una vez que tengas las notas por escrito, tendrás una idea más clara de lo que dice la carta en cuestión. La siguiente y más importante tarea es localizar los temas principales. Esto se hará de la forma en que ya se ha mostrado anteriormente, donde unimos los hilos y hacemos un resumen de dichos temas. Cada carta tiene un número pequeño de características prominentes que son esenciales para determinar el carácter de una persona. Es emocionante cuando ves que los temas emergen de toda la información que has obtenido y cuando sientes que has identificado las áreas principales relacionadas con esa persona.

Antes de que empieces

Toma un momento y regresa mentalmente a la carta de Celeste. Regresa al Capítulo 2: Piedras angulares y círculos giratorios, donde te sugiero que mires esta carta desconocida para ver si miras algo que se destaque, antes de que empieces a estudiar Astrología (o a refrescar tu conocimiento). Lo que se destaca por ahora visualmente o en términos de entendimiento. Trata de no analizar, simplemente mira y haz notas mentales. Probablemente recordarás algunos puntos de los que verás abajo, ya que se han tratado en capítulos anteriores:

- ¿Hay grupos de planetas dando un énfasis en particular a alguna casa o signo?
- Patrones de aspecto; ¿probablemente será uno de los temas de la carta?
- ¿Cualquier cosa que golpee sobre el ascendente, Sol o posiciones de la Luna?, ¿hay un planeta ascendente?
- ¿Hay muchos aspectos juntos en total (en tu juicio)?, ¿pocos?
- ¿Existe algo más que se deba destacar?
- ¿Observas cuánto más ves ahora en comparación con la primera contemplación de la tabla?
- Puedes aplicar esta evaluación para cualquier carta nueva; ahora te es familiar todo lo astrológico y las correspondencias mágicas de pensamiento.

Te sorprenderás de lo mucho que has aprendido o todo el conocimiento que puedes obtener de esta manera; asimismo, verás todo lo que has aprendido desde el inicio hasta ahora.

Después de hacer este primer paso para obtener un resumen, harás notas con la lista que te he dado. A propósito, es interesante comparar la carta de Celeste con la de Robin en algunos aspectos, ya que estas cartas son ampliamente opuestas en términos de la distribución planetaria, y elementos, modo y polaridad de equilibrio.

Las notas te darán una imagen general y buena de la persona antes de empezar a estudiar la carta a detalle. Hay algunas cosas que debes recapitular o tomar conciencia antes de empezar a hacer las notas de tu carta:

- Cuando cuentes elementos, modos y polaridad recuerda que sólo usas los signos de los siete primeros planetas: Sol a través de Saturno, más el ascendente y MC. Da un punto a cada uno. Haz un total de nueve puntos para ser distribuidos para cada uno de los tres sistemas (regresa a la carta cuando hayas hecho esto, para asegurarte de que no has olvidado nada).
- Lo que estás buscando es el equilibrio personal de la carta. No necesitas analizar cada posición planetaria en términos de sus elementos o polaridad, ¡a menos que sea tu decisión hacerlo! Puedes resumir los énfasis más importantes, no olvides que donde hay un planeta solitario, o donde no haya planetas, también hay significado.
- Generalmente, los planetas más importantes son cinco (Sol, Luna, Mercurio, Venus y Marte), seguidos por Júpiter y Saturno en orden de importancia; siguen los planetas exteriores y Quirón. Los ángulos también personalizan una carta.
- Combina los elementos más fuertes con el modo más fuerte para obtener un resumen afirmado por el signo de la carta (Capítulo 10). Algunas veces pasa que tenemos dos planetas diferentes y ambos son firmes.
- Para evaluar la distribución de los planetas en hemisferios y cuadrantes, usa los diez planetas (Quirón no es un planeta como tal, de manera que deberás anotar la posición que le das). Un conteo simple de los planetas en su lugar es suficiente, lo que nos dará diez puntos (Capítulo 10).
- Te darás cuenta de que algunas secciones de la carta se repiten con más frecuencia que otras, al igual que los regentes de los tres planetas en Géminis de Celeste, lo cual por supuesto es lo mismo para los tres planetas Mercurio. Sólo debes incluir las notas de una vez.
- Únicamente haz notas, no es un ensayo. Puedes verlo como un juego de la memoria para poner todas tus ideas de interpretación juntas.
- Una plantilla de las notas de una carta es reproducida en el Apéndice III, de manera que puedes copiarla y te ayudará en el futuro. Haz las notas de la carta como si estuvieras haciendo una fórmula, de manera que la imagen general de la persona se construirá gradualmente. Cada carta es diferente, por supuesto,

pero en muchas de ellas encontrarás referencias cruzadas al igual que si hicieras las notas y tuvieran secciones de vínculos unidos. Los enlaces cruzados son muy útiles para observar temas que pueden comenzar a ser evidente, incluso en esta etapa temprana de la síntesis.

- Factores que se repiten a menudo son temas a tratar, como el tener dos o tres planetas tradicionales (Sol a través de Saturno) en un signo; los signos regentes destacan por su posición o número de aspectos; las casas que rigen contienen planetas; u otros vínculos. Un ejemplo de la carta de Celeste nos puede clarificar el panorama: hay un stellium en Géminis, el cual es el distintivo del signo, el regente Mercurio está en su propio signo, con seis aspectos, las casas que Mercurio gobierna son las casas 3 con cúspide en Virgo y la casa 12 con cúspide en Géminis. La casa 3 está deshabitada, sin embargo el IC cae aquí, y la 12 contiene a Mercurio y otros planetas. De manera que vemos que en la carta están involucrados Géminis, Mercurio y la Casa 12, con un nodo en la tercera. Esto es un ejemplo de cómo puedes empezar a construir el rompecabezas del patrón del significado en la carta e irlo expandiendo hacia abajo. Por supuesto que hay otros temas en el estudio de la carta, como el stellium en la onceava casa, y así sucesivamente.

En la tarea encomendada en el Capítulo 10 te sugerimos que cuentes el elemento/modo/polaridad del equilibrio, más la distribución para la carta de Celeste y guardes ese registro. Puedes revisar los resultados y compararlos con las notas que se han dado a su carta.

Tal vez te gustaría pensar en una pequeña interpretación de los factores de la carta antes de leer la interpretación que se te da. Esta propuesta es sólo para que te diviertas o practiques. Ya es tu elección, si prefieres puedes simplemente evaluar la interpretación conforme la vas leyendo, en el orden en que van llegando los datos. Date cuenta de que varias interpretaciones llegan en breve, notas finas. Esto puede ayudarte a tener un poco de práctica.

Notas de la carta

1. Hemisferio/cuadrante equilibrio

2. Elemento/modo/polaridad equilibrio

3. Signo-ascendente. Carta regente, signos regentes y casa

4. Sol-signo, casa. Sol regente, signo regente y casa

5. Luna-signo, casa. Luna regente, signo regente y casa

6. MC-signo, casa, regente MC, signo regente y casa

7. Planetas angulares

8. Stellium y patrones de aspecto

9. Nodos de Luna–signos y casas

10. Aspectos-orbes más cercanos, 1º o menos

11. Otros: planetas sin aspectos, características inusuales

Notas para la carta de Celeste

1. **Hemisferios**

    Seis planetas encima del horizonte (el eje de ascendente-descendente).
    Cuatro planetas abajo = énfasis en el Hemisferio Sur, el cual está por encima del horizonte.
    Cinco planetas en el este, cinco planetas en el oeste = no énfasis. Todos los planetas personales encima del horizonte; exteriores y Saturno abajo.
    - *Mayormente enfocado en el mundo exterior y circunstancias exteriores.*
    - *La vida interior también es importante, pero menos propenso a tener tiempo para digerir la experiencia.*

    Cuadrantes: (Q)
    Q1- cero planetas. Q2- cuatro planetas. Q3- un planeta. Q4- cinco planetas. El cuadrante más fuerte es Q4 seguido por Q2.
    No hay planetas en Q1, lo que sugiere un área compulsiva de aprendizaje. Cuatro de los cinco planetas en Q4 son personales.
    Cuatro planetas es un número significativo en Q2, a pesar de que no es personal.
    - *En general, pueden estar involucrados con los problemas sociales y las maneras de contribuir a las ideas o movimientos colectivos más grandes que su propia vida (Q4).*
    - *La libre expresión y la familia son muy importantes.*
    - *Los retos están en llegar a conocerse a sí mismo (vacío Q1).*

2. **Elementos**

    Fuego = 2 (Saturno + MC).
    Tierra = 1 (Júpiter).
    Aire = 3 (Luna, Mercurio, Venus).
    Agua = 3 (Sol, Marte + ascendente).
    Un "nudo" entre aire y agua, con tres puntos cada uno. El aire es ligeramente más fuerte que el agua con tres planetas personales, así que el agua contiene dos planetas + un ángulo.
    La Tierra es débil con un planeta solitario en la tierra: Júpiter.
    - *Aire-agua: las comunicaciones son de importancia, las relaciones de muchas clases, el aprendizaje, la exploración de las ideas que tienen corazón, y que involucran sus sentimientos.*
    - *Falta de tierra, un área de aprendizaje, de arraigo y sentido práctico.*

    Modos:
    Cardenal = 3 (Sol + ascendente, MC).
    Fijo = 1 (Júpiter).
    Mutable: 5 (Luna, Mercurio, Venus, Marte, Saturno).

Mutable es el modo predominante con cinco planetas, cuatro de los cuales son personales.
Lo fijo es débil, con un planeta solitario: Júpiter.
Tenga en cuenta que Júpiter cuenta doble. Hay un centro de atención en este planeta, marcándolo como significativo.
- *Mutable: capaz de adaptarse y ser flexible. Puede tener dificultades para completar las empresas, y puede encontrar compromisos que limiten.*
- *Júpiter, fuerte por la ausencia, puede tender a exagerar todo tipo de situaciones, o tomar todo en exceso.*

Polaridad
Positivo = 4 + MC; negativo = 3 + ascendente.
- Equilibrio, no es de gran importancia para la evaluación de la carta.

Distintivo general de la carta
La carta es mutable en aire con fortaleza en agua. El distintivo general de la carta es Géminis. Débil en la tierra y en lo fijo.
- *Mutable: adaptable, hace frente a los cambios, aire dominante: probabilidades de tener una mente activa brillante.*
- *Tierra débil, fijo débil: puede tener dificultades con los compromisos, rutinas regulares y el sentido práctico, incluyendo el manejo de dinero o decidirse por la carrera que quiere.*

Esto es interesante, ya que es un ejemplo de cómo la muestra del Sol no siempre es la señal más fuerte. El gráfico tiene tres planetas en Géminis y sólo el Sol en Cáncer. Consideraremos esto más adelante. Algunas veces pasa que el gráfico no tiene de manera obvia los puntos mencionados, sin embargo, aquí, con tres planetas en Géminis podemos decir que ese podría ser el signo fuerte.

3. **Ascendente:** Cáncer
   Regente de la carta: Luna Géminis, onceava casa.
- Ascendente Cáncer: altamente sensible, cálido y cuidadoso. No se confronta, pero puede sostenerse a sí misma (Cáncer es cardenal).
- Carta con regente en Luna Géminis: curiosa, le gusta usar su mente de diferentes formas, tiene capacidad para ser separada.
- Luna 11: sociable y amigable, le gusta estar rodeada de gente, quiere ayudar a otros.

4. **Sol:** Cáncer, ascendente desde la doceava casa lado del ascendente.
   Sol Regente: Luna Géminis onceava casa, como ya vimos anteriormente.
- Sol Cáncer doceava casa: amoroso y amable, incremento de sensibilidad emocional y deseo de ayudar a otros (la doceava casa es la casa del agua, de manera que

hay una "doble dosis" de agua). Puede estar a la defensiva por su propia seguridad. Intuitivo, empático, se mueve fácilmente.

5. **Luna:** Géminis onceava casa, como ya lo dijimos.
   Luna regente: Mercurio Géminis doceava casa.
- Luna regente es Mercurio Géminis: la mente inquieta busca la estimulación, disfruta las historias y busca gente interesante con quién compartir.
- Mercurio 12: reservada, necesita un tiempo lejos del mundo, imaginación activa.

6. **MC:** Aries novena
   Regentes MC: Marte Piscis novena
- *MC Aries: va por lo que ella quiere, pero a veces toma decisiones impulsivas y la llevan por la dirección incorrecta.*
- *MC 9: quiere contribuir a algo valioso para el mundo. Necesita estar activa, le gusta explorar nuevos terrenos.*
- *MC regente en Marte Piscis: complicado ser asertiva, se inclina a darle a otros el beneficio de la duda, puede dejar de confiar fácilmente. Puede llegar a explotar con ira debido a la contradicción que tiene de Marte y su MC.*
- *Marte novena: se siente atraída por los lugares extranjeros y las personas, encontrar sus propias creencias sobre la vida es importante para ella.*

7. **Planetas angulares:** Cáncer de Sol en conjunción ascendente. Marte en conjunción MC. No hay planetas en conjunción con IC o descendente.
- *Ascendente en Sol: carisma fuerte, la gente se da cuenta de su presencia, buen corazón, abierta, honesta. Opiniones fuertes. Puede llegar a tener choques con la autoridad en ocasiones.*
- *Marte en conjunción con MC: es un aspecto disociado, una contradicción, puede tener ambos, puede ser asertiva y en ocasiones blanda.*
- *Marte Piscis: Puede tener dificultades para encontrar su camino en la vida.*
- *MC Aries: le gusta luchar para cambiar al mundo de alguna manera, aunque puede tomar un tiempo para encontrar la forma de hacerlo. Toma decisiones impulsivas sobre todo de su carrera (MC Aries), pero se puede lamentar con el tiempo (Marte Piscis en conjunción con MC).*

8. **Stelliums:** tres, un signo y casa: Géminis onceava, otras dos casas doceava y sexta.
- *Stellium Géminis: estimulación mental, comunicación y conexión con otras personas importantes.*
- *Stellium 11: grandes visiones, planes a futuro, disfruta de la interacción en grupo.*
- *Stellium 12: buscar sus creencias personales es importante. Algunas veces se siente abrumada por la vida y tiene que escaparse o retirarse, se compadece y sufre (no es tan fuerte como los otros stellium, como podría ser tener a Quirón, pero es valioso y cuenta).*
- *Stellium 6: quiere ser útil, dar servicio a otros; de la misma forma, tiene dificultad para crear rutinas y eso la hace sentirse fuera del control de los eventos.*

Aspectos paternos: planetas con cuadratura en T, Quirón, Mercurio, MC, Marte, Urano, Saturno.
Cardenal/Mutable. Las casas donde caen los planetas son: 12, 9, 6. Dos posiciones son disociadas (Mercurio/Quirón y MC/Marte).

Esta cuadratura en T domina la carta y forma uno de los temas que serán analizados más adelante.

9. **Nodos de la Luna:** nodo norte Piscis, nodo sur Virgo 2.
- *Piscis-Virgo: aprendiendo a fluir con la vida, no se preocupa mucho o es demasiado crítico. Desarrolla habilidades de curación de algún tipo.*
- *8-2: necesita pararse en sus propios pies, lo que le ayuda a tener fuerza de voluntad.*

10. **Aspectos más cercanos (1° o menos) = 11.**
Muchos de los aspectos exactos forman parte de la cuadratura en T, haciendo un patrón poderoso. Los aspectos exactos más importantes son:
- Mercurio en cuadratura con Marte.
- Mercurio en oposición con Saturno.
- Mercurio en oposición con Urano.
- Marte en sextil con Júpiter.
- Marte en cuadratura con Saturno.
- Marte en cuadratura con Urano.
- Saturno en conjunción con Urano.
- Quirón en cuadratura con MC.

Sólo uno de los aspectos (Marte en sextil con Júpiter) no es parte de la cuadratura en T. Los aspectos menores exactos son:
- Mercurio con semisextil en Júpiter MC.
- Júpiter en Inconjunción con Saturno MC.
- Júpiter en Inconjunción con Urano MC.

Comentarios sobre ello los encontrarás posteriormente, ya que son muchos los aspectos exactos para hacer notas en esta sección.

11. **Otros:** planetas sin aspecto
Sol, Venus y Neptuno no tienen aspectos principales para los planetas y en consecuencia se dice que son planetas sin aspectos. En el caso de Neptuno sólo tiene como aspectos a Plutón y Quirón, lo cual no cuenta para esta lista, Si deseas recordar detalles al respecto regresa al Capítulo 10.
- *Sol sin aspectos: se siente desconectado de su interior y se cuestiona sobre su propia identidad. Hay periodos de búsqueda obsesiva para saber quién es ella realmente y el propósito de su vida, esto con el objetivo de construir mayor confianza en sí misma.*

- *Venus sin aspectos: las relaciones personales son una cuestión clave, la comprensión de sí misma con frecuencia llega a través de otros. Se impulsa para encontrar su propio conjunto de valores.*
- *Neptuno sin aspectos: como un planeta colectivo, esto no es tan personal. Está convencida de que las diferentes sociedades deben aprender unas de otras. Es probable que se involucre en algún momento de la vida en las causas humanitarias compasivas.*

Juntando todo

La carta de Celeste es inusual y tiene muchos aspectos exactos. Otras cartas tienen pocos y algunas no cuentan con ningún aspecto exacto. También es inusual tener un número grande de aspectos disociados (diez), debido al número de planetas en finales de grados de un signo y en los primeros grados de los demás. Además, no es común tener un máximo de tres planetas sin aspectos, dos de los cuales son planetas personales. Por todas estas razones, es una carta fascinante.

Hay indicadores hacia la capacidad de comunicación con los demás, desarrollo de la mente y aprendizaje de nuevas cosas: sensibilidad emocional, compasión y cuidado de la naturaleza; búsqueda de una espiritualidad personal, lo cual significa que necesita tiempo sola.

Un tema: brillante, mente activa, ama aprender y desarrollar su mente para leer, para comunicarse. Le gusta estar rodeada de otros, necesita estimulación mental (Géminis 11/12); imaginativa, pero necesita silencio y tiempo para soñar o pensar (stellium doceava casa).

Un segundo tema: forma relaciones estrechas desde la primera vez, es emocionalmente sensible y tiene cuidado de la naturaleza, fácilmente se mueve y se compadece de los otros (Sol en la doceava casa en conjunción con el ascendente Cáncer; Luna es el regente de ambos, del Sol y de la carta en Géminis 11, Marte Piscis).

De manera que vemos al Sol, Cáncer, Géminis y los regentes de los dos signos. La Luna y Mercurio en la doceava casa están conectados de una manera cercana. Esto debido a que se vincula la naturaleza de Cáncer y Géminis a través de sus casas y regencias, entonces los dos temas se convierten en uno.

Ella piensa con sus sentimientos, busca conectarse con los otros a través de engancharse con sus emociones.

Este es un inicio a través de la cuadratura en T y de otros aspectos cercanos, que aún no han sido evaluados. Así como los temas de la tabla que comienzan a emerger, señalar lo que ves casi siempre se compone de más de un significador, tal vez de varios. Puedes empezar por notar las combinaciones de las significaciones de un punto en la misma dirección, aunque en este caso son muchos.

Como los temas de un gráfico están destinados a ser un resumen de importantes rasgos de carácter, es mejor tratar de apuntar a no más de aproximadamente seis temas. Aquellos que tú consideres como los principales son los que deben ser combinados y seleccionados. Por ejemplo, puede llegar a ser evidente que tus ideas iniciales sobre dos o tres temas pueden ser combinadas debido a los vínculos entre los significadores. Como se sugirió anteriormente, los temas uno y dos son realmente uno y reflejan la personalidad de Celeste y su perspectiva básica de la vida.

Próximos pasos

A partir de aquí puedes proceder con tus propias anotaciones y en el orden que te parezca mejor. Algunas opciones son:
1. Enfocarse en las áreas principales, como el Sol, la Luna, el ascendente y sus planetas regentes, antes de ver el resto de los planetas.
2. Irse directo a los aspectos y hacer una breve interpretación con viñetas.
3. Escoger los lugares de la carta que tienen un énfasis en particular, como las tres stelliums en una casa o signo en el estudio de la carta.
4. O bien hay una opción más: escoge uno de los factores importantes de la carta y obsérvalo, antes de que empieces con tus notas, así también puedes empezar.

No sé qué sea para ti, pero lo que más me sorprendió de esta carta es su cuadratura en T.

Análisis cuadratura en T

Este patrón de aspecto domina toda la carta y trae consigo mucho de lo exacto, así como de los aspectos disociados. Como te sugerí desde el inicio, debido a lo complejo de la carta es necesario dividirla en partes. Lo mismo se aplica aquí para los multiaspectos de la cuadratura en T. Para cada uno de los tres puntos hay una conjunción de dos planetas o un planeta y un ángulo, y eso es lo primero que se ve. Las conjunciones hacen la cuadratura en T completa, con los cuadrados en oposición entre cada par. Sin embargo, las conjunciones son una fusión de dos planetas, con la cual no siempre es fácil vivir, especialmente cuando las conjunciones tienen aspectos desafiantes, o los dos planetas implicados se oponen naturalmente a los otros en su significado, como Saturno en conjunción con Urano.

No te intimides por la larga lista de aspectos exactos. Seis de ellos están envueltos de manera conjunta entre Saturno y Urano. Los cinco planetas involucrados (contando a Quirón como un planeta, aquí se mantiene de manera simple) y el MC, tienen un aspecto bastante cercano uno con el otro, aunque no todos los aspectos están definidos en las notas del gráfico. Los patrones de aspecto con frecuencia empujan a planetas a estar juntos por alguna asociación, como el orbe.

Así que te propongo no interpretar esta cuadratura en T usando cada aspecto individual. Si lo hicieras, terminarías con una larga lista de interpretaciones separadas que deben ir juntas, ¡lo cual te tomaría horas! Así que yo usaré las palabras clave o las oraciones abreviadas para resumir las partes de la cuadratura en T y después miraré la configuración completa. Ocasionalmente agregaré otros factores, como una copa de respaldo para las oraciones, así verás cómo puedes hacer lo mismo en otras partes que parezcan relevantes de la carta.

Evaluando el material en los patrones

Los planetas, sus signos, y las casas involucradas en esta cuadratura en T cardenal/mutable son: Mercurio, Quirón (Géminis, Cáncer doceava), Marte, MC (Piscis, Aries 9), Urano, Saturno (Sagitario 6). Ya mencionaré otros factores de la carta si parecen ser de importancia.

Saturno en conjunción con Urano Sagitario 6: ♄☌♅♐ 6
- Lucha para integrar lo tradicional y seguro con lo radical y riesgoso, busca la estructura (Saturno), sin embargo quiere liberarse de la restricción (Urano).
- Necesidades divergentes crean una tensión interna, creencias conmovedoras (Sagitario), vida laboral, salud y bienestar, ritmos y rutinas (sexta).

Mercurio Géminis en conjunción con Quirón Cancer 12: ☿♊☌⚷♋ 12
- Busca una comunicación significativa con la familia y con los otros (Géminis/Cáncer).
- Fuertemente imaginativa, le gusta evadirse para ser creativa. Necesita un tiempo regular para estar a solas y recuperar energía (doceava).
- Necesita desarrollar confianza en sí misma (Mercurio en conjunto con Quirón).

Marte Piscis en conjunto con Aries 9: ♂♓☌MC♈
- Soñadora, apasionada, idealista, con una visión inspiradora.
- Le cuesta trabajo levantarse por sí misma. Sensible, propensa a tener sentimientos de culpa, tal vez originados por su madre (el aspecto completo y la conjunción con Marte sugiere una influencia de la madre).
- Objetivos poco claros, periodos de inhabilidad para ver la dirección que debe tomar en la vida, lo cual es fuente de ansiedad (Marte Piscis disociado en conjunción con MC).
- Trabajo: algunas veces toma decisiones impulsivas de las que se arrepentirá más tarde. Procesar sus experiencias toma tiempo. Inquieta, busca su propio camino (MC Aries 9, Mercurio 12).

Marte en conjunción con MC 9 cuadratura Mercurio Quirón 12: ♂☌MC□☿♊☌⚷
- Difícil expresar la ira, tiende a mantenerla guardada para explotar después, lo que más tarde lamentará, situación que aparecerá con las autoridades también. Se pregunta cómo puede llegar a ser ella misma sin perjudicar a los demás haciendo lo suyo (otros significadores aquí, como respaldo, están sin aspecto en el Sol y vacíos en el Q1).

Marte MC en cuadratura con Saturno Urano: ♂♂ MC □ ♄♂ ♅
- Miedo de actuar para cambiar las situaciones; sin embargo, se aburre fácilmente y necesita estimulación, lo que también puede ser demasiado radical y no permitir pensar las cosas correctamente (aspecto total).
- Enfoque de trabajo y dirección mixto, puede desplazarse a través de algunas opciones de trabajo insatisfactorias en el proceso de aclarar lo que busca (aspecto total + tierra débil).

Mercurio Quirón en oposición con Saturno Urano: ☿♂⚷ ☍ ♄♂ ♅

Ideas claras y originales, sabe cómo contribuir a la sociedad y mejorar el mundo (también tiene ocupado el Q4). De mente agudamente perceptiva, que le ayuda a contrarrestar momentos en los que domina la duda (aspecto general, Géminis Mercurio es un planeta dominante + Q4).

Esencia de la cuadratura en T e ideas de cómo manejar la situación

Las siguientes interpretaciones siempre son esenciales para la cuadratura en T, aunque he incluido otras partes de la carta; tal y como se hizo anteriormente, en algunos lugares te muestro cómo empezar a combinar los factores.

- Aprender a separar su propia voluntad de los deseos y expectativas de los demás, sus padres o de la sociedad en la que ha crecido (en Italia). Potencial para desarrollar Marte en conjunción de MC a través de practicar su propia asertividad y explorar el origen de sus sentimientos de culpa (Marte Piscis).
- La estimulación mental llega desde las discusiones significativas, y podría clarificar sus pensamientos de esta forma (Mercurio Quirón en oposición con Saturno Urano, Géminis fuerte y mutable). Su hermana mayor puede ser un soporte alentador (Virgo en cúspide 3, regente Mercurio, IC en 3, influencia de la comunicación en la vida temprana, especialmente con la hermana).
- A Saturno le gustan las rutinas, aunque Urano busca el cambio. Buscar trabajo o situaciones personales es válido, especialmente si hay un contacto directo con la gente que puede ayudar o aconsejar, podría ser una manera de cumplir con las contradicciones internas (cuadratura en T + stellium en Géminis, Sol Cáncer y Luna, tabla gobernante, quiere cuidar y estar al servicio de los otros).
- El cuidado de la salud y el bienestar a través de una actividad regular y disciplinada, como el yoga o la meditación de cualquier tipo, pueden darle un ritmo a su vida y tiempo a solas (doceva/sexta casa necesita esto).

Esta cuadratura en T no es fácil, pero nos muestra que tiene un inmenso potencial para desarrollarse con el tiempo e incrementar su madurez y conocimiento de sí misma, lo cual se convierte en una habilidad para hacer una diferencia tangible para el mundo en que vive y la gente con la que se encuentra (Q4 es fuerte). Buena mente pensante (onceava y doceava contienen planetas personales en Géminis), sensibilidad y compasión (Sol + ascendente en Cáncer, Marte Piscis).

Sin embargo, esto no es imposible, e incluso es útil para hacer notas en toda la carta, en el espacio disponible; probablemente surgirán más temas si los planetas de la tabla en los signos y las casas se interpretan. Tal como lo has leído, ve si las ideas ocurren sobre la repetición de temas que probablemente tienen diferentes significados, pero que podrían combinarse.

Planetas en signos y casas

Como ya sabes, las cartas astrales son individuales y muy diferentes. Tu propia carta podría tener similitudes con la de Celeste o con la de Robin, o podría tener diferentes posiciones planetarias. Una de las bases para la interpretación de la carta de Celeste es que hay una pequeña interpretación concisa por cada una de las posiciones de sus planetas, más algunos aspectos importantes que no se han cubierto, de lo cual nos ocuparemos el resto de este capítulo. Las interpretaciones de los signos y las posiciones de la casa del Sol a través de Saturno nos darán un pequeño resumen de las frases. Por supuesto que puedes ver cómo se usaron esas referencias en la guía de referencias, si así lo deseas.

La posición de las casas para los planetas exteriores no ha sido cubierta Plutón y Neptuno y adquiere más relevancia cuando se consideran sus aspectos para los planetas personales; y esos son los que se darán. Algunos aspectos regentes y algunos otros puntos no se mencionan en este capítulo por razones de espacio, aunque eso no significa que no tengan influencia en la carta. Lo que es más importante en esta etapa es tratar de seleccionar cuál es la clave para la carta, más allá de los aspectos menores que se han cubierto de cualquier modo, a menudo son copias de seguridad de los aspectos más poderosos. Tal como lo vimos en la doceava casa de Cáncer Sol anteriormente, y a Venus sin aspectos, como también se mencionó ya, sólo agregaré una frase acerca del Sol sin aspectos.

Sol sin aspectos
- Confusión acerca de la identidad; puede resultar en estar siempre a la defensiva. Probablemente se sienta impulsado a buscar un sentido más claro de la identidad (también tiene vacío el Q1).

Luna en Géminis en la onceava casa (☾II 11)
Venus en Géminis en la onceava casa, sin aspectos (♀II 11)
Dado que los planetas personales femeninos están en Géminis y en la casa 11, he combinado sus significados. Por supuesto que ellos no están en conjunción, pero están unidos por estar en el mismo signo y casa.
- Necesita comunicarse y sentir que la entienden; amigable y simpática. Tiene amigos en grupos con los que comparte sus ideales.
- Atraída por la inteligencia; valores (Venus) y nutrición (Luna); estudio, aprendizaje y discusiones con gente brillante. Se relacionan con un área clave del aprendizaje (Venus sin aspecto).
- Quiere a su familia como a sus amigos si es posible (especialmente a su hermana).

- Talento para la creación de redes y conectar gente, especialmente en asuntos de una comunidad más grande o la participación en una causa.

Mercurio en Géminis en la doceava casa (☿II 12)
- De pensamiento rápido; ve la forma de mejorar los servicios.
- Construye relaciones con los otros que pueden llegar a sanar.
- Sueños imaginarios de escape; le gustan los juegos de rol o el teatro.
- Potencial para aprender a calmar a la mente ocupada.
- Curioso, y posiblemente un lector ávido.
- Nota: Mercurio se ve reforzado por estar en su propio signo, a pesar de su posición en la doceava casa, en ocasiones parece difícil acceder. Por otro lado, la indicación es de una mente ingeniosa, brillante.

Marte en Piscis en la novena casa (♂♓ 9)
- Guerrero espiritual en una búsqueda.
- Defiende las creencias o ideales.
- Le cuesta trabajo defenderse a sí misma y puede ser engañada por otros.

Júpiter en Tauro en la onceava casa, (♃♉ 11) sólo tierra/sólo fijo, muy importante.
- Importantes periodos de crecimiento o aprendizaje absorbido de manera lenta, a fondo.
- Objetivos humanitarios desarrollados a través de una amplia exploración.

Saturno en Sagitario en la sexta casa (♄♐ 6)
- Un examen estructurado de opciones le ayuda a ser más eficiente en el trabajo.
- Puede mostrar un interés en la filosofía o religiones con sentido de la realidad y atención al detalle.
- Está al servicio de otros y es una responsabilidad que toma seriamente.

Urano en Sagitario en la sexta casa (♅♐ 6)
- Atraída por un inusual e innovador estilo y método de trabajo.
- Omite los detalles y es impaciente con las tareas que requieren perseverancia.
- Las tensiones emocionales las calma con actividades relajantes, como el yoga o algo similar.

Neptuno en Capricornio en la sexta casa (♆♑ 6)
- Compasión por sufrimiento y atracción por la curación o estar al servicio de otros (también en oposición a Quirón).
- Puede poner en primer lugar a otros para su propio perjuicio, debe fortalecerse a sí misma contra cualquier sentimiento inadecuado para ella o cualquier imagen que le provoque baja autoestima.

- Sensible a la atmósfera, dieta, medicinas o cuestiones similares.

Con tres diferentes planetas en la sexta casa, Celeste podría tener experiencias y actitudes contradictorias, por ejemplo sus patrones normales de trabajo y los que usa con las personas que trabaja. Es probable que luche con el establecimiento de rutinas que se adapten a ella y a veces en su vida se puede experimentar con diferentes enfoques, de no tener rutinas en absoluto a establecer normas estrictas para su vida diaria.

La dieta, el ejercicio físico u otras actividades conscientes de la salud a veces pueden preocuparla.

Plutón en Escorpión en la cuarta casa (♇♏ 4)
- Ambiente familiar temprano, crianza y actitudes paternales, especialmente del padre, hacen un impacto profundo.
- Podría dedicar un tiempo de su vida adulta para explorar su niñez.
- La confianza en sí misma debe ser alimentada y el amor propio debe mejorar para superar las influencias del pasado.

Quirón en Cáncer en la doceava casa (⚷♋ 12)
- Puede tener una capacidad innata de curar.
- Capacidad para desarrollar la intuición de ayudar a otros.
- Aumento de la sensibilidad y cuidado de la naturaleza, pero es importante aplicar esto para ella y para los otros.

Otros aspectos o características importantes

Júpiter solitario y sus aspectos
Como es el único planeta en tierra y el único planeta fijo, Júpiter será importante para Celeste, especialmente si sus dos aspectos principales son positivos, los cuales fluyen para ayudar a equilibrar la tensión de la cuadratura en T.
- Fuertemente atraída por las grandes ideas, para viajar y crecer como persona, encontrar su propósito es de primordial importancia para ella. Está consciente de que tiene muchas cosas alrededor, aunque está en busca de algo significativo.

Luna en conjunción con Júpiter ☽☌♃
No es un aspecto apretado ni disociado, pero este es el único aspecto principal de la Luna a destacar en otro planeta.
- Una positiva y cuidadosa relación de familia, especialmente con su madre. También sus amigas son importantes en su vida.
- Siente que puede comunicar el significado de sus objetivos con su madre; aunque en ocasiones puede llegar a sentirse abrumada por la energía de la madre (al igual que Júpiter aumenta lo que toca en la tabla).

- Generosa y tolerante, disfruta la vida y muy probablemente es popular.

Marte en conjunción con MC sextil Júpiter ♂☌MC✶♃
- Habilidad natural para estar en diferentes tipos de grupos en diferentes situaciones.
- Sus opciones de carrera pueden estar involucradas con temas sociales o bien su trabajo puede estar involucrado con diferentes culturas.

Júpiter en inconjunción con Saturno y en conjunción con Urano ♃⚻♄☌♅
Este aspecto menor es incluido como exacto y será evidente en la experiencia de Celeste.
- Tiende a buscar la orientación de las autoridades (como gerentes), ya no confía en sí misma lo suficiente como para tomar las decisiones correctas, aunque se resiste a dejarlos entrar, ya que ponen restricciones a su libertad (tiene un poco de "no puedes ganar no importa lo que hagas", lo cual le genera frustración).

Lo que hay que destacar
Los temas para la carta de Celeste surgen de las notas que se tomaron, ya que hay un número de factores repetidos, muchos grupos de planetas. Hay un énfasis en los mutables, aire, agua, Géminis, Cáncer, Mercurio, Luna... Tiene asuntos conectados en las casas 6, 11 y 12. La cuadratura en T también está sola, como parte de una débil oposición entre Neptuno y Quirón. No hay otro aspecto planetario que esté directamente involucrado con este patrón.

Temas
1. Sentimientos entrelazados con pensamientos, la comunicación con otros es importante: aire/agua, Cáncer/Géminis, 11/12 + Luna/Mercurio como Sol, Luna y regencias ascendentes + Plutón 4, Cabeza vs. corazón, sentimientos vs. pensamiento racional, piensa con sus sentimientos. Capaz de conectarse con los otros de una manera emocional y mental. Curiosa, valora el poder de las palabras. Imaginación desarrollada, se mueve fácilmente, pero es capaz de regresarse. Influencia fuerte de los antecedentes familiares. Tiene una meta personal que le da determinación, lo cual logra a veces con la lucha (ausencia de Tierra, Marte, Piscis).
2. La búsqueda de identidad y propósito: Sol sin aspectos, Q1 vacío, búsqueda por su propia identidad. Dificultad para probar la cuadratura en T, incluyendo Saturno-Urano en oposición con Mercurio-Quirón. Sugiere algunos temas de comunicación en la relación con el padre.
3. Compasiva, quiere hacer la diferencia en el mundo, idealista, deseo de explorar nuevos terrenos en la sociedad y ansiedad por tratar de sobresalir: cuadratura en T, stelliums 11 y 12, muchos planetas personales Q4, carta agua-aire, eje nodal Piscis-Virgo. Un propósito ideal sería trabajar con sus amigos y colegas en una causa en común para tratar de cambiar a la sociedad de alguna forma. Depende

de lo bien que se integra Saturno-Urano en el tiempo entre jalar y empujar lo viejo y lo nuevo, lo probado y lo radical. Potencialmente puede casarse con las tradiciones establecidas, ya que usa la experiencia del pasado y los métodos con ideas innovadoras, y establece su propio camino y objetivos.

4. Relaciones personales: Venus sin aspectos, Géminis en la onceava casa, regente Mercurio 12 + descendente Capricornio + desocupado séptima, Venus en la casa de su regente, Tauro en la cúspide, Libra en la cúspide 4, Plutón 4, eje nodal 8-2, tierra débil. Énfasis en el aprender acerca de sí misma y separarse de la influencia de la familia a través de una amplia variedad de diferentes tipos de relaciones y experiencias sexuales (eje nodal 8-2, cúspide en Escorpión 5, cúspide en Acuario 8). Atraída por la inteligencia y la madurez.

5. Trabajo, servicio, salud, rutinas: sexta. Cuadratura en T, stellium, Sagitario, la cúspide regente es Júpiter Tauro, sólo la Tierra. Júpiter 11 inconjunción Saturno-Urano 6, altamente independiente, capaz de hacer un paro repentino si la situación demanda muchas restricciones para ella. La gente debe respetar esa necesidad de libertad, ya que también quiere ser parte del grupo.

6. Amistad: Géminis/Cáncer, Marte en sextil con Júpiter (exacto), Luna en conjunción con Júpiter, Mercurio en semisextil con Júpiter; Marte en trígono ascendente (débil). Su actitud positiva le gana la simpatía de muchos. Busca lo mejor en las situaciones y le es fácil encontrarlo. Se cuida y muestra sin hacer escándalos. La suerte le llega de su optimismo. La gente la ayuda cuando ella no está ayudándolos a ellos. Tiene una relación cálida con su madre.

Resumiendo las notas

En el siguiente capítulo explicaremos cómo es que esta colección de notas pueden ser combinadas para hacer una imagen coherente de la carta de estudio de Celeste. Sin embargo, hay muchos lados en el carácter de cada persona y en consecuencia para la Astrología, lo cual se verá a través de su carta de nacimiento y las facetas principales de la esencia de cada individuo que pueden ser identificadas, no importa qué tan compleja (o engañosamente simple) la carta pueda parecer.

No hay forma de minimizar la riqueza y profundidad de cada uno de nosotros. Al igual que crecemos y cambiamos en nuestras vidas, encontramos nuevos niveles en que los signos astrológicos se pueden manifestar. A través de los ciclos o los cambios de planetas se presentan oportunidades para una mayor integración de las partes faltantes de la tabla, dependiendo de nuestra propias circunstancias, y somos libres de escoger opciones en diferentes puntos de nuestra vida. Esto será brevemente explicado en el último capítulo.

Al sugerir algunos puntos de partida sobre los temas arriba, de manera sigilosa me he anticipado al Capítulo 14, donde explicamos esto con más detalle. Al igual que mencioné anteriormente, no es ni posible ni práctico incluir todo factor en el análisis de un gráfico. De manera que con práctica y paciencia emergerán los temas más importantes.

14. SINTETIZANDO

Cómo interpretar la carta como un todo

La carta de Celeste

Estamos ahora en la etapa de considerar cómo llegar a la interpretación de toda una carta astral. Mucha información en nuestra tabla de estudio ha sido concentrada en la etapa de notas. Encajar toda de manera coherente o simplemente saber cómo estructurar esta información para que tenga sentido puede parecer una tarea confusa. Probablemente ya lo has experimentado al hacer una lectura de una carta astral de nacimiento para alguien que conoces o tal vez elijas hacerlo en un futuro por simple gusto incluso si decides simplemente continuar estudiando tu propia carta astral. Enfrentado a páginas de notas, puedes preguntarte por dónde comenzar.

Lo que haremos en este capítulo, por lo tanto, será echar un vistazo para juntar combinaciones de diversos hilos y ofrecer algunas ideas para realizarlo. El principal propósito aquí es ayudarte a efectuarlo y darte sugerencias de cómo alcanzar todo el proceso. Una vez que tengas algunas notas para guiarte, de hecho no es tan difícil el secreto será mantenerlo simple y no ser muy ambicioso para empezar. Si previamente has encontrado algunos de los temas principales como se enlistan en nuestra tabla de estudio, te encuentras por buen camino de entender la esencia de la tabla y entonces podrás así completar los detalles. Para facilitar, las interpretaciones están escritas aquí en tercera persona (ej.: ella... su...)

Este capítulo no consistirá en una completa interpretación de la carta de Celeste; en cambio te llevará a través de varios pasos y dividirá la interpretación en varias secciones. En un libro de cómo hacerlo tú mismo, toda una interpretación de la carta astral por el autor tiene un valor limitado en términos de tu propio aprendizaje.

Cuando ordenes todos tus pensamientos y notas para llegar a una interpretación para la gráfica de alguien, una muy buena forma de alcanzarla es agrupar combinaciones relevantes de factores del mapa astral en áreas de experiencia de vida. Me refiero a áreas de vida tales como:

- Apariencia personal, personalidad.
- Familia de origen, su propia familia.
- Vida familiar.
- Trabajo o profesión.
- Relaciones afectivas.
- Amistades, conexiones con los demás.
- Intereses y talentos.
- Finanzas y actitud hacia el dinero.
- Espiritualidad o religión/filosofía.

O cualquier otro elemento que pudieras sentir importante del individuo. Probablemente esto involucrará más notas, para que así puedas ver qué partes del mapa astral pertenecen a cada sección. No todos los factores serán apropiados para cada individuo y tú puedes, por supuesto, ser selectivo. Si decides practicar esto con familia y/o amigos puede haber otros factores que emerjan de una base más individual, que pudieran ampliar tu acercamiento.

Lo importante es que sepas de qué partes de la carta astral estás tomando la información, para que realmente estés cuadrándolo todo astrológicamente ¡y no de tu conocimiento como persona! Esto, por supuesto, es una desventaja al hacer una tabla de alguien que conoces. Sin embargo, puede haber facetas particulares de un amigo que ya conoces y puedes experimentar con identificarlas astrológicamente y así, "haciendo Astrología al revés", relacionar el rasgo de personalidad o el pasatiempo favorito al mapa astral. ¡Aun así es un proceso de aprendizaje!

He identificado las señales que he usado para mis declaraciones encerrándolas en corchetes, para simplificarlas.

Escoger las secciones

Para comenzar, es una buena idea darle un vistazo a la carta astral en general. ¿Qué tipo de persona buscas? ¿Son básicamente extrovertidos o introvertidos? ¿Parecen tener un fuerte sentido de quiénes son y de inmediato participan en el mundo a su alrededor? ¿O son más bien tranquilos, más reservados o callados? Y así en adelante. Un buen comienzo es considerar las características básicas de la persona y su perspectiva de la vida.

Si te sientes inseguro de cómo hacer esto, piensa en cómo te podrías describir a ti mismo. Intenta este pequeño ejercicio: imagina que irás a una entrevista de trabajo. Naturalmente querrás ponerte en el más alto pedestal si quieres el trabajo. Cuando llegues al lugar del empleo encontrarás que antes de conocer a tu futuro empleador se te pedirá escribir una descripción de ti mismo con honestidad, incluyendo aquellas áreas donde tú sientes que puedes desarrollarte más. ¿Qué dirías acerca del tipo de persona que piensas que eres?

Las siguientes secciones son una directriz para formas de separar las diferentes partes de la carta astral, pero la vida familiar, el trabajo y las relaciones son por supuesto las áreas clave de vida de la mayoría de la gente. Ya sea que pienses que áreas tales como las finanzas, la espiritualidad o intereses son igual de importantes, dependerá de la persona, de lo que quieren saber y, naturalmente, de lo que resalte en la gráfica.

Hacer preguntas

Es una decisión personal el que elijas o no preguntarle a tu "cliente" cualquier cosa acerca de él antes de comenzar a platicar de su carta astral. Mientras tus primeras gráficas o tablas de prácticas pueden ser frecuentemente de personas que ya conoces, posiblemente bastante bien, obtendrás ya un poco más de información de sus vidas. Puede ser que pase un largo tiempo antes de que te sientas listo para interpretar una carta astral de alguien que no conoces o de quien cuya vida no conoces nada; y claro, no todos los intérpretes lo harán. La misma tabla, sin embargo, te dará muchas ideas, así que no estarás del todo perdido.

Pero asumamos por un momento que planeas darte una oportunidad al leer la carta astral de alguien que no es ni tu amigo ni miembro de tu familia. Mi punto de vista es que alguna información básica puede preguntarse, teniendo en cuenta que algunas personas pensarían en que estás "haciendo trampa". (¡Si alguien a quien se le está leyendo su tabla tiene esto en mente, vale la pena considerar lo que la persona cree que la Astrología puede hacer!) Lo que es importante recordar es que tú no sabes las circunstancias actuales de la vida de esta persona y que la Astrología natal es esencialmente acerca de mejorar y realzar el autoconocimiento de la persona. Un astrólogo no es un gurú o psíquico; ni siquiera un consultor. Indudablemente hay astrólogos que son "psíquicos" aunque tal actividad no es un sustituto para un sólido conocimiento astrológico. Probablemente una manera de percibir el arte de interpretar la Astrología es mirarte a ti mismo como un intérprete del significado de la carta astral: un guía para otros y para ti mismo. Con ello en mente, entonces, me parece bien preguntar un poco acerca de la persona antes de comenzar, para que así puedas poner su experiencia dentro de un contexto.

Hay muy poca información acerca de Celeste que puedo darte, por las razones mencionadas arriba.

Ella nació en una familia italiana de clase media y tiene una hermana mayor. Ella vino a Inglaterra a una muy temprana edad a estudiar Antropología y Comunicación en la universidad y ya completó el curso. Está buscando un trabajo adecuado. Su hermana está actualmente en Inglaterra también.

Esta es una mínima información, pero sí da un poco de antecedentes de la vida de esta joven mujer. La carta astral no te da información sobre si la joven tiene más hermanas o dónde está viviendo actualmente, así que esta información te puede ser de gran utilidad.

Para poder ir a través de las diferentes secciones de la tabla de Celeste y unir las mismas a sus experiencias internas y externas de vida, he juntado diferentes factores con ciertas similitudes de alguna manera. También, por supuesto, he recabado notas y temas. En el proceso de preparación para leerle a alguien, toma en cuenta que no debes de abarcar toda la carta astral de tajada, y que puedes escoger concentrarte, por ejemplo, en las relaciones de la persona o cualquier área de su vida que concierna en ese momento. Y naturalmente siempre puedes agregar observaciones que no has incluido en tus notas originales. Experimentar un poco y dejar que las ideas fluyan puede dar lugar a un gran maestro.

La personalidad global de Celeste

La gráfica de notas es particularmente importante si se considera el aspecto personal y los aspectos de personalidad del individuo:

- Las primeras impresiones de Celeste son que ella es cálida, cariñosa y sensible, amigable y fácil de gustar. Sus emociones y su mente están entrelazadas, probablemente "piense" en cuadros que puede visualizar fácilmente (Sol en Cáncer, Cáncer ascendente, Luna en Géminis de la 11, tabla regente stellium Géminis).

Recuerda que cuando estás hablando con una persona de su carta astral, a no ser que ellos también estén estudiando Astrología probablemente no entiendan los puntos más finos de las declaraciones, tales como "tu tabla regente es la Luna, la cual está en la onceava casa y en la casa de Géminis". ¡Es mejor práctica hablar acerca de lo que piensas que algo significa, que rociar referencias astrológicas durante toda la conversación! Puedes expandir el pequeño enunciado arriba de la siguiente manera, con los señalamientos que respaldan tus declaraciones en paréntesis para ti mismo.

La tabla muestra a Celeste como una persona sensible, intuitiva y cariñosa (*Sol en Cáncer, Cáncer ascendente*). Parece ser sociable y posiblemente algo parlanchina y curiosa (*el Sol y la tabla regente es la Luna en Géminis 11*). Realmente disfrutará juntarse con amigos y platicar con ellos, ya sea en su casa o en la de ellos (*Luna 11. La Luna se encuentra donde nos sintamos cómodos*), o afuera (*Géminis en Tauro 11*). Le gusta cuidar de la gente, tal vez le gusta satisfacerles y ser una buena anfitriona cuando se encuentra en casa (*Cáncer en Sol, más la Luna como regente*). Lo que es peculiarmente importante para Celeste es tener a gente en su vida con quienes ella pueda conectarse realmente y compartir significativas conversaciones o intercambiar historias, tanto mentales como emocionales (*stellium Géminis, Luna en conjunción con Júpiter 11, Mercurio en Géminis 12*).

Regularmente se siente desconectada de un claro sentido de ella misma aunque pueda tener su propia forma de describir esta experiencia y pasará tiempo dirigido a encontrar su propósito en la vida (Sol sin aspectos).

Vida familiar

Teniendo en cuenta que la casa naturalmente conectada a los párrafos de arriba (ej. cuarta casa) contiene a Plutón, puedes expandirte en este tema para hablar acerca de la vida familiar de Celeste, probablemente siendo importante en lo particular para ella dónde vive y el tipo de casa, lo que después te puede llevar a una discusión acerca de su crianza y vida familiar. Una cuarta casa en Plutón sugiere que puede haber algunos secretos familiares o información olvidada acerca del pasado, que en cierto punto de su vida ella encontrará fascinante para descubrir. También implica que la relación con su padre (la casa 4 da indicaciones de la experiencia del rol de su papá en su juventud), aunque cercana (*Libra cúspide 4, Venus regente*), pudo haber tenido de repente trasfondos de manipulaciones mudas. Hay otras indicaciones que ella pudo no haber sentido aceptadas por él, y que tuvo en algún momento que adaptar para complacerlo, cuando era niña. La tarea de encontrar su propia voz como adulto probablemente surge de tales experiencias en su niñez (*Sol sin aspectos, Saturno con únicamente aspectos retadores, Marte no fuerte en Piscis*). Como recordatorio: el Sol y Saturno, y para algunos alcances Marte, son indicadores de la relación de una persona con su padre, así como también la mayoría de los significados personales.

Nota: Necesitas andar con pies de plomo cuando hables con alguien acerca de sus relaciones con sus padres, ya que esta es obviamente un área sensible para algunas personas, aunque puede resultar útil discutir esta área de experiencia.

En otra nota, la hermana mayor de Celeste fue muy importante para ella mientras crecieron, y le ofrece a ambas guía y aceptación (*IC en Libra, 3*).

Viviendo cerca de ella en su país adoptivo es probablemente no sólo un recuerdo de su casa, sino también un consuelo. Ser capaz de hablar su lengua nativa es también un placer para ella (*IC regente en Venus, Luna en Géminis*). El hogar y los antecedentes de Celeste serán siempre una base para su vida.

Las relaciones

La carta astral de Celeste tiene muchas indicaciones de que sus relaciones cercanas son de gran importancia y es un área de experiencia donde ella puede potencialmente aprender muchísimo en el transcurso de su vida. Esto también es cierto para muchos de nosotros, por supuesto, pero para Celeste crecer y descubrirse a ella misma a través de sus relaciones y amistades es un tema fuerte de la carta astral (*Venus sin aspectos Géminis 11 cuadratura con eje nodal, regente Mercurio 12, mutable carta de aire-agua, ocupado 11, desocupado 7*). Nota: un planeta, en este caso Venus, une a uno de los nodos o cuadros a ambos finales, poniendo énfasis en ese planeta como un área de atención en la vida.

Su camino es uno con muchas variadas experiencias (*Géminis fuerte*). Para poder encontrar sus propios valores (*Venus*), tanto como sus relaciones personales, parece que luchará con su actitud hacia los compromisos y la libertad (*Saturno junto a Urano en cuadratura en T*). Ella podrá atravesar periodos donde sólo querrá asentarse en el compromiso apropiado con un compañero maduro (*Capricornio descendente*). Si esa relación, sin embargo, no crece o cambia lo suficiente para ella, o si hay insuficiente verdadera comunicación mental con la otra persona, es capaz de simplemente alejarse o su pareja la puede dejar (*carta mutable, Jupiter quincuncio Saturno-Urano, la cuadratura en T los empuja*). Parece haber también periodos en su vida donde permanece libre e independiente.

Alcance en la vida

El tema acerca de hacer compromisos o mantener cierta libertad personal afecta, de repente, en su mayoría la vida de Celeste (*cuadratura dominante, casas 6, 9 y 12*).

No sólo en las relaciones, sino también en su proceso de encontrar soluciones, en su trabajo o carrera profesional, en la relación con su cuerpo físico, rutinas y ritmos, el servicio a otros. Ella experimenta ser jalada entre el pasado, las tradiciones, los antecedentes familiares y sus deseos de seguridad, lo cual tiene efecto en hacerla cautelosa y castigarla (*tierra débil, sólo aspectos duros de Saturno con cuadratura en T, Marte cuadratura con Saturno*); y ser sumergida a lo nuevo, tener ideas lejanas, innovaciones, un sentido de libertad y establecer su propio camino y sus metas, a veces de manera salvajemente radical, inclusive explosiva (*Urano en cuadratura en T con Marte*).

La tensión resultante puede tener un efecto energizante en ella. Las situaciones en su vida personal y laboral reflejarán este dilema interior, pero también ofrecerán soluciones. Un ideal sería encontrar una situación en la que ella sea tanto libre de ejercitar su independencia como capaz de sacar conclusiones de experiencias pasadas. Los cuadrantes T son siempre un reto. Los descubrimientos acerca de uno mismo y la vida que llevan se convierten usualmente en partes maduras de nosotros mismos.

Afortunadamente, como astrólogo, no es necesario tratar de encontrar soluciones para la gente sobre las disyuntivas de su vida, pero tener discusiones informadas con tu cliente puede ser muy valioso. Es importante permitirle a la gente encontrar sus propias relaciones en lugar de ser demasiado compasivo y hacer sugerencias innecesarias.

El rumbo del trabajo

Esto puede ser una dificultad para Celeste porque lo que está buscando puede no estar claro para ella, especialmente en la juventud (*inconjunción Marte Piscis conjunción MC Aries 9, tierra débil*). Pero decidió estudiar un curso en Antropología para estudiar la cultura de otros y medios, el cual es acerca de comunicaciones. Sus ocupadas casas 11 y 12, más la cuadratura en T, sugieren fuertemente que está inmersa en ayudar a otros, especialmente con su naturaleza compasiva (*doble Cáncer, ascendente y Sol, la Luna como carta regente, doceava casa*). Sus creencias acerca de que las sociedades pueden aprender una de la otra (*Marte 9 Jupiter 11*) pueden equivaler a una carrera donde ella está en la posición de hacer una diferencia tangible en un mundo más grande. Mientras tanto, ella puede encontrarse envuelta en un movimiento humanitario o cierta causa para mitigar el sufrimiento (*casas 11 y 12, Neptuno 6 en oposición con Quirón*).

Con su fuerte necesidad de independencia puede preferir experimentar con diferentes tipos de trabajos, siempre y cuando involucren a otros directamente, ya que ella es una persona "para la gente" (*aire dominante, aspectos de Jupiter y onceava casa*).

Amistades, talentos y pronóstico

Uno de los grandes talentos mostrados en esta carta astral es la habilidad natural de Celeste para relacionarse con la gente. Tiene un alcance muy positivo de la vida, a pesar de las dificultades que encuentra, y los demás se sienten atraídos a ella. Pareciera que ella tiene mucha "suerte", pero ello nace de, al menos, su actitud invencible y su destreza para buscar lo mejor de la gente y de las situaciones. No es difícil que este tipo de persona te agrade, ya que tiene un lado muy fácil acerca de ella, que es abierto y cariñoso. Ella demuestra su cariño sin presumir (*Geminis/Cáncer, Luna en conjunción con Júpiter, Marte sextil con Júpiter, Marte en trígono ascendente, Mercurio en semisextil con Júpiter*).

La relación con su madre (*Luna en conjunción con Júpiter y Tauro 11*) es probablemente positiva, de gran corazón, e incluye disposición a escuchar y entender. Celeste puede sentir que de sus dos padres, su madre es quien la entiende mejor. Las experiencias discrepantes de ambos padres se muestran por el Sol, Luna en semicuadrante. Ya que su mamá siempre estuvo dispuesta a ayudarla y le permitió ser ella misma, Celeste es capaz de permitir lo mismo a los demás en su propia vida. A cambio, la gente es muy feliz de ayudarla cuando ella lo necesita (*Marte en sextil con Júpiter*).

Su fuerte Géminis implica una mente activa y brillante, inquisitiva e inventiva (*también Saturno en conjunción con Urano y cuadratura en T*), lo que hace que busque sanar a otros escuchándolos y entendiéndolos. También puede tener una habilidad curativa innata que debió haber escogido para desarrollar en cierto punto (*doceava casa, Mercurio en conjunción con Quirón, Marte Piscis*).

Durante el curso de su vida Celeste experimentará muchos altibajos, fracasos y éxitos, como todos nosotros. Su lado positivo al tratar con todo esto la llevará, parece ser, mucho más allá de su camino.

Como puedes ver, esta no es una interpretación completa de la carta astral. Pero espero que haya cubierto suficiente terreno para darte una idea de cómo alcanzar esta tarea. Es posiblemente muy útil ver tanto lo que no se ha incluido como lo que sí.

15. CONTINUANDO EL VIAJE

¿A dónde vamos después?

Ha sido una verdadera aventura para mí escribir este libro, como espero haya sido para ti leerlo y que hayas adquirido unas sólidas bases de las ideas que la Astrología tiene para ofrecer. Incluso si comenzaste desde una base de algún conocimiento astrológico previo. Imagino que ha habido al menos unos cuantos, o tal vez muchos, montones de conocimiento que has ganado a partir de *Astrología Decodificada*.

La Astrología es una materia altamente gratificante al aprenderla y, por supuesto, al maravillarse con ella, por las ideas que provee. Una de las razones para escribir este libro fue hacer que la información acerca de cómo aprender Astrología fuese más accesible para ti, donde sea que vivas. Es mi pasión diseminar información para aquellos que desean descubrir algo nuevo, especialmente a través de la enseñanza y lectura de Astrología, así que escribir una guía paso a paso ha sido reconfortante a nivel personal.

Llegar al final de lo que ha sido un curso de estudio bastante intensivo, aunque espero expandible, es un logro en sí mismo, y deberías tomarte un momento para felicitarte por el conocimiento que has obtenido en el camino. Este es un tema que nos continúa educando a todos nosotros si se lo permitimos. Si sigues aprendiendo en cualquiera forma, tu conocimiento de Astrología se continuará expandiendo naturalmente y creciendo. Además, puedes desarrollar mayor confianza en lo que estás haciendo. Otros verán esto también y te darán oportunidades para ofrecerles una guía astrológica si estás dispuesto.

Hay otros tantos factores natales que pude escoger para incluir en este libro, pero una línea debía ser trazada en algún punto. Aquellos factores natales que han sido incluidos fueron escogidos cuidadosamente para poder ganar suficiente conocimiento para comenzar, pero que no te inundaran con demasiada información. ¡Ya hay suficientes páginas en este libro de por sí!

Puedes encontrar útil consultar a un astrólogo acerca de tu propia carta en algún punto. Tener la perspectiva de alguien más puede ser de gran ayuda mientras aprendes las técnicas. Algunas de las escuelas astrológicas y organizaciones mencionadas en el apéndice tienen listas de consultores profesionales, y la mayoría pueden recomendar a un astrólogo local calificado o una consulta puede agendarse usando un servicio como el Skype, para que la locación geográfica no sea un problema.

Continuando tus estudios

Siempre está la opción de continuar tus estudios más allá de este libro, lo que puedes considerar como un punto de partida para lo que puede convertirse en toda una vida de aprendizaje. Ya sea que este tema sea de mero interés personal o que pienses que puedes desarrollar tu entendimiento a un nivel profesional, he incluido una corta lista de lecturas para avanzar, escuelas astrológicas con cursos en línea, sitios web y organizaciones, en el Apéndice II.

Allá afuera hay claramente una cantidad sorprendente de Astrología de gran calidad, y mi intención es señalarte las direcciones correctas.

Dependiendo de dónde vivas, puedes estar consciente de que hay un notable incremento de interés en la Astrología y algunas áreas del mundo tienen de hecho un respetable número de practicantes o estudiantes de este arte. Incluso si tú vives en un lugar donde no conoces a otros que compartan tu interés en Astrología, en nuestro mundo moderno y digital y cada vez más pequeño siempre puedes construir contactos, compartir ideas y preguntar en internet.

Si tu intención es usar la Astrología para conocerte mejor a ti mismo o a tu familia, observar tus propios patrones de comportamiento a lo largo de tu carta de nacimiento te ayudará a entender más para que ganes una mejor habilidad para lograr cambios en ti mismo si así lo deseas.

Una forma en la que puedes progresar es aprendiendo otras técnicas, tal como la proyección o la Astrología de pareja. Aunque las posiciones de los planetas en tu carta natal no cambiarán, dado que el momento de tu nacimiento no puede cambiar, los significados de estos arquetipos son tan vastos y profundos que pueden asumir varios niveles diferentes de manifestación. Un punto muy importante acerca de las técnicas de proyección usadas por los astrólogos es que ellos pueden mostrar cuál es el ciclo planetario que estás actualmente experimentando. Como se menciona en el final del Capítulo 13, en diferentes periodos de nuestras vidas distintas partes de nosotros mismos resaltan por el movimiento de los planetas conectados con nuestra carta por aspecto, conocidos como tránsitos, progresiones o direccionamientos, que son todos métodos de proyección. Estos nos traen oportunidades para crecer, integrarnos o descubrir, aunque las experiencias de vida que conllevan ¡a veces son agradables y otras veces muy duras!

Ahora que has completado este nivel fundacional, te puedes sentir listo o ansioso por tomar el siguiente paso y aprender acerca de las formas de estudiar periodos de tiempo. Puedes ahora mirar atrás a través de la Astrología para alumbrar un periodo particular del pasado, o también mirar hacia el frente y ver qué tipos de experiencia pueden venir para ti o tus amigos y familia. La proyección está basada en tu carta natal.

La Astrología de pareja conocida como sinastría también se basa en tu carta de nacimiento y puede estudiarse para comprender la naturaleza, e incluso el propósito, de cualquier tipo de relación en la vida de una persona.

Hay muchas posibilidades, como puedes ver. Otras ramas de la Astrología incluyen Astrología electiva: escoger el mejor momento astrológico para un evento este puede ser cualquier evento, desde una boda hasta el emprendimiento de negocios; la Astrología horaria es una técnica tradicional para contestar una pregunta una carta es proyectada para el tiempo haciendo la pregunta y reglas especiales se aplican para dar una respuesta a esta pregunta; Rectificación es un método para encontrar el tiempo de nacimiento de alguien, como mencioné al comienzo del libro; y la Astrología mundana lidia con la Astrología de países, organizaciones o empresas (los países tienen cartas de nacimiento que desarrollan conforme crecen y cambian también, y pueden estudiarse usando técnicas de proyección, tal y como con las personas).

Estos son sólo algunos modos en los que la Astrología puede usarse.

Sea lo que sea que hagas con el conocimiento que adquiriste, te deseo lo mejor en tu continuo viaje.

APÉNDICE I
GUÍAS RÁPIDAS DE REFERENCIA

Estas guías se dan para los capítulos 3-6 y para los aspectos menores, capítulo 12.

Los planetas. Capítulo 3

Los planetas personales

Sol ☉ Sentido de uno mismo e identidad, tu individualidad; tu fuerza vital, la vitalidad, la energía, lo que te mueve; la conciencia, el conocimiento, el gusto de vivir, el sentido de propósito en la vida, la experiencia de paternidad.

Luna ☽ La vida emocional interna, memorias, sentido de pertenencia o seguridad; tus respuestas instintivas o actitudes subconscientes; necesidades de seguridad emocional, habilidad de adaptación, capacitad de cariño y protección; influencia familiar y la influencia de experiencias emocionales pasadas.

Mercurio ☿ Procesos de pensamiento, cómo te comunicas y aprendes; conociendo y conectando con otros, estableciendo redes; moverse, transportarse.

Venus ♀ La necesidad de amor y de una relación, de armonía y balance; valores personales, incluyendo la actitud hacia el dinero; la expresión personal creativa; sentido de la belleza, cómo atraes a otros; lo que te hace feliz; relacionándote con los demás, dando y recibiendo amor, valores personales, expresión personal, apreciación.

Marte ♂ El instinto de supervivencia y conciencia del cuerpo; deseos o sexualidad; energía física; voluntad, coraje; capacidad de asertividad e ira; competitividad, predisposición para pelear y defenderse, claridad, ser tajante; acciones impulsivas.

Lo social / planetas pares

Júpiter ♃ Tu capacidad de crecimiento y expansión, confianza; fe; alegría y sentido de propósito; oportunidad y "suerte"; perspectiva; búsqueda de conocimiento y significado de la vida.

Saturno ♄ "El gran maestro", temores ocultos que lo limitan, pero le pueden traer recompensas si logra superarlos; realidad material; aterrizado, sentido de responsabilidad, autoridad, estructura, disciplina, límites, desafíos y lecciones pueden traer la alegría del logro, escalar la montaña.

La generación / planetas exteriores

Urano ♅ Cambios radicales, rompiendo barreras, rebelión, revolución, perspicacia y creatividad, independencia, despertar, originalidad, penetración, inesperado, desapego, frialdad, racionalidad, objetividad.

Neptuno ♆ Disolución de límites, fusión, pérdida de ego, imaginación, fantasía romántica, habilidad psíquica, evasión, confusión, traición, compasión, amor incondicional y universal, espiritualidad, Dios, inconsciente colectivo.

Plutón ♇ Ruptura y transformación, finalización y renovación, compulsión, uso o abuso de poder y control, obsesiones, el poder de la sexualidad, intensidad, muerte y renacimiento simbólico y actual; asuntos enterrados o secretos llevados a la superficie, limpieza profunda.

Quirón ⚷ Extranjero y rebelde, el sanador herido del cuerpo y el alma, el guía o maestro sabio, encontrando su único camino.

Los signos zodiacales. Capítulo 4

Las estaciones del año que se dan más adelante aplican para el Hemisferio Norte, y al reverso para el Hemisferio Sur. Se refieren a los periodos del año en que el Sol está en cada signo. Date cuenta qué tan diferente es cada signo del que lo sigue o precede.

Aries ♈ Veloz y activo; entusiasmo y aventura; quiere ser el primero y no olvida nada, impaciente y decisivo; acción impulsiva sin planificación; falta de diplomacia; bondadoso. Imagen: el carnero. Inicia en la primavera. Regido por Marte.

Tauro ♉ Toma su tiempo y odia que lo apresuren, normalmente es calmado, firme y paciente; sensual; leal y amable; puede ser necio; estable. Imagen: el toro. Mediados de primavera. Regido por Venus.

Géminis ♊ Pensador rápido, mentalidad activa y brillante; un amante de las palabras y la comunicación; flexible y adaptable; mente abierta y curiosa; racional y puede ser indiferente; impaciente con la gente lenta; puede ser caprichoso. Imagen: los gemelos. Final de la primavera. Regido por Mercurio.

Cáncer ♋ Sensible, cálido y cariñoso, familiar, madre, influencia del pasado y origen, buena memoria e intuición, puede ser voluble, necesitado o tímido, protege y defiende, valores de seguridad emocional. Imagen: el cangrejo. Al inicio del verano. Regido por la Luna.

Leo ♌ Dramático y adora ser el centro de atención; actúa con mucha seguridad, incluso cuando no la sienta, generoso, romántico, juguetón, orgulloso, puede ser egoísta y arrogante, encarna tanto a la inocencia del niño como al liderazgo maduro. Imagen: el león. Mediados del verano. Regido por el Sol.

Virgo ♍ Discriminante y puede ser analítico, útil, amable, quiere estar al servicio, arraigado a la tierra, organizado y eficiente; de ojo observador, no se le van los detalles; a veces puede ser demasiado brusco con los demás, o crítico, se inclina al perfeccionismo, ligeramente tímido y no le gusta ser el centro de atención, consciente de la salud. Imagen: la virgen con las gavillas de maíz. El final del verano. Regido por Mercurio.

Libra ♎ Ama la armonía, belleza, paz y balance, puede ser distante; justo y dispuesto a compartir; no le gusta estar solo, no le gustan los conflictos; le es complicado tomar decisiones claras; aprecia la belleza, es amistoso. Imagen: la balanza. Al inicio del otoño. Regido por Venus.

Escorpión ♏ Sentimientos profundos, apasionado e intenso; conciencia sexual; reservado y con tendencia a ocultar sus sentimientos; intuitivo y perspicaz; dificultad para dejar ir o perdonar; de voluntad firme y emocionalmente poderoso; leal, mantiene compromisos. Imagen: el escorpión. Mediados de otoño. Regido por Plutón (moderno) y Marte (tradicional).

Sagitario ♐ Busca el significado de la vida a través de los viajes, filosofía, estudio, imaginativo y visionario, no se compromete fácilmente, ama la libertad, de mente abierta, inquieto, le gusta tomar riesgos. Imagen: el centauro con su flecha. Final del otoño. Regido por Júpiter.

Capricornio ♑ Quiere logros, es ambicioso, recursos materiales; conservador; inclinado a seguir o crear reglas, responsable, puede liderar a otros; puede ser rígido; le cuesta trabajo relajarse; es naturalmente irónico y tiene sentido del humor. Imagen: la cabra de la montaña. Inicio del invierno. Regido por Saturno.

Acuario ♒ Altamente independiente, puede ser rebelde, agudo sentido social, atraído por la improvisación de circunstancias, opiniones fuertes y puede ser un orador franco, inventivo, planeador del futuro, racional, separado, objetivo. Imagen: el portador de agua. Mediados de invierno. Regido por Urano (moderno) y Saturno (tradicional).

Piscis: ♓ Muy sensible y compasivo, se mueve fácilmente, intuitivo, puede ser psíquico, puede ser engañado o pueden tomar ventaja de él; tiende a evadirse; busca un ideal, romántico, inspiracionalmente sabio, buscador espiritual, necesita límites claros. Imagen: dos pescados nadando en direcciones opuestas. Final de verano. Regido por Neptuno (moderno) y Júpiter (tradicional).

Las casas y ángulos. Capítulo 5

Ascendente (As), también conocido como signo zodiacal naciente.
Describe la esencia de la apariencia física, puede indicarnos las condiciones del nacimiento; cómo expresas tu yo; cómo te percibe el mundo; muestra qué enfoque le das a las situaciones nuevas, tu persona, la puerta a tu casa.

Descendente (Ds), opuesto al ascendente.
El tipo de personas a las que atraes; la manera en que te relacionas con los otros; nos indica cómo das y recibes amor.

Mediocielo (MC)
"Tu cara pública", cómo te presentas a ti mismo en situaciones públicas; dirección y aspiraciones; camino de la profesión, intereses y ambiciones de carrera, percepción de la madre.

Opuesto al MC (MC)
Influencia de los antecedentes familiares, percepción del padre; necesita seguridad emocional; esconde su interior.

Casa 1. Cómo conoces el mundo y percibes tu situación en él; circunstancias de tu nacimiento, conociendo nuevos ciclos en tu vida; tu apariencia física; tu persona como parte de ti mismo.

Casa 2. Posesiones, actitud para reconocer el rol del dinero en tu vida; experiencias que le dan sentido el valor del dinero; deseos y sensación de seguridad material; recursos personales, incluyendo tus talentos, y experiencias que aprecias; tu relación con tu cuerpo físico, tus apegos a las cosas y a las personas.

Casa 3. Cómo te comunicas con los otros, la forma en que piensas; tus experiencias tempranas con tus compañeros de escuela, hermanos, vecinos y la gente con la que te encuentras regularmente, como los comerciantes, por ejemplo; pequeñas aventuras, relación con tu ambiente local.

Casa 4. Historia familiar e infancia, ambiente de familia; experiencia escondida de los padres, normalmente del padre; en dónde te sientes "en casa", o puede ser privado; tus relaciones íntimas y de soporte.

Casa 5. Cómo juegas, te diviertes, y disfrutas de ti mismo, amores, amoríos, lugares de entretenimiento, actividades de placer; niños; expresión de ti mismo, tu creatividad personal, creencia en ti, confianza.

Casa 6. Servicio práctico para otros, trabajo en el ambiente, tu actitud frente al trabajo y tus compañeros de trabajo, rutinas, deberes, actividades regulares, atención a los detalles, discriminación, pensamiento crítico, perfeccionismo, salud y sanación; animales pequeños, artesanías, qué haces en tu tiempo libre.

Casa 7. Relación uno a uno, asociación, matrimonio; cómo das y recibes amor, aprendiendo de ti mismo por medio de los otros, qué te atrae de las otras personas, enemigos abiertos, oponentes.

Casa 8. Experiencias de transformación a través de profundas conexiones emocionales con otros, psicología, poder, control, sexualidad, muerte; asuntos sin resolver, depuración y renovación; secretos y temas escondidos, lo oculto; dinero compartido y recursos como las finanzas y las herencias, ideas profundas.

Casa 9. La búsqueda del significado para expandir tu conocimiento a través de la religión y la filosofía, líderes espirituales, lugares para adorar a través de largas distancias, estudio, lugares de educación superior, publicación y diseminación de ideas, tribunales de asuntos legales.

Casa 10. Tipo de trabajo, ocupación, dirección de la vida o carrera; la experiencia de la guía de tus padres, usualmente de la madre, tu acercamiento hacia los logros y la ambición; estatus social, imagen pública, reputación; actitud de autoridad, la ley, policía, control del cuerpo, responsabilidades.

Casa 11. Involucramiento con grupos, compartimiento de ideales o causas, círculo de amigos, intereses en el mundo, políticos, humanitarios o preocupaciones sociales, deseos, objetivos, planes a futuro, rebelión, revolución, cambios radicales.

Casa 12. Anhelo de plenitud, sacrificio o servicio de compasión; espiritualidad, prisiones, hospitales, instituciones, lugares de retiro, evadirse a través de las drogas, alcohol, fantasías, enfermedad, enfermedades mentales, crimen, confusión, adicciones, alucinaciones, enemigos escondidos, búsqueda de la paz interior y curación.

Aspectos principales. Capítulo 6

Un orbe es el número permitido de grados de distancia desde la exactitud.
Conjunción, oposición, cuadrado o cuadratura y trígono: orbe 8 grados.
Sextil orbe: 4 grados.

Planetas aspecto de otros planetas, y también aspectos de ángulo. Los ángulos usados son el ascendente y el MC. Podrían ser más de dos planeta o planetas y un ángulo involucrado en un aspecto.

Aspectos disociados: planetas que están dentro del orbe permitido del aspecto, pero con un planeta al final de un signo y el otro planeta que, naturalmente, no forman un aspecto en el primer signo del planeta. Puede ser un poco menos fuerte en significado.

Conjunción: dos planetas juntos en el mismo signo. Unidad. Los dos planetas actúan como una unidad, el significado de ambos se funde. La conjunción es el aspecto más poderoso de una carta astral.

Oposición: dos planetas opuestos cada uno en signos opuestos. Dualidad. Están separados, trata de reunir, se proyecta sobre otros en las relaciones; falta de coordinación para resolver conflictos que siente como una "división" en el carácter. (*Nota*: El ascendente-descendente, el MC-IC, y norte-sur de los nodos de la Luna forman una oposición natural y no se cuentan como los aspectos de oposición).

Trígono: dos planetas 1/3 de la carta separado, 120 grados separado, en el mismo elemento. Fluir. Armonía, fácil expresión, fluye buena energía, talentos y habilidades naturales. Muchos trígonos pueden significar pereza o dar las cosas por sentado.

Cuadrado: dos planetas 1/4 separado de la carta, 90 grados separados, en el mismo modo. Desafío. Conflictos internos, tensión, presión, resistencia, a la defensiva, falta de realismo, exageración, búsqueda de resultados. Los cuadrados estrechan tu crecimiento, aprendizaje, y encontrar tu propia energía interior.

Sextil: dos planetas 1/6 separado de la carta, 60 grados separado, en signos compatibles. Esfuerzos recompensados. La energía fluye bien, feliz con los desafíos, se necesitan algunos esfuerzos para realizar el mejor potencial de un sextil, aspectos armoniosos con una dinámica ventaja; donde tú puedes lograr algo real.

Los aspectos menores. Capítulo 12

Todos los orbes son de dos grados.
Semicuadratura ∠ΩP☊ planetas están a 45 grados separados, o la mitad de un cuadrado (1 1/2 signos) Prueba. Resistencia al cambio, determinación, persistencia, sentido de un propósito, fricción suave, te empuja a obtener resultados concretos.

Sesquicuadratura ⚻ Los planetas están separados a 135 grados, cuadrados de un año y medio (4 1/2 signos) Tensión. Reacciona con fuerza desproporcionada a las situaciones, se enoja fácilmente, incompetente, difícil de controlar, te empuja a tener calma y paciencia.

Semisextil ⚺ Los planetas están separados por 30 grados. Fricción. Signos adyacentes incompatibles, fricción, inercia, interés medio, no persigue, pero con conciencia y esfuerzo podría hacerlo.

Quincuncio ⚻ Los planetas están separados por 150 grados. Incompatibilidad. No hay una conexión natural por elemento o modo, tendencia a dispersar la energía, es desorganizado, se regaña a sí mismo, temas con antecedentes, puede aprender a ser más selectivo y organizado.

APÉNDICE II
RECURSOS

Una breve lista de las organizaciones astrológicas o escuelas para los países de habla inglesa, donde esta información está disponible. No es una lista completa, pero puedes obtener más datos en las páginas web que se señalan. También se incluyen algunas escuelas y organizaciones que no son de habla inglesa, que también puedes buscar vía internet.

Escuelas de Astrología y Organizaciones en el Reino Unido

Asociación Astrológica de la Gran Bretaña. Organización sombrilla.
www.astrologicalassociation.com

Logia Astrológica de Londres. Lecturas semanales en Londres.
www.astrolodge.co.uk

Astrologycollege.com. Escuela online.
astrologycollege.com

Facultad de Estudios Astrológicos. Clases y aprendizaje a distancia del Reino Unido.
www.astrology.org.uk

Escuela de Londres de Astrología, Clases desde Londres.
www.londonschoolofastrology.co.uk

Mayo School. Escuela en línea.
www.mayoastrology.com

MA en Astronomía Cultural y Astrología.
www.trinitysaintdavid.ac.uk/en/Sophia

Librerías de Astrología en el Reino Unido
Todas estas librerías también ofrecen servicio online y envío.

Libros Medio Cielo
www.midheavenbooks.com

La tienda de la Astrología
www.londonastrology.com

Cuidado del astrólogo
www.wessexastrologer.com

Escuelas y Organizaciones Internacionales de Astrología

Estados Unidos
Federación Americana de Astrólogos (AFA)
www.astrologers.com

Sociedad Internacional para la Investigación astrológica (ISAR)
isarastrology.com

Consejo Nacional de Investigación geocósmica (NCGR)
www.geocosmic.org

Australia
Astrosíntesis. Escuela online en Melbourne.
www.astrosynthesis.com.au

Federación de Astrólogos Australianos
www.faainc.org.au

Nueva Zelanda
Fundación de Astrología
astrologyfoundation.org.nz

Centro de Astrología de Wellington
www.wac.org.nz/WAC/Home.html

Canadá
Asociación Canadiense para la Educación Astrológica (CAAE)
www.thecaae.com

Sudáfrica
Sociedad de la Astrología de Sudáfrica
www.astrologysociety.org.za

Asociación Astrológica Cabo
www.caa.org.za

Lectura recomendada

De los numerosos libros de Astrología que hay en el mercado he seleccionado algunos que pueden ser usados por "principiantes", que tienen un enfoque diferente al de Astrología Decodificada o que he considerado que pueden ser útiles para seguir expandiendo tu conocimiento. Los libros que están muy especializados en temas astrológicos o en predicciones no han sido incluidos aquí. También se han listado trabajos de referencia. La mayoría de los autores han escrito otros libros.

Principiantes
El secreto del lenguaje de la Astrología: Roy Gillet, Watkins Publishing, Londres 2011.
Astrología para amantes: Liz Greene, primera publicación por Samuel Weiser, Maine, USA, 1989.

Libros de seguimiento
Manual del astrólogo contemporáneo: Sue Tompkins, Flare Publicaciones, Londres 2006.
Mapa de la psique: Clare Martin, CPA Press, Londres 2005.
Símbolos del horóscopo: Robert Hand, primera publicación por Para Research, Inc, Massachussetts, 1981.
Llegar al corazón de tu carta: Frank C. Clifford, Flare publicaciones, Londres 2012.

Libros de referencia
Historia de la Astrología
Este es el libro más completo del tema, en dos volúmenes. Está escrito en un estilo sencillo e interesante.
Los albores de la Astrología Volumen I: El mundo antiguo y clásico: Nicholas Campion, Continuum Books, Londes & Nueva York, 2008.
Una historia de la Astrología occidental Volumen II: El mundo medieval y moderno: Nicholas Campion, Continuum Books, Londres & Nueva York, 2009.

Ephemeris (tablas de las posiciones planetarias)
Las ephemeris americanas para el siglo XX: Neil Michelson, primera publicación 1980, ACS Publicaciones, California, EU.
Las ephemeris astronómicas de Raphael: W. Foulsham Ltd, Berkshire, UK. Es una ephemeris pequeña que se publica anualmente y es válida por un año.

Sitios web recomendados
Astro-Databank. Una lista completa de las fechas de nacimiento de las celebridades. www.astro.com/astro-databank

ÍNDICE

Prefacio 9
Introducción 11

PRIMERA PARTE 15
1. De babilonia a la modernidad 17
2. Piedras angulares y círculos giratorios 29

SEGUNDA PARTE 51
FUNDAMENTOS DE INTERPRETACIÓN 51
3. Los planetas del Sistema Solar 53
4. Los signos del Zodiaco 77
5. Las casas y los ángulos. 99
6. Los aspectos 123
7. Mirando hacia atrás y hacia adelante 139

TERCERA PARTE 145
SENTANDO LAS BASES 145
8. Planetas en signos y casa 147
9. Combinaciones 157
10. Desequilibrios 169
11. La importancia de los regentes 185
12. Algunos significantes extra 197
13. Notas de las cartas y temas 213
14. Sintetizando 233
15. Continuando el viaje 241
Apéndice I 245
Apéndice II 253

Printed in Great Britain
by Amazon